DER KAFFEE ATLAS

HARIO

James Hoffmann

DER KAFFEE ATLAS

DIE GANZE WELT DES SPITZENKAFFEES

ÜBERSETZT VON REINHARD FERSTL

Hallwag

Die Originalausgabe ist 2014 unter dem Titel »The World Atlas of Coffee. From Beans to Brewing – Coffees Explored, Explained and Enjoyed« bei Mitchell Beazley erschienen, einem Imprint der Octopus Publishing Group Ltd., Carmelite House, 50 Victoria Embankment, London EC4Y 0DZ.
www.mitchell-beazley.co.uk

Grillparzerstr. 12, 81675 München
HALLWAG ist ein Unternehmen der GRÄFE UND UNZER VERLAG GmbH, München, GANSKE VERLAGSGRUPPE.
www.hallwag.de

Projektleitung: Anne-Sophie Zähringer
Übersetzung: Reinhard Ferstl
Lektorat: Eva Meyer
Korrektorat: Ulrike Wagner
Satz: L42 Media Solutions Ltd., Berlin
Herstellung: Markus Plötz
Umschlaggestaltung: independent Medien-Design, Horst Moser, München
Druck: 1010 Printing Ltd., China

3. Auflage 2018
ISBN 978-3-8338-4532-1

Liebe Leserin und lieber Leser,
wir freuen uns, dass Sie sich für ein HALLWAG-Buch entschieden haben. Mit Ihrem Kauf setzen Sie auf die Qualität, Kompetenz und Aktualität unserer Bücher. Dafür sagen wir Danke! Ihre Meinung ist uns wichtig, daher senden Sie uns bitte Ihre Anregungen, Kritik oder Lob zu unseren Büchern. Haben Sie Fragen oder benötigen Sie weiteren Rat zum Thema? Wir freuen uns auf Ihre Nachricht!

GRÄFE UND UNZER Verlag
Leserservice
Postfach 860313, 81630 München

Wir sind für Sie da!
Montag-Donnerstag: 8.00 – 18.00 Uhr
Freitag: 8.00 – 16.00 Uhr
Tel.: 00800/72373333
(gebührenfrei in D, A, CH)
Fax: 00800/50120544
(gebührenfrei in D, A, CH)

E-Mail: leserservice@graefe-und-unzer.de

GRÄFE UND UNZER

Ein Unternehmen der
GANSKE VERLAGSGRUPPE

Hallwag

INHALT

EINFÜHRUNG

Kaffee war noch nie so gut wie heute. Seine Erzeuger wissen mehr denn je über den Anbau, können auf so viele Sorten wie noch nie zurückgreifen und haben reichlich ausgefeilte Anbaumethoden zur Auswahl. Röstereien räumen frisch geerntetem Kaffee einen immer höheren Stellenwert ein und dringen tiefer und tiefer in die Geheimnisse des Röstvorgangs ein. Unaufhörlich steigt die Zahl der Cafés, die hervorragenden Kaffee anbieten, die bestmögliche Ausrüstung verwenden und ihre Belegschaft optimal schulen. Viele erzeugende Wirtschaftszweige haben ihre goldene Vergangenheit bereits hinter sich, doch im Kaffeesektor ist das Ende der qualitativen Fahnenstange allem Anschein nach noch nicht erreicht. Wir dürfen uns also auf eine aufregende Kaffeeära freuen.

Vor allem aber beginnen sich Verbraucher kritisch mit Kaffee auseinanderzusetzen und zwingen die Hersteller, Auskunft über Herkunft und Geschmack zu geben. Kaffee gehört seit Hunderten von Jahren zu unserer Kultur, stand aber noch nie so im Mittelpunkt des Interesses wie heute.

Die Kaffeeindustrie ist ein Gigant, der immer weiter wächst. 125 Millionen Menschen in aller Welt verdienen heute ihren Lebensunterhalt mit der Herstellung von Kaffee, der inzwischen in jedem Winkel der Erde getrunken wird. Das anregende Getränk ist eng mit der Wirtschaft und Kulturgeschichte etlicher Staaten verknüpft, doch kaum ein Kaffeetrinker hat bisher an der Oberfläche gekratzt, um zu erfahren, was sich darunter verbirgt. »Ich hatte ja keine Ahnung, dass Kaffee so interessant ist!«, hört man oft sagen, wenn jemand in die Materie eindringt. Ich hoffe, dieses Buch ermuntert sie, weiterzuforschen.

Die Kaffeewelt lässt sich in zwei klar voneinander getrennte Sphären unterteilen: Allerweltskaffee und Spitzenkaffee. In diesem Buch geht es in erster Linie um Spitzenkaffee – also jene Erzeugnisse, die sich durch Qualität und durch guten Geschmack auszeichnen. Wichtig ist ferner ihre Herkunft, prägt sie doch oft den Geschmack. Allerweltskaffee hingegen ist die Massenware, bei der es nur eine unwesentliche Rolle spielt, wo der Rohstoff angebaut, wann er geerntet oder wie er verarbeitet wurde. Er hat die generelle Wahrnehmung des Produkts Kaffee als gesichtsloses, aus irgendeinem Teil der Tropen stammendes, etwas bitteres Produkt, das unser Blut mit Koffein anreichert und den morgendlichen Nebel aus dem Kopf vertreibt, entscheidend geprägt. Dass Kaffee aus reinem Genuss getrunken werden und durch die Komplexität seiner Geschmacksnuancen bestechen könnte, ist noch nicht so recht in das kulturelle Verständnis der Menschen in aller Welt gedrungen. Zwischen der Herstellung von Allerwelts- und Spitzenkaffee gibt es große Unterschiede.

Dieses Buch öffnet Ihnen die Tür und gibt etwas über die Kaffeeindustrie preis. Kein Werk ist bisher so in die Tiefe gegangen – selbst Karten der Anbauländer sind enthalten. Ich hoffe, es regt sie an, die Kaffeewelt näher zu ergründen und neue Wege des Genusses zu finden.

Eine Packung Kaffeebohnen zu kaufen, die man wirklich genießt, ist schwierig, wenn man nicht die notwendigen Informationen dazu hat. Geschmacksgarantien bei Kaffee gibt es nicht – ein Grund, warum die Hersteller von Premiumkaffee bislang noch kein größeres Publikum erreichen konnten. Der Geschmack des braunen Goldes wird von zahlreichen Faktoren entscheidend beeinflusst: von der Frische der Bohnen, der Art der Röstung, dem Erntezeitpunkt, der Qualität des verwendeten Wassers und noch vielem mehr. Trotzdem brauchen Sie nicht zu verzagen: In diesem Buch erfahren Sie alles, was Sie über Kaffee wissen sollten.

Im 19. Jahrhundert wurden Kaffeehäuser in Indien beliebte Anlaufstationen für britische Gentlemen, wo man sich traf, Geschäfte aushandelte, über das Tagesgeschehen debattierte und Klatsch austauschte.

TEIL 1

VON DER FRUCHT ZUR BOHNE

ARABICA UND ROBUSTA

Wer Kaffee sagt, meint in der Regel die Frucht des Baums *Coffea arabica*. Das Gros der jährlichen Produktion besteht aus ihr. Arabica-Kaffee wird in Dutzenden Ländern zwischen dem südlichen und nördlichen Wendekreis angebaut. Gleichwohl ist *Coffea arabica* nicht die einzige Kaffeepflanze: Derzeit sind mehr als 120 Arten der Gattung Kaffee bekannt. Doch nur eine wird neben *Coffea arabica* noch in nennenswerter Menge angebaut: *Coffea canephora*, aus der man Robusta-Kaffee gewinnt.

Robusta ist eine Art Markenname für Kaffee aus *Coffea canephora*. Man entdeckte die Art im späten 19. Jahrhundert in Belgisch-Kongo auf dem Gebiet der heutigen Demokratischen Republik Kongo. Ihr Marktpotenzial war von Anfang an offensichtlich: Sie wuchs und fruchtete in niedrigerer Höhe als *Coffea arabica*, vertrug höhere Temperaturen und war weniger anfällig für Krankheiten. Diese Vorzüge, die sich in einer preiswerteren Produktion niederschlugen und sogar im Namen zum Ausdruck gebracht wurden, sind bis heute der Hauptgrund für den Anbau von Robusta, der auch Tieflandkaffee genannt wird. Leider hat er einen Nachteil: Er schmeckt nicht sonderlich gut.

Ausgezeichnet erzeugter Robusta sei besser als schlechter Arabica, werden manche einwenden. Das mag zutreffen, heißt aber noch lange nicht, dass er gut ist. Es ist zwar schwer, einer Kaffeesorte einen bestimmten Charakter zuzuordnen, doch kann man getrost sagen, dass Robusta in der Tasse holzig und nach verbranntem Gummi schmeckt. Er hat meist wenig Säure zu bieten, kommt aber mit schwerem Körper und Mundgefühl daher (siehe Seite 65). Freilich gibt es Qualitätsunterschiede im Robusta-Lager und bessere Erzeugnisse sind durchaus möglich. Aus der italienischen Espresso-Kultur etwa ist er nicht mehr wegzudenken. Das Gros der weltweiten Produktion aber endet in Fabriken und wird zum Unberührbaren der Branche verarbeitet: zu löslichem Instantkaffee.

Für Hersteller von löslichem Kaffee spielt der Preis eine wesentlich größere Rolle als der Geschmack. Weil Kaffee als Fast-Food-Produkt rund um den Globus gefragt ist, hält Robusta denn auch einen rund 40-prozentigen Anteil an der weltweiten Kaffeeproduktion, wobei Preis- und Nachfrageschwankungen diesen Wert allerdings etwas nach oben und unten oszillieren lassen. So kann sich eine Erhöhung des Kaffeepreises auf dem Weltmarkt in einer gesteigerten Robusta-Produktion niederschlagen, da sich große Kaffeemultis in diesem Fall nach preiswerteren Alternativen zu Arabica umsehen. Kam es allerdings in der Vergangenheit vor, dass Röstereien in Handelsmischungen Arabica durch Robusta ersetzten, führte das interessanterweise zu einem Rückgang des Verbrauchs. Das mag am Geschmack liegen oder daran, dass Robusta etwa den doppelten Koffeingehalt wie Arabica hat. Fest steht auf jeden Fall, dass es die Kunden merken, wenn die großen Marken heimlich an der Qualitätsschraube drehen, um zu sparen, oder zumindest ihre Trinkgewohnheiten ändern.

DIE GENETIK DES KAFFEES

Die Kaffeeindustrie behandelte Robusta wie eine hässliche Schwester von Arabica, bis man eine interessante Entdeckung machte. Als Wissenschaftler das Erbgut zu entschlüsseln begannen, stellte sich heraus, dass die beiden Arten genetisch gar keine Cousins oder Geschwister sind. Stattdessen ist Robusta ein Elternteil von Arabica. Vermutlich hybridisierte Robusta irgendwo im Südsudan mit einer weiteren Art namens *Coffea euginoides* zu *Coffea arabica*. Die neue Art verbreitete sich in Äthiopien, das seit Langem als Heimat des Kaffees gilt.

Diese handkolorierte Kupferradierung von James Sowerby stammt aus einem Heilpflanzenbuch des 19. Jahrhunderts. Sie zeigt Blüten, Bohnen und Laub von *Coffea arabica*.

Coffea arabica

Published by Phillips & Fardon, Feb.y 1st 1807.

Inzwischen wurden 129 Kaffeearten gefunden, in erster Linie dank der Bemühungen der Kew Gardens in London. Die meisten unterscheiden sich allerdings beträchtlich von den Kaffeepflanzen und -bohnen, wie wir sie kennen. Viele Arten sind in Madagaskar heimisch, doch findet man einige sogar in Teilen Südasiens und in Australien. Keine hat derzeit auch nur die geringste wirtschaftliche Bedeutung, dennoch beginnen Wissenschaftler sich für sie zu interessieren, da der Kaffeeindustrie ein Problem zu schaffen macht: die geringe genetische Vielfalt der derzeitigen Kulturpflanzen.

Die Gattung Coffea hat sich zwar auf der ganzen Welt ausgebreitet, doch sind alle Arten noch eng verwandt und ähneln sich daher genetisch stark. Für die internationale Kaffeeproduktion ist das außerordentlich riskant, denn eine Krankheit, die eine der Arten befällt, ist für alle anderen Arten und Sorten manchmal ebenfalls eine Bedrohung. Dass eine solche Gefahr durchaus real werden kann, erlebte die Weinwirtschaft, als die Reblaus um 1870 die Rebhänge in ganz Europa großflächig verwüstete.

DER KAFFEEBAUM

Die zweifelsohne interessanteste Kaffeeart ist *Coffea arabica.* Auf den ersten Blick sehen alle Arabica-Bäume ziemlich gleich aus: Sie haben einen dünnen Stamm mit zahlreichen Ästen, die Blätter und Früchte tragen. Bei näherem Hinsehen entdeckt man jedoch zahlreiche Unterschiede zwischen den Arabica-Sorten. Manche tragen ihre Früchte in Büscheln, während sie bei anderen gleichmäßig entlang der Zweige verteilt sind. Auch Ertrag oder Bohnenfarbe sind nicht immer gleich.

Selbst zwischen den Blättern der einzelnen Sorten gibt es beträchtliche Abweichungen. Am wichtigsten aber sind die Unterschiede, die nach dem Ernten und Rösten der Samen – also in der Tasse – zutage treten. Jede Sorte hat ihren charakteristischen Geschmack und mitunter sogar ein eigenes Mundgefühl (siehe Seite 65). Dennoch sollte man nicht vergessen, dass die meisten Kaffeeerzeuger eine Sorte nicht deswegen auswählen. Vielmehr sind der Ertrag und die Widerstandsfähigkeit gegen Krankheiten für Kaffeebauern ein vorrangiger Aspekt. Das heißt nicht, dass alle Farmer ihre Sorten nur nach diesen Gesichtspunkten auswählen, doch spielen sie für die Wirtschaftlichkeit eine bedeutende Rolle.

VOM SAMEN ZUM BAUM

Die meisten etablierten Kaffeeplantagen haben eine Baumschule, in der man Sämlinge heranzieht, bis sie auf die Felder verpflanzt werden. Zuerst setzt man die Kaffeebohnen in nährstoffreiche Erde, wo sie bald keimen. Anschließend holt man die Bohnen mitsamt ihrem Trieb aus dem Boden – sie werden in diesem

Die meisten der 129 Arten der Gattung *Coffea* sind auf Madagaskar heimisch. Trotzdem ist die Pflanze eine Weltenbürgerin, wie dieser Bestand im australischen Bundesstaat Queensland beweist.

Stadium oft »Soldaten« genannt und sehen aus wie eine geröstete Bohne, die man an der Spitze eines dünnen grünen Stängels befestigt hat. Kurz darauf platzt dieses Samenkorn auf und die ersten Blättchen erscheinen. Kaffeepflanzen wachsen rasch und können nach sechs bis zwölf Monaten auf das Feld umgesiedelt werden.

SCHÄDLINGE UND KRANKHEITEN

Kaffeebäume sind anfällig für eine Reihe von Pflanzenschädlingen und -krankheiten. Nachstehend zwei der häufigsten:

KAFFEEROST

Die in spanischsprachigen Ländern *roya* genannte Krankheit wird vom Pilz *Hemileia vastatrix* verursacht. Er bildet einen orangefarbenen Belag auf den Blättern und beeinträchtigt die Fotosynthese, wodurch das Laub abfällt und schließlich der ganze Baum eingeht. Erstmals beobachtet wurde ein Befall 1861 in Ostafrika, doch ernst zu nehmen begann man die Krankheit erst, als sie sich 1869 in Sri Lanka ausbreitete und in den darauffolgenden Jahren das Gros der Pflanzungen zerstörte.

1970 wurde der Kaffeerost – vermutlich mit einer Ladung Kakaobohnen – nach Brasilien eingeschleppt und breitete sich von dort aus rasch über Mittelamerika aus. Er ist mittlerweile in allen Kaffeeerzeugerländern zu finden. Der durch den Klimawandel bedingte Temperaturanstieg hat die Lage zusätzlich verschlimmert. 2013 riefen mehrere mittelamerikanische Länder wegen der Schäden den Notstand aus.

KAFFEEBOHRER

Der kleine Käfer mit dem wissenschaftlichen Namen *Hypothenemus hampei*, span. *broca*, legt seine Eier in die Kaffeekirschen. Nach dem Schlüpfen fressen die Larven das Fruchtfleisch, was den Ertrag reduziert und der Qualität abträglich ist. Inzwischen ist der ursprünglich in Afrika beheimatete Käfer der schlimmste Kaffeeschädling der Welt. Man versucht ihm mit chemischen Pestiziden, Fallen und biologischen Bekämpfungsmethoden beizukommen.

Oben: Am Beginn des Kaffeeanbaus stehen Kaffeekeimlinge, auch »Soldaten« genannt.

Mitte und unten: Bald treiben die ersten grünen Blätter aus. Nach sechs bis zwölf Monaten sind die Pflänzchen voll entwickelt und können von der Baumschule in die Plantage umgesiedelt werden.

Die Kaffeepflanze öffnet ihre intensiv duftenden Blüten ein bis zweimal im Jahr nach längeren Regenperioden. Weil Arabica selbstbestäubend ist, ist der Fruchtansatz garantiert.

Wer Kaffee anbauen will, braucht aber nicht nur Geld, sondern auch Zeit. Ein Kaffeefarmer muss üblicherweise drei Jahre warten, bis ein neu gepflanzter Baum ausreichend Früchte trägt. Die Entscheidung, in dieses Geschäft einzusteigen, will also reiflich überlegt sein.

BLÜTE UND FRUCHT

Die meisten Kaffeebäume liefern einen Hauptertrag pro Jahr. In manchen Ländern fruchten sie zwar noch ein zweites Mal, doch ist die Ausbeute dann meist geringer und auch die Qualität etwas schlechter. Ausgelöst wird der Reproduktionszyklus von einer Regenperiode, die den Baum zum Austrieb vieler stark nach Jasmin duftender, weißer Blüten anregt. Diese werden durch Bienen bestäubt, doch ist Arabica auch selbstbestäubend, weshalb die Bäume immer fruchten, sofern schlechtes Wetter die Übertragung der Pollen nicht verhindert.

Bis die Früchte erntereif sind, vergehen bis zu neun Monate. Leider reifen die Kirschen nicht gleichmäßig, was den Kaffeebauer vor eine schwierige Wahl stellt: Erntet er alle Früchte jedes Baums gleichzeitig, bekommt er eine gewisse Menge un- bzw. überreifer Kirschen. Pflückt er sie in mehreren Durchgängen, ist zwar jede Kirsche in perfekt ausgereiftem Zustand, dafür steigen die Lohnkosten für die Erntehelfer.

Kaffeesetzlinge im kolumbianischen Chinchiná. Hier werden sie fünf Monate lang kultiviert, bevor man sie an Plantagen verkauft. Nach weiteren drei Jahren beginnen sie wirtschaftlich verwertbar zu fruchten.

DIE KAFFEEFRUCHT

Kaffee ist fester Bestandteil unseres Alltags. Doch wer von uns in Mitteleuropa hat jemals eine Kaffeekirsche gesehen oder würde sie erkennen?

Die Größe der Frucht variiert von Sorte zu Sorte, im Schnitt aber ist eine Kaffeekirsche in etwa so groß wie eine kleine Weintraube. Im Gegensatz zu dieser machen die Samen im Inneren allerdings einen Großteil des Volumens aus. Unter der Schale befindet sich also nur eine dünne Schicht Fleisch.

Kaffeekirschen sind zunächst grün. Je reifer sie werden, desto dunkler färben sie sich. In ausgereiftem Zustand leuchten sie in der Regel dunkelrot, doch haben manche Bäume auch eine gelbe Frucht. Gelegentlich bilden sich aus gelb und rot fruchtenden Elternpflanzen sogar Hybriden mit orangefarbenen Früchten. Die Farbe hat auf den Ertrag zwar keinen unmittelbaren Einfluss, doch meidet man oft gelb fruchtende Bäume, weil sich bei ihnen schwerer bestimmen lässt, wann die Kaffeekirschen reif sind. Rote Früchte dagegen sind anfangs grün, später gelb und schließlich rot, sodass bei der Handlese die reifen Exemplare wesentlich leichter zu erkennen sind.

Vom Reifegrad hängt die Menge des Zuckers in der Frucht ab, die wiederum von entscheidender Bedeutung für die Qualität ist. Dennoch erntet jeder Erzeuger seine Kirschen in einem bestimmten Reifestadium. Manche finden, dass eine Mischung aus Früchten unterschiedlicher Reifestufen einem Kaffee Komplexität verleiht, allerdings dürfen sie weder über- noch unreif sein, da sich sonst ein unangenehmer Geschmack entwickelt.

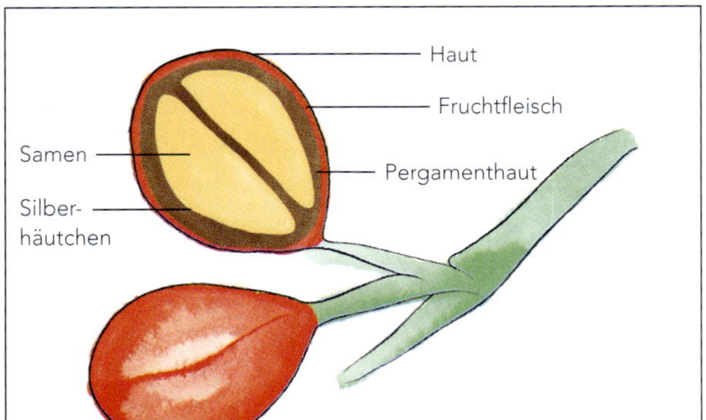

Oben: Erst wenn das Silberhäutchen und die Pergamenthaut entfernt sind, kann die Bohne gemahlen und geröstet werden.

Links: Die Kaffeeplantage Hacienda de Guayabal in Kolumbien.

SÜSSES FRÜCHTCHEN

Das Fleisch der reifen Kaffeefrucht ist überraschend süß, schmeckt angenehm nach Honigmelone und erfrischend säuerlich. Mitunter werden die Kirschen zu Saft gepresst, doch selbst reife Exemplare sind nicht sonderlich saftreich. Zudem muss vorher das Fleisch aufwendig vom Samen gelöst werden.

SAMEN

Der Samen, also die Kaffeebohne, ist von mehreren Lagen umschlossen, von denen die meisten bei der Verarbeitung entfernt werden. Die Schutzhaut um den Samen nennt man Pergamenthaut, unter der wiederum eine dünnere Schicht, das Silberhäutchen, liegt.

Die meisten Kirschen enthalten zwei Samen. Sie sitzen mit der flachen Seite zueinander in den Kirschen. Gelegentlich kann es vorkommen, dass in einer Kirsche nur ein einziges, rundliches Samenkorn keimt, die sogenannte Perlbohne (Peaberry). Rund fünf Prozent der Ernte bestehen aus Perlbohnen. Sie werden meist von den übrigen Bohnen getrennt und haben angeblich besondere Qualitäten oder entwickeln beim Rösten andere Eigenschaften als flache Bohnen.

KAFFEESORTEN

Die ersten kultivierten Kaffeebäume gab es vermutlich in Äthiopien. Sie gehörten zur Sorte Typica, die noch heute verbreitet ist. Inzwischen gibt es zahlreiche weitere Varianten; manche sind natürliche Mutationen, andere das Ergebnis von Züchtungen. Sie haben zum Teil einen sortentypischen Geschmack, werden zum Teil aber auch vom Terroir, der Art des Anbaus und der Verarbeitung nach der Ernte geprägt.

Nur wenige Kaffeetrinker wissen, dass es verschiedene Sorten des Arabica-Baums gibt. Das liegt in erster Linie daran, dass bei einem Großteil des weltweit in den Handel gebrachten Kaffees wie eh und je die Herkunft im Vordergrund steht. Ein bestimmter Posten kann von vielen Plantagen stammen. Gelangt er einmal in den Export, weiß niemand mehr, welche Sorte der Kaffeebauer kultiviert hat – verifizierbar ist nur noch der Teil der Welt, in dem er herangereift ist. Das ändert sich zwar allmählich, doch wissen wir nach wie vor relativ wenig über den Einfluss der Sorte auf den Geschmack des Kaffees in der Tasse. Die nachfolgende Beschreibung der gängigsten Sorten enthält denn auch keine Hinweise auf den Geschmack, sofern sich nicht ganz bestimmte, klar abgrenzbare Charakteristiken ausmachen lassen. Solange es keine Untersuchungen über den Einfluss der Sorte auf die Qualität von Kaffee gibt, sind Behauptungen darüber nur irreführend.

KAFFEESORTEN

In der Kaffeewelt werden die Begriffe »Arten« und »Sorten« oft wild durcheinander verwendet. Sorten sind genetisch klar abgrenzbare Spielarten bzw. Variationen einer bestimmten Art, von der sie sich durch ein oder mehrere Merkmale unterscheiden. Eine Sorte der Art *Caffea arabica* unterscheidet sich von ebendieser Art durch einen anderen Wuchs, anderes Laub oder andere Früchte. Gelegentlich findet man auch den Begriff »Kultivar« anstelle von »Sorte«. Kaffee, der von einer einzigen Sorte wie zum Beispiel Bourbon stammt, wird als »Sortenkaffee« bezeichnet und ist sortenrein.

TYPICA

Sie gilt als Ursorte, aus der alle anderen Sorten durch Mutation oder genetische Selektion entstanden sind. Die Niederländer waren die Ersten, die Kaffee aus wirtschaftlichen Gründen über den Globus verbreiteten – und die Sorte, die sie in die Welt hinaustrugen, war Typica. Sie hat meist rote Früchte und erbringt Kaffee von vorzüglicher Qualität, doch ist der Ertrag im Vergleich zu anderen Sorten relativ gering. Typica nimmt bis heute in vielen Anbaugebieten der Welt einen hohen Stellenwert ein und ist unter mehreren Handelsnamen wie Criollo, Sumatra und Arabigo bekannt.

BOURBON

Dies ist eine natürliche Mutation der Ursorte Typica. Entstanden ist sie auf der Insel Réunion, die damals noch den Namen Bourbon trug. Sie liefert höhere Erträge als Typica und hat nach Ansicht vieler im Spezialitätenkaffeesektor eine ausgeprägte Süße, weshalb sie sehr geschätzt wird. Die Früchte sind gelb, rot und gelegentlich orange. Einst wurde Bourbon häufig kultiviert, dann aber in etlichen Erzeugerländern durch ertragreichere Sorten ersetzt, weil der Markt noch nicht reif war für Kaffee, dessen geringen Ertrag man durch höhere Preise kompensieren musste.

MUNDO NOVO

Die Naturhybride aus Typica und Bourbon wurde nach dem Ort in Brasilien benannt, an dem man sie in den 1940er-Jahren entdeckte. Sie wird wegen ihres relativ hohen Ertrags, ihrer Stärke und Krankheitsresistenz kultiviert, zeichnet sich aber auch dadurch aus, dass sie gut mit Höhenlagen zwischen 1000 und 1200 Meter zurechtkommt, die in Brasilien sehr häufig sind.

CATURRA

Eine 1937 in Brasilien entdeckte Bourbon-Mutation. Sie liefert relativ hohe Erträge, neigt aber dazu, zu stark zu tragen, sodass der Baum mehr Früchte bildet, als er verkraften kann, und daraufhin abstirbt. Durch gute Kultur lässt sich diese Gefahr jedoch vermeiden. Die Sorte ist besonders in Kolumbien und Mittelamerika beliebt, doch auch in Brasilien noch recht verbreitet. Die Kaffeequalität gilt als gut – je höher die Anbaufläche liegt, desto besser wird sie, gleichzeitig sinkt aber der Ertrag. Die Früchte können rot oder gelb sein. Die Sorte bleibt niedrig und wird oft als schwachwüchsig oder mittelstark wachsend bezeichnet. Sie ist beliebt, weil sie sich leicht abernten lässt.

CATUAI

Eine Hybride aus Caturra und Mundo Novo, in den 1950er- und 1960er-Jahren vom brasilianischen Instituto Agronomico do Campinas gezüchtet. Sie vereint die niedrige Caturra mit Ertrag und Stärke von Mundo Novo. Wie bei Caturra sind die Früchte rot oder gelb.

MARAGOGYPE

Die leicht zu bestimmende Mutation von Typica wurde in Brasilien entdeckt. Bekannt und begehrt ist die Sorte wegen ihrer ungewöhnlich großen Bohnen. Die reifen Früchte sind meist rot.

SL-28

Eine teure Sorte, die in den 1930er-Jahren von Scott Laboratories aus einer trockenheitsverträglichen

Bourbon

Caturra

Geisha/Gesha

tansanischen Sorte gezüchtet wurde. Die in reifem Zustand roten Früchte liefern überdurchschnittlich große Bohnen. Aus ihnen entsteht ein Kaffee mit einem merklichen Fruchteinschlag, der gern mit Schwarzen Johannisbeeren verglichen wird. Die Sorte ist anfällig für Kaffeerost (siehe Seite 16) und liefert in oberen Höhenlagen bessere Qualität.

SL-34

Die von French Mission Bourbon selektierte Sorte gelangte über Bourbon bzw. Réunion zurück nach Afrika. Sie wurde zunächst in Tansania und später in Kenia angebaut. Auch sie kann deutliche Fruchtnoten entwickeln, doch erreicht ihr Kaffee nicht die Qualität des SL-28. Die Sorte ist ebenfalls anfällig für Kaffeerost und trägt rote Früchte.

GEISHA/GESHA

Welcher der beiden Namen nun der richtige ist, steht nicht fest, doch findet man die Bezeichnung »Geisha« häufiger. Allerdings ist Gesha eine Stadt im westlichen Äthiopien, und obwohl die Sorte von Costa Rica nach Panama gelangte, vermutet man ihren Ursprung deshalb in Äthiopien. Sie liefert ausnehmend aromatisch-fruchtigen Kaffee und wird daher stark nachgefragt, was die Preise in die Höhe getrieben hat.

Ihr Bekanntheits- und Beliebtheitsgrad stieg enorm, als die panamaische Farm Hacienda La Esmeralda im Jahr 2004 mit einem Geisha-Posten einen Wettbewerb bestritt. Der Kaffee erwies sich als so charaktervoll und außergewöhnlich, dass er auf einer Auktion für unglaubliche 21 US-Dollar pro angloamerikanisches Pfund (453 g) den Besitzer wechselte.

2006 und 2007 wurde mit 130 US-Dollar pro Pfund – fast hundertmal so viel wie für Allerweltskaffee – sogar eine Rekordsumme erzielt. Die Entwicklung hat viele Erzeuger in Mittel- und Südamerika veranlasst, auf die Sorte umzusteigen.

PACAS

Pacas ist eine natürliche Mutation von Bourbon und wurde 1949 von der Familie Paca in El Salvador entdeckt. Die Pflanze trägt rote Kirschen und bleibt niedrig im Wuchs, was die Ernte erleichtert. Der Kaffee ist qualitativ mit Bourbon vergleichbar und deshalb durchaus im oberen Bereich anzusiedeln.

Pacamara

VILLA SARCHI

Die Sorte ist nach einer Stadt in Costa Rica benannt, in der sie auch entdeckt wurde, und eine weitere natürliche Mutation von Bourbon. Wie Pacas bleibt sie schwachwüchsig. Sie wird derzeit auf sehr hohe Erträge hin gezüchtet und liefert Kaffee von ausgezeichneter Qualität. Die reifen Früchte sind rot.

PACAMARA

Dies ist eine 1958 in El Salvador entstandene Kreuzung aus den Sorten Pacas und Maragogype. Wie Maragogype trägt Pacamara ausgesprochen große Blätter, Früchte und Bohnen. Der daraus gewonnene Kaffee offenbart ein gutes, charakteristisches Geschmacksprofil mit Schokoladen- und Fruchtnuancen, kann aber auch unangenehm krautige, zwiebelartige Noten entwickeln. Die Farbe der reifen Früchte ist rot.

KENT

Benannt ist die Sorte nach einem Züchter, der sich in den 1920er-Jahren in Indien mit einem Zuchtprogramm befasste. Sie wurde auf Widerstandsfähigkeit gegen den Kaffeerost hin entwickelt, ist inzwischen allerdings anfällig für neuere Stämme der Krankheit.

S795

Eine weitere in Indien entwickelte Sorte. Sie ist eine Kreuzung aus Kent und S288, einer älteren Sorte, die sich durch ihre Resistenz gegen den Kaffeerost auszeichnete. In Indien und Indonesien kommt sie häufig zum Einsatz, allerdings hat sie inzwischen vermutlich einen Großteil ihrer Widerstandsfähigkeit gegen die Rostkrankheit verloren.

ARABICA-WILDSORTEN

Die meisten genannten Sorten ähneln sich genetisch sehr stark, da sie allesamt von Typica abstammen. Bei vielen in Äthiopien kultivierten Kaffeebäumen indes handelt es sich nicht um selektierte Kultivare, sondern um alte einheimische Sorten, die vermutlich durch Hybridisierung zweier Sorten oder sogar Arten entstanden sind. Bislang wurde nicht viel unternommen, um die genetische Vielfalt und Kaffeequalität dieser Wildsorten systematisch zu erfassen bzw. zu erforschen.

KAFFEEERNTE

Für die Qualität des Kaffees ist eine sorgfältige Ernte der Kirschen von entscheidender Bedeutung. Am besten schmecken Bohnen, die bei optimaler Reife vom Baum geholt wurden. Nach Ansicht vieler Fachleute erreicht die Güte des Kaffees bei der Ernte ihren Höhepunkt und jede Verarbeitungsphase danach dient nur ihrer Erhaltung, nicht der Verbesserung.

Die wichtigste Rolle bei der Ernte von hochwertigem Kaffee spielt vermutlich die Topografie des Landes, auf dem er wächst. Spitzenkaffee braucht große Höhenlagen – viele Kaffeeplantagen erstrecken sich daher an steilen Hängen in Bergregionen. Das Herumfahren zwischen den Bäumen kann hier schwierig, ja, sogar gefährlich sein. Das ist jedoch nicht auf jeder Anbaufarm der Fall.

MACHINENERNTE

Brasilien hat ausgedehnte Hochebenen, auf denen Kaffee gedeiht. Die Plantagen dort ernten die Kirschen mit großen Maschinen, die zwischen den sauber aufgereihten Kaffeebäumen entlangfahren. Sie schütteln die Gehölze so lange, bis die Frucht abfällt.

Diese maschinelle Ernte hat mehrere Nachteile. Am negativsten schlägt zu Buche, dass nicht alle Früchte mit dem optimalen Reifegrad geerntet werden, denn an jedem Ast hängen gleichzeitig reife und unreife Kirschen. Da die Maschinen reif und unreif nicht unterscheiden können, pflücken sie alle Früchte auf einmal. Erst nach der Ernte werden die unreifen Exemplare zusammen mit den ebenfalls abgeschnittenen Zweigen und Blättern aussortiert. Bei der maschinellen Ernte sind die Kosten geringer als bei jeder anderen Erntemethode, doch geht das letztendlich auf Kosten der Qualität.

Hier im brasilianischen Cabo Verde wird Arabica-Kaffee maschinell geerntet – ein effizientes Verfahren, das jedoch ein späteres Heraussortieren der reifen Kirschen erforderlich macht.

STRIP-PICKING

Ein großer Teil des Kaffees wird nach wie vor von Hand geerntet, da Maschinen in hügeligem Gelände nicht eingesetzt werden können. Beim Strip-Picking werden alle Früchte an einem Zweig in einer raschen Bewegung abgestreift bzw. abgekämmt. Dieser schnelle, nicht selektive Vorgang ähnelt der Maschinenernte, erfordert aber keine aufwendigen Gerätschaften oder Flachland. Trotzdem bekommt man nur einen gemischten Korb reifer und unreifer Kirschen, die noch sortiert werden müssen.

HANDERNTE

Bei hochwertigem Kaffee ist die Handernte, das »Picking«, nach wie vor am effektivsten, wenngleich mühsam. Die Lesehelfer zupfen nur die reifen Kirschen vom Baum. Weil sie nach der Erntemenge bezahlt werden, müssen die Erzeuger allerdings Sorge tragen, dass die Arbeitskräfte nicht durch Ernten unreifer Früchte ihren Lohn aufbessern. Qualitätsbewusste Plantagenbesitzer schaffen entsprechende Anreize und bezahlen ihre Leute auch für den einheitlichen Reifegrad des Ernteguts.

Die Kirschen können in einem Tank sortiert werden. Reife Exemplare sinken zu Boden und werden herausgepumpt, unreife schwimmen oben und lassen sich anderweitig verwerten.

ABGEFALLENE FRÜCHTE

Kaffeebauern sammeln auch diejenigen Kirschen auf, die von selbst vom Baum fallen, ob sie nun reif sind oder nicht. Sie kommen zu minderwertigeren Posten hinzu, die selbst in den besten Plantagen der Welt unweigerlich anfallen. Ein Liegenlassen der abgefallenen Früchte unter den Bäumen ist nicht ratsam, denn es kann einen Befall durch Schädlinge wie den Kaffeebohrer (siehe Seite 16) begünstigen.

ARBEITSKRÄFTE

Die Arbeitskosten bei der Handernte machen einen beträchtlichen Teil der Produktionskosten aus. Sie sind ein Hauptgrund für den hohen Preis von Kaffee aus entwickelten Ländern, etwa aus Kona auf Hawaii. Auch in Schwellenländern sinkt die Bereitschaft, sich den Lebensunterhalt mit der Kaffeeernte zu verdienen. Kaffeebauern in Mittelamerika beschäftigen daher oftmals Wanderarbeiter, die von Land zu Land ziehen, da die Ernteperioden in unterschiedlichen Gegenden zeitlich leicht versetzt beginnen. Derzeit stammen viele Erntehelfer aus Nicaragua, der schwächsten Wirtschaft in der Region. Dennoch dürfte es auf Dauer schwierig bleiben, Arbeitskräfte für die Kaffeeernte zu finden. Puerto Rico setzte eine Zeit lang sogar Strafgefangene ein.

SORTIEREN

Nach der Ernte werden über- und unreife Kirschen aussortiert. Dafür gibt es verschiedene Methoden. In Regionen mit relativ niedrigen Löhnen und wenig Geld für teure Geräte geschieht das von Hand. In entwickelteren Ländern dagegen sortiert man mithilfe von Wassertanks. Die Kirschen kommen in einen großen, wassergefüllten Behälter. Dort sinken reife Früchte nach unten, während unreife oben schwimmen. Die reifen Exemplare pumpt man zur Aufbereitung, die unreifen werden abgeschöpft und anderweitig verwertet.

Oben: Wo Arbeitskräfte billig sind, ist Handernte üblich. Dabei werden nur reife Früchte vom Baum gepflückt.

Unten: Arbeiterin in El Salvador beim Sortieren der Kaffeekirschen.

AUFBEREITUNG

Die Verarbeitung der geernteten Bohnen kann sich entscheidend auf den Kaffee in der Tasse auswirken. Informationen darüber sind daher ein wichtiger Teil der Kaffeebeschreibung und Verkaufsstrategie geworden. Das heißt aber nicht, dass Erzeuger bei der Wahl der Aufbereitungsmethode einen bestimmten Geschmack anvisieren: Den meisten geht es einzig und allein darum, Fehler und Qualitätsverluste so weit wie möglich zu vermeiden, da diese sich auf den Preis auswirken.

Nach der Ernte kommen die Kaffeekirschen in eine Nassmühle, wo das Fleisch von den Samen getrennt wird. Anschließend trocknet man die Bohnen, um sie sicher lagern zu können. Der anfängliche Feuchtigkeitsgehalt einer Bohne liegt bei 60 Prozent. Damit sie bis zum Verkauf und Transport nicht fault, muss der Wassergehalt auf etwa 11–12 Prozent reduziert werden. Das Arsenal an Nassmühlen reicht von kleinen Geräten für einzelne Farmen bis zu großen, industriell arbeitenden Anlagen für die Aufbereitung sehr großer Mengen.

In der Nassmühle entsteht aus der Kirsche die aufbereitete Bohne, die zwar kein Fruchtfleisch mehr hat, aber noch von der Pergamenthaut, auch Pergamino genannt, und dem Silberhäutchen umgeben ist. Nach Ansicht der meisten Fachleute wird die Kaffeebohne durch diese verbliebene äußere Schicht recht gut geschützt und verliert nicht an Qualität, bis schließlich so kurz wie möglich vor dem Transport auch noch die Pergamenthaut entfernt wird.

Der Begriff Nassaufbereitung, auch Wet Milling genannt, ist etwas irreführend, da manche Erzeuger nur wenig oder überhaupt kein Wasser bei dem Verfahren einsetzen. Er dient aber zur Abgrenzung zwischen der anfänglichen Behandlung und den nachfolgenden Verarbeitungsphasen, in denen das Hulling (Schälen) und Grading (Beurteilen) stattfinden, die als »trockenes Milling« zusammengefasst werden (siehe Seite 37).

Die geernteten Kirschen werden durch eine Nassmühle geschickt, in der man die Bohnen von der Pergamenthaut trennt. Anschließend werden sie für Lagerung und Transport getrocknet.

Die Verarbeitung hat enorme Auswirkungen auf die Qualität des Kaffees. Geschickte Erzeuger greifen immer mehr in diesen Prozess ein, um spezielle Vorzüge herauszuarbeiten. Bis jetzt gibt es allerdings weltweit nur eine Handvoll solcher ambitionierter Kaffeebauern.

Ziel der Verarbeitung ist es, für die Bohnen einen möglichst guten Preis zu erzielen. Das spielt auch bei der Wahl der Aufbereitungsmethode eine nicht zu unterschätzende Rolle. Manche benötigen mehr Zeit, Geld oder Ressourcen. Die Entscheidung darüber ist daher für jeden Erzeuger von großer Tragweite.

WAS SIND »DEFEKTE«?

Der Begriff »Defekt« bezieht sich in der Kaffeesprache auf Fehler einzelner Bohnen, die sich in einem schlechten Geschmack des fertigen Kaffees niederschlagen können. Manche Defekte sind schon am Rohkaffee zu erkennen, während andere erst beim Trinken zutage treten.

Insektenschäden an Bohnen sind leichte Defekte, die sich unschwer optisch feststellen lassen. Problematischer sind phenolische Züge, denn sie geben dem Kaffee einen sehr harten, metallischen, lösungsmittelartigen Geschmack mit Anklängen an Schwefel (das ist tatsächlich so schlimm, wie es sich anhört). Wie es zu diesem Fehler kommt, weiß man noch nicht genau. Auch eine mangelhafte Aufbereitung der Bohnen kann Defekte nach sich ziehen und eine Gärnote, einen unangenehm schmutzigen, ja sogar alkoholischen oder stallartigen, an fauliges Obst erinnernden Einschlag verursachen.

TROCKENAUFBEREITUNG

Diese auch als natürliche Aufbereitung bezeichnete Methode ist das älteste Verfahren. Nach der Ernte werden die Kirschen in einer dünnen Lage in der Sonne ausgebreitet. Manche Erzeuger verteilen sie über Ziegelpflaster, andere verwenden Trockentische, die eine bessere Luftzirkulation und damit eine gleichmäßigere Trocknung ermöglichen. Die Kirschen müssen immer wieder gewendet werden, damit sich kein Schimmel bildet oder ein Gär- bzw. Fäulnisprozess in Gang kommt. Sobald die Kirschen trocken sind, werden Haut und Fruchtfleisch mechanisch entfernt. Der so entstandene Rohkaffee kann nun bis zur Ausfuhr gelagert werden.

Dort, wo Wasser Mangelware ist, kann die Trockenaufbereitung die einzig mögliche Methode sein. Verbreitet ist sie daher in Ländern wie Äthiopien und in Teilen Brasiliens. Ansonsten erachtet man die Trockenaufbereitung nur für sehr minderwertigen oder unreifen Kaffee als geeignet. Das Gros der so entstandenen Kaffees wird möglichst preiswert erzeugt, gelangt meist nur auf den Inlandsmarkt und hat sehr wenig Wert. Es ist eher unwahrscheinlich, dass ein Kaffeebauer angesichts der niedrigen Gewinnspanne in einen Trockentisch investiert. Dennoch gibt es einige Erzeuger, die sich bewusst für diese Methode entscheiden, um hochwertigen Kaffee zu produzieren, und dann feststellen, dass die Kosten wegen des zusätzlichen Aufwands an Arbeitskräften höher als gedacht ausfallen.

Mancherorts bleibt man dieser traditionellen Aufbereitung dennoch treu – eine Nachfrage nach Kaffee aus sorgfältiger Trockenaufbereitung ist durchaus vorhanden. Er zeichnet sich oft ungeachtet der Sorte oder Herkunft durch eine Frucht aus, die an Heidelbeeren, Erdbeeren oder tropische Früchte erinnert, aber auch mit negativen Einschlägen wie Bauernhofgerüchen oder Wild-, Gär- und Stallmistnoten verglichen wird.

Hochwertiger »natürlicher Kaffee« aus Trockenaufbereitung spaltet die Fachwelt. Manche schätzen ihre Frucht und sind der Überzeugung, dass sie bestens geeignet sei aufzuzeigen, welche vielfältigen Geschmacksnoten Kaffee haben kann. Andere empfinden die wilden Nuancen als negativ und meinen, die Erzeuger sollten nicht dazu gebracht werden, mehr mit Trockenaufbereitung zu arbeiten, da sie kaum kontrollierbar ist und eine hochwertige Ernte irreparabel verderben kann.

TROCKNUNG UND LAGERUNG

Erste Untersuchungen deuten darauf hin, dass eine sehr langsame und gleichmäßige Trocknung kurzfristig nicht nur die Qualität, sondern auch die Lagerfähigkeit von Rohkaffee positiv beeinflusst. Werden die Früchte zu rasch getrocknet, verlieren sie ihre Vorzüge kurz nach der Anlieferung bei der Rösterei – manchmal schon nach wenigen Monaten oder gar Wochen. Weder die Röstereien noch die Endverbraucher dürften davon begeistert sein.

NASSAUFBEREITUNG

Bei der Nassaufbereitung wird das gesamte Fruchtfleisch vom Samen gelöst, bevor es trocknet. Das mindert das Risiko beim Trocknungsprozess enorm, was sich wiederum positiv auf den erzielten Preis auswirkt. Allerdings ist diese Form der Aufbereitung auch mit wesentlich höheren Kosten verbunden.

Nach der Ernte löst ein Entpulper die Schale und einen Großteil des Fruchtfleisches von den Samen. Dann kommen die Kirschen in einen Wassertank, in dem das restliche Fruchtfleisch durch Gärung entfernt wird.

Das Fruchtfleisch enthält eine große Menge Pektin und ist fest mit den Samen verbunden, doch durch die Gärung wird es so weit gelöst, dass es sich wegwaschen lässt. Die dabei verbrauchte Wassermenge ist von Erzeuger zu Erzeuger unterschiedlich und das Verfahren nach Ansicht mancher schädlich für die Umwelt, weil das Wasser verunreinigt wird.

Die Gärdauer hängt von mehreren Faktoren wie Höhenlage und Umgebungstemperatur ab. Je wärmer es ist, desto schneller läuft die Gärung ab. Lässt man die Masse aber zu lange gären, können die Bohnen negative Geschmacksstoffe annehmen. Allerdings gibt es einige Methoden, mit denen man prüfen kann, ob der Gärvorgang beendet ist. Manche Erzeuger reiben die Samen

Oben: Die Trockenaufbereitung ist die älteste Verarbeitungsmethode. Dabei werden die Früchte in der Sonne getrocknet und regelmäßig umgewälzt, damit sie nicht gären, schimmeln oder faulen.

Unten: Mit dem Entpulper löst man das Fruchtfleisch von den Kirschen. Anschließend kommen sie in einen Wassertank, in dem die restliche Pulpe durch Gärung entfernt wird.

TROCKENAUFBEREITUNG

Aussortieren unreifer Kirschen: Aus den geernteten Früchten werden die unreifen Kirschen von Hand aussortiert.

Trocknen: Die reifen Kirschen werden in die Sonne gelegt und manuell gewendet, was für gleichmäßige Durchlüftung sorgt.

PULPED-NATURAL-AUFBEREITUNG

Aussortieren unreifer Kirschen: Die Ernte kommt in einen Wassertank, in dem die reifen Kirschen zu Boden sinken und von dort herausgeholt werden.

Entpulpen: Die Schale und ein Großteil des Fruchtfleisches werden mechanisch von den Samen gelöst.

Trocknen: Die Samen werden auf Terrassen oder Trockentischen ausgelegt, wo sie rasch trocknen. Dadurch wird der Kaffee süßer und körperreicher.

NASSAUFBEREITUNG

Aussortieren unreifer Kirschen: Die Ernte kommt in einen Wassertank, in dem die reifen Kirschen zu Boden sinken und von dort abgesaugt werden.

Entpulpen: Nach der Ernte werden die Schale und das Fruchtfleisch der Kirschen mit einem mechanischen Entpulper entfernt.

Gärung: Die Kirschen kommen in einen sauberen Wassertank, in dem das restliche Fruchtfleisch durch Gärung von den Samen gelöst wird.

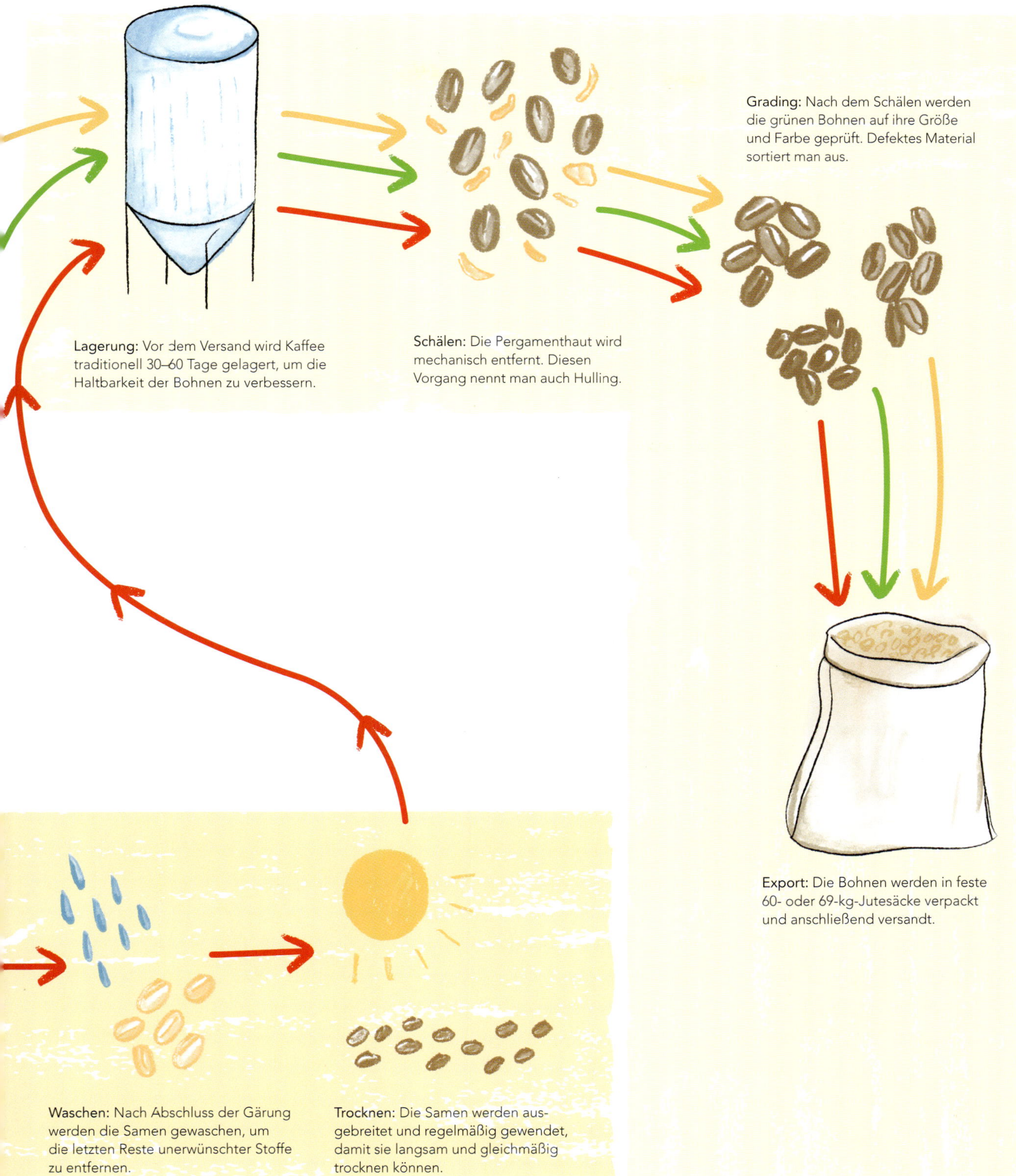
Waschen: Nach Abschluss der Gärung werden die Samen gewaschen, um die letzten Reste unerwünschter Stoffe zu entfernen.
Trocknen: Die Samen werden ausgebreitet und regelmäßig gewendet, damit sie langsam und gleichmäßig trocknen können.
Lagerung: Vor dem Versand wird Kaffee traditionell 30–60 Tage gelagert, um die Haltbarkeit der Bohnen zu verbessern.
Schälen: Die Pergamenthaut wird mechanisch entfernt. Diesen Vorgang nennt man auch Hulling.
Grading: Nach dem Schälen werden die grünen Bohnen auf ihre Größe und Farbe geprüft. Defektes Material sortiert man aus.
Export: Die Bohnen werden in feste 60- oder 69-kg-Jutesäcke verpackt und anschließend versandt.

zum Beispiel aneinander, denn ist das Fruchtfleisch vollständig zersetzt, sind sie glatt und quietschen. Andere stecken einen Stab in den Tank: Stellt er sich in dem gelatineartigen, pektingesättigten Wasser auf, ist der Prozess abgeschlossen.

Nach der Gärung werden die Samen gewaschen, um letzte Reste zu entfernen, und schließlich getrocknet, indem man sie auf Ziegelpflaster oder Trockentischen ausbreitet. Mit großen Rechen wendet man sie regelmäßig, damit sie langsam und gleichmäßig trocknen.

Wo die Sonne nicht lang genug scheint oder die Luftfeuchtigkeit zu hoch ist, arbeiten manche Erzeuger mit mechanischen Trocknern, um die Bohnen auf einen Feuchtigkeitsgehalt von 11–12 Prozent zu bringen. Allerdings ist die mechanische Trocknung gegenüber der Sonnentrocknung der Qualität vermutlich abträglich, ja, selbst die Trocknung auf einer Pflasterfläche scheint zu schnell abzulaufen (siehe Kasten Seite 33).

Viele Erzeuger von hochwertigem Kaffee entscheiden sich für die Nassaufbereitung, um Defekte zu verringern, doch kann auch sie die Qualität des fertigen Kaffees mindern. Verglichen mit anderen Verfahren gewährleistet das nasse Verfahren aber einen höheren Säuregehalt, mehr Komplexität und einen »saubereren« Geschmack. Gerade Sauberkeit ist ein wichtiges Merkmal, mit dem beim sogenannten Cupping das Fehlen negativer Geschmacksnuancen wie unangenehme Noten oder ungewöhnliche Rauheit und Adstringenz beschrieben wird.

MISCHVERFAHREN

DIE PULPED-NATURAL-AUFBEREITUNG

Sie kommt vor allem in Brasilien zum Einsatz und ist das Ergebnis von Experimenten des Herstellers Pinhalense, der sich auf Kaffeeverarbeitungsgeräte spezialisiert hat. Ziel war es, Kaffee mit hoher Tassenqualität unter Einsatz von weniger Wasser als bei der Nassaufbereitung zu erzeugen.

Nach der Ernte werden die Kirschen mechanisch entpulpt, wobei die gesamte Schale und ein Großteil des

Arbeiterinnen sortieren geschälte Kaffeebohnen nach Farbe und Größe und holen defekte Exemplare heraus, ein zeitaufwendiges Verfahren, das allerdings Kaffee wesentlich höherer Qualität erbringt.

Fruchtfleisches entfernt werden. Anschließend kommen sie sogleich auf Trockenflächen oder -tische. Durch das fehlende Fruchtfleisch sinkt das Risiko, dass sie sich Defekte einfangen, trotzdem aber ist noch genug Zucker vorhanden, um den Kaffee merklich süßer und körperreicher zu machen. Ein sorgfältiges Trocknen nach dem Entpulpen ist aber unabdingbar.

DAS HONEY-PROCESSED-VERFAHREN

Diese Art der Aufbereitung ähnelt stark der Pulped-Natural-Variante und kommt in mittelamerikanischen Staaten wie Costa Rica und El Salvador zum Einsatz. Der Kaffee wird mechanisch entpulpt, doch ist der Wasserverbrauch noch geringer als beim Pulped-Natural-Verfahren. Der Entpulper lässt sich meist so einstellen, dass er einen gewissen Prozentsatz des Fleisches am Samen lässt. Den so entstandenen Kaffee nennt man je nach Anteil des verbliebenen Fruchtfleisches beispielsweise »100 % Honey« oder »20 % Honey«. Je höher der Fruchtfleischanteil ist, desto größer ist allerdings auch das Gär- und Defektrisiko beim Trocknen.

HALBTROCKENE AUFBEREITUNG (»SEMI-WASHED«)

Diese Methode ist in Indonesien verbreitet, wo sie *giling basah* genannt wird. Die Samen werden entpulpt und kurz getrocknet, allerdings nicht bis auf 11–12 Prozent Feuchtigkeitsgehalt wie bei anderen Verfahren, sondern nur auf 30–35 Prozent. Nun werden sie geschält, das heißt von der Pergamenthaut befreit, sodass die grüne Bohne freiliegt. Anschließend wird so lange weitergetrocknet, bis eine Lagerung ohne Fäulnisgefahr möglich ist. Beim zweiten Trocknungsdurchgang werden die Bohnen auffallend dunkelgrün.

Die halbtrockene Aufbereitung ist das einzige Verfahren, bei dem die Pergamenthaut nicht bis kurz vor dem Versand an der Bohne bleibt. Viele sind der Meinung, das führe zu einer Art Defekt, doch werden die spezifischen Geschmacksnoten mittlerweile fest mit indonesischem Kaffee assoziiert, sodass eine Abkehr von dieser Methode gar nicht mehr gefordert wird. Semi-Washed-Kaffee hat weniger Säure und mehr Körper als andere Sorten, zudem entsteht eine ganze Reihe weiterer typischer Nuancen wie Holz, Gewürze, Tabak, Leder sowie muffige und erdige Einschläge. In der Kaffeeszene wird hitzig darüber debattiert, ob das erwünscht ist oder nicht. Von vielen wird vorgebracht, diese Noten würden den Geschmack dominieren (wie es auch bei der Trockenaufbereitung der Fall ist) und wir würden selten erfahren, wie Kaffee aus Indonesien wirklich schmeckt. Es gibt jedoch durchaus indonesische Produkte, die eine Nassaufbereitung durchlaufen – sie aufzuspüren lohnt sich. An dem Zusatz »washed« oder »fully washed« auf der Verpackung sollten sie leicht identifizierbar sein.

SCHÄLUNG UND VERSAND

Wenn die Samen aus der Nassmühle kommen, sind sie nach wie vor von der Pergamenthaut umschlossen, sofern sie nicht der Semi-Washed-Methode unterzogen wurden. Inzwischen liegt der Feuchtigkeitsgehalt so niedrig, dass eine Lagerung ohne Fäulnisrisiko möglich ist. Der Kaffee wird traditionell 30–60 Tage lang in dieser Reifephase *in reposo* (ruhend) gelagert.

Die Reposo-Phase ist wissenschaftlich noch nicht vollständig durchleuchtet, doch deutet einiges darauf hin, dass der Kaffee grün und unangenehm schmeckt, wenn man sie überspringt, und diesen Zug erst nach weiterer Alterung verliert. Auch scheint sie den Reifeprozess nach dem Versand zu beeinflussen, was vermutlich mit dem Feuchtigkeitsgehalt zusammenhängt.

Nach Ablauf der Reposo-Phase wird der Kaffee verkauft und von der Pergamenthaut befreit. Sie diente zwar bis jetzt als Schutz, doch macht sie die Bohnen schwerer und voluminöser, weshalb das Schälen, auch Hulling genannt, die Transportkosten senkt. Es erfolgt mechanisch in Trockenmühlen, die meist zusätzlich Grading- und Sortierfunktionen haben. Dabei wird ihre Farbe geprüft und defektes Material herausgeholt. Mit großen Schüttelsieben werden die Bohnen nach ihrer Größe sortiert. Den Abschluss bildet ein manuelles Grading.

Dieses zeitaufwendige Verfahren erfolgt an großen Tischen mit einem Förderband in der Mitte. Sie stehen in der Regel auf großen Terrassen; die Arbeitskräfte sind meist weiblich. Sie gehen die ihnen zugewiesenen Posten durch und entfernen alles defekte Material, mitunter mit festen Zeitvorgaben, die über ein automatisches Förderband geregelt werden – eine langwierige, schwierige und monotone Arbeit, die die Kosten in die Höhe treibt, aber auch die Qualität enorm verbessert. Wenn hochwertiger Kaffee seinen Preis hat, so ist dies also durchaus gerechtfertigt und kommt nicht zuletzt den Arbeitskräften zugute, die dadurch besser bezahlt werden können.

Arbeiter in Yirgacheffe nähen 60-kg-Jutesäcke zu. Die Anbaugemeinde im südwestlichen Äthiopien exportiert ihren beliebten Kaffee in alle Welt.

ABFÜLLEN

Die Bohnen können nun abgefüllt werden. Je nach Herkunft kommen sie in 60- oder 69-kg-Jutesäcke. Mitunter werden die Säcke zum Schutz vor Feuchtigkeit mit Folie, etwa mehrlagigem Polyethylenmaterial, ausgeschlagen oder vakuumverpackt und in Kartons verschickt.

Jute wird seit Langem als Verpackungsmaterial bevorzugt, denn es ist preiswert, problemlos verfügbar und umweltfreundlich. Im Spezialitätenkaffeesektor versucht man allerdings immer häufiger, den Zustand des Kaffees während Transport und Lagerung zu optimieren, weshalb derzeit neue Materialien erprobt werden.

TRANSPORT

Kaffee wird normalerweise in Containern zu den Märkten transportiert. In sie passen bis zu 300 Säcke. Minderwertigen Kaffee schüttet man allerdings gelegentlich auch unverpackt in einen mit einer riesigen Folie ausgeschlagenen Container, da der Röster ihn noch am Tag der Ankunft als Ganzes verarbeitet. Diese Container werden in der Rösterei wie Lastwagenladungen ausgekippt.

Der Transport hat verglichen mit anderen Verarbeitungsschritten in der Kaffeeindustrie relativ geringe Auswirkungen auf die Umwelt und ist auch relativ preiswert. Nachteilig allerdings wirken sich mögliche Einflüsse wie Hitze und Feuchtigkeit aus, die zu einer Qualitätsminderung führen können. Die Verschiffung bereitet den Röstereien immer wieder Kopfzerbrechen, beispielsweise wenn Container wegen bürokratischer Hürden Wochen oder sogar Monate in heißen, feuchten Häfen lagern, bis alle Formalitäten geklärt sind. Luftfracht allerdings kommt nicht infrage, da sie weder umweltverträglich noch finanziell tragbar ist. Daher sind viele Akteure im Spezialitätensektor nach wie vor alles andere als zufrieden mit dem Transport.

GRADING NACH GRÖSSE UND QUALITÄT

Das Sortieren nach der Bohnengröße hat in vielen Ländern eine längere Tradition als das Qualitäts-Grading. Beide Verfahren gelten in technischer Hinsicht fälschlicherweise als ähnlich. Viele Länder und Regionen haben ihr eigenes Grading-System entwickelt.

Die Sortierung nach der Größe der Bohnen erfolgt in der Regel mit Sieben, die nach der Korngröße unterteilt werden. Traditionell verwendet man für Arabica-Siebe gerade Korngrößen (zum Beispiel 14, 16 und 18) und für Robusta ungerade. Nach dem Schälen werden die Bohnen mechanisch durch mehrere Sieblagen geschüttelt, um sie nach der Größe zu sortieren.

Peaberry (PB) ist die kleinste Korngröße für ganze Bohnen (Bruch wird nicht mit eingerechnet). Bohnen aus Kirschen mit nur einem Samenkorn fallen unter die PB-Kategorie. Sie haben angeblich einen intensiveren Geschmack, doch lässt sich das wohl nicht verallgemeinern. Ein Vergleich zwischen einer PB-Selektion und Kaffee aus größeren Bohnen ist immer interessant.

Größere Bohnen sind zwar nicht immer besser, doch bietet eine relativ einheitliche Korngröße Vorteile bei der Röstung: Die Bohnen lassen sich leichter rösten und haben daher einen gleichförmigeren Geschmack. Das liegt an der unterschiedlichen Dichte von ungleich großen Bohnen. Beim Rösten werden die kleineren, also weniger dichten Bohnen wesentlich schneller geröstet als die großen. Ein Teil des Kaffees aus einem gemischten Posten hat also nicht den idealen Röstgrad.

GÄNGIGE GRADINGS

Hier einige Anbauländer und -regionen mit den dort üblichen Größen-Gradings:

KOLUMBIEN

Supremo und Excelso sind verbreitete Klassifizierungen. Excelso hat eine Korngröße von 14–16 und liegt damit unter Supremo mit 16–18 (oder größer). Kolumbien führte als erstes Land eine solche Klassifizierung ein und verwendet Gradings, um die Qualität seines Kaffees hervorzuheben (siehe Seite 188).

MITTELAMERIKA

Hier werden große Korngrößen als Superior bezeichnet (was wiederum ein Qualitätsurteil anhand der Größe darstellt). PB ist gleichbedeutend mit *caracol*.

AFRIKA

Die größte Korngröße ist AA, dann folgen AB und A. Anbauländer wie Kenia stellen einen engen Zusammenhang zwischen Korngröße und Qualiät her. AA-Posten erzielen daher meist höhere Preise.

PEABERRY (PB)
Bohnen aus Kaffeekirschen mit nur einem Samenkorn.
AB-GRADE
Gute Qualität, aber minderwertiger als AA.
AA-GRADE
Die größten und wertvollsten Bohnen eines Postens.
PULPED NATURAL
Bohnen mit geringen Resten an Fruchtfleisch, deshalb die leicht orange Farbe.
FULLY WASHED
Bohnen aus der Nassaufbereitung; sie wirken sauberer als Bohnen der anderen Verarbeitungsverfahren.
NATURAL/UNWASHED
Bohnen aus Trockenaufbereitung sind orange bis braun, während sie sonst eher grün bleiben.
PACAMARA/MARAGOGYPE
Ungewöhnlich große Bohnen, die deshalb oft als qualitativ höherwertig eingestuft werden.

DER KAFFEE-HANDEL

Oft heißt es, Kaffee stehe weltweit auf Platz zwei der meistgehandelten Güter. Das stimmt nicht, er gehört nicht einmal zu den fünf wichtigsten, ganz gleich, ob man sich am Volumen oder Umsatz orientiert. Dennoch ist er ins Visier ethisch orientierter Handelsorganisationen geraten. Die Beziehung zwischen Käufer und Erzeuger gilt oft als beispielhaft für die Ausbeutung der Dritten Welt. Zweifellos gibt es Kräfte, die das System missbrauchen. Doch sie sind in der Minderheit.

Der Preis für Rohkaffee wird in der Regel in US-Dollar pro angloamerikanischem Pfund (453 g) beziffert. Es gibt eine Art Weltmarktpreis für Kaffee, allerdings nur für die Massenware (siehe Seite 7), die an der New Yorker Börse gehandelt wird. Die Produktion wird dabei oft in Säcken angegeben, wobei ein Sack aus Afrika, Indonesien oder Brasilien 60 kg und ein Sack aus Mittelamerika 69 kg wiegt. Trotz dieser Maßeinheit handelt man Kaffee im Großeinkauf für gewöhnlich in Form von Containern mit rund 300 Säcken Inhalt.

Nur ein kleiner Prozentsatz wechselt tatsächlich an der New Yorker Börse den Besitzer, doch ist der Weltmarktpreis eine Art Mindestpreis, unter den ein Erzeuger nicht geht. Preise für besondere Posten liegen oft darüber. Manche Länder erzielen seit je höhere Preise für ihren Kaffee, etwa Costa Rica oder Kolumbien. Dabei geht es jedoch immer größtenteils um Durchschnittsqualität und nicht um Spezialitätenkaffee.

Den Weltmarktpreis als Basis zu nehmen hat seine Tücken, denn er ist nicht fest. In der Regel werden die Preise von Angebot und Nachfrage diktiert, was bis zu einem gewissen Grad auch für Kaffee gilt. Als Ende der Nullerjahre die weltweite Nachfrage stieg, ging der Preis entsprechend nach oben; zudem sah es fast so aus, als käme es zu Engpässen. Der Kaffeepreis erreichte daraufhin mit mehr als 3,00 US-Dollar pro Pfund einen der höchsten Werte seit Bestehen des Weltmarktpreises. Allerdings lag das nicht allein an der Dynamik von Angebot und Nachfrage. Eine Rolle spielten auch Faktoren wie der Zustrom von Kapital durch Händler und Hedgefonds, die eine Gelegenheit witterten, zu

Geld zu kommen. Das führte zu einem so unbeständigen Markt, wie man ihn noch nicht erlebt hatte. Seit diesem Hochstand sind die Preise kontinuierlich auf ein Niveau zurückgegangen, das als ruinös gilt.

Weil der Kaffeepreis von den Produktionskosten unabhängig ist, können Erzeuger in die Verlustzone geraten und durch den Anbau von Kaffee sogar Geld verlieren.

Die Aufnahme aus dem Jahr 1937 zeigt das Verladen von Kaffeesäcken im brasilianischen Hafen von Santos. Heute wird Kaffee meist in Containern mit rund 300 Säcken Fassungsvermögen verschifft.

Um das zu verhindern, hat man verschiedene Strategien entwickelt. Eine ist die Fair-Trade-Bewegung, die auf einen gerechten Preis für Kaffeebauern Wert legt. Daneben gibt es aber noch etliche weitere nachhaltige Kaffeezertifizierungsmodelle wie die der Organic Trade Association oder der Rainforest Alliance (siehe Kasten unten).

FAIRER HANDEL

Obwohl Fair Traide ein erfolgreiches Modell für Käufer ist, die mit reinem Gewissen Kaffee kaufen wollen, herrscht etwas Verwirrung über die Arbeitsweise der Organisation. Viele sind der Ansicht, dass die Versprechen von Fair Trade nicht erfüllt werden und im Grund jeder Kaffee theoretisch als fair gehandelt klassifiziert werden kann. Dies ist jedoch nicht der Fall. Wegen der komplexen Geldströme in der Kaffeeindustrie fällt es Kritikern leicht zu behaupten, dass die Kaffeebauern gar nicht von dem Mehrpreis profitieren.

Fair Trade garantiert einen Grundpreis, den die Organisation als nachhaltig erachtet und der mindestens 0,05 US-Dollar/Pfund über dem Weltmarktpreis liegen muss, falls dieser über den Fair-Trade-Grundpreis steigt. Allerdings arbeitet Fair Trade nur mit Produzentenorganisationen zusammen und kann daher keine Einzelerzeuger zertifizieren. Kritiker monieren außerdem die mangelnde Transparenz und das Fehlen einer echten Garantie, dass das Geld tatsächlich bis zu den Kaffeebauern gelangt und nicht durch Korruption in undurchsichtigen Kanälen versickert. Andere wenden ein, es fehlten Anreize für die Farmer, die Kaffeequalität zu erhöhen. Aus diesem Grund sahen sich viele Akteure im Spezialitätensektor veranlasst, neue Wege zu gehen. Sie wollten Kaffee nicht mehr wie auf dem Massenkaffeemarkt üblich zu einem Preis kaufen, der von der weltweiten Angebots- und Nachfragedynamik diktiert wird und Herkunft bzw. Qualität kaum berücksichtigt.

DER SPEZIALITÄTENSEKTOR

Spezialitätenröstereien haben verschiedene Modelle entwickelt, wie sie ihren Kaffee einkaufen und welche Beziehungen sie zu ihren Kaffeebauern unterhalten.

ZERTIFIZIERUNG/ VERIFIZIERUNG	BIOLOGISCH	FAIR-TRADE-SIEGEL	SIEGEL DER RAINFOREST ALLIANCE
ZIEL	Etablierung eines verifizierten, nachhaltigen Landwirtschaftssystems, welches Nahrungsmittel im Einklang mit der Natur erzeugt sowie die Biodiversität und Bodengesundheit fördert.	Verbesserung der Lebensumstände der Bauernfamilien in den Entwicklungsländern durch faire Preise, direkten Handel, Entwicklung der Gemeinschaften und Umweltverantwortung.	Schutz der Biodiversität, Entwicklung der Gemeinschaften, Sicherung der Arbeiterrechte und Bewahrung nachhaltiger landwirtschaftlicher Methoden durch ein integriertes System.
GESCHICHTE UND ENTWICKLUNG	Die Ursprünge reichen bis in das 19. Jahrhundert zurück. Frühe Zielsetzungen wurden in England, Indien und den Vereinigten Staaten formuliert. Die erste Zertifizierung wurde 1967 eingeführt. Inzwischen gibt es international anerkannte Systeme und eine biologische Produktion in allen Teilen der Welt.	Das Siegel geht auf eine Organisation mit dem Namen Max Havelaar zurück, die in den 1970er-Jahren in den Niederlanden gegründet wurde. Heute wird es von der deutschen Fairtrade Labelling Organizations International (FLO) verwaltet, die mit mehr als 20 nationalen Zweigorganisationen in aller Welt zusammenarbeitet.	Den Anfang machten im Jahr 1992 die Rainforest Alliance und ein Zusammenschluss lateinamerikanischer NGOs, das Sustainable Agriculture Network (SAN). Die erste Zertifizierung für Kaffeefarmen wurde 1996 ausgestellt. Das Programm Rainforest Alliance Certified™ verlangt von den Farmen, in der Produktion, beim Umweltschutz und bei der Beachtung der Rechte und Lebensbedingungen der Arbeiter sowie ihrer Dorfgemeinschaften weitreichende Normen einzuhalten.

Relationship-Kaffee ist Kaffee, bei dem Erzeuger und Röster in einer ständigen Handelsbeziehung stehen. In der Regel bemühen sich beide Seiten, die Qualität des Produkts zu verbessern und den Preis nachhaltig zu gestalten. Den gewünschten positiven Effekt hat ein solches Zusammenspiel aber nur, wenn der Röster ausreichende Mengen abnimmt.

Direct Trade bezeichnet den direkten Handel und ist ein relativ neues Phänomen. Die Röster bringen damit zum Ausdruck, dass sie den Kaffee nicht von einem Importeur, Exporteur oder anderen Dritten beziehen, sondern direkt vom Erzeuger kaufen. Problematisch ist, dass die wichtige Rolle der Importeure und Exporteure in der Kaffeeindustrie dabei außer Acht gelassen wird. Sie werden ungerechtfertigt als Mittelsleute dargestellt, die sich lediglich eine Scheibe vom Kuchen sichern. Damit der direkte Handel tragfähig ist, muss außerdem genug Kaffee abgenommen werden.

Fair Trade deutet darauf hin, dass die Handelsbeziehungen transparent und rückverfolgbar sind und gute Preise bezahlt werden. Eine Garantie für ethischen Einkauf ist die Bezeichnung nicht, doch haben die Beteiligten meist beste Absichten. Sind Dritte beteiligt, kann man davon ausgehen, dass sie einen Mehrwert bieten.

All diesen Einkaufsmodellen liegt das Bemühen der Röster zugrunde, für den Einkauf ihres Kaffees zurückverfolgbare Wege zu nutzen, unnötige Mittelsleute in der Versorgungskette zu überspringen und Preise zu zahlen, die einen Anreiz für die Erzeugung besserer Qualität bieten. Gleichwohl wird immer wieder Kritik an den Modellen laut. Ohne eine Zertifizierung durch Dritte lässt sich nur schwer nachvollziehen, ob ein Röster tatsächlich die Einkaufskanäle nutzt, die er angibt. Manche haben vielleicht Posten von Importeuren oder Brokern gekauft, die diese als rückverfolgbar führen, und geben sie als Direct-Trade- oder Relationship-Kaffee aus.

Die Erzeuger wiederum brauchen nicht mit einer langfristigen Partnerschaft zu rechnen, denn manche Einkäufer spüren jedes Jahr aufs Neue die besten Posten auf, die sie bekommen können. Zumindest bezahlen sie gut dafür. Diese Gegebenheiten erschweren langfristige Investitionen in Qualitätssteigerungen. Hingewiesen werden sollte ferner darauf, dass manche Mittelsleute wertvolle Serviceleistungen bieten, insbesondere wenn sie eher in kleinem Rahmen arbeiten. Die weltweite Kaffeelogistik erfordert ein Maß an Spezialisierung und ein Know-how, das viele kleine Röstereien nicht haben.

RAT FÜR VERBRAUCHER

Beim Kauf lässt sich nur schwer feststellen, inwieweit ein Kaffee aus ethisch vertretbaren Quellen stammt. Manche Spezialitätenröstereien haben Einkaufsprogramme entwickelt, die von Dritten zertifiziert werden, doch sind sie in der Minderheit. Wenn die Herkunft rückverfolgbar ist und der Name des Erzeugers oder zumindest der Farm, Genossenschaft bzw. Fabrik auf der Verpackung steht, kann man guten Gewissens annehmen, dass ein fairer Preis bezahlt wurde. Die Transparenz ist allerdings von Land zu Land unterschiedlich – auf sie wird in den Abschnitten über die jeweiligen Erzeugerländer genauer eingegangen. Wer einen Röster entdeckt hat, dessen Kaffee ihm zusagt, kann sicherlich genauere Infos erfragen. Die meisten geben nur zu gern Auskunft und sind oft sogar ausgesprochen stolz auf ihre Arbeit.

AUKTIONSKAFFEE

Die Menge an Kaffee, die über Internetauktionen den Besitzer wechselt, steigt langsam, aber stetig. In der Regel beginnt es damit, dass in einem Erzeugerland ein Wettbewerb stattfindet, zu dem Kaffeebauern ihre besten Posten einreichen. Sie werden von mehreren Verkostungsjurys beurteilt: anfangs meist von einer örtlichen Jury, anschließend von einem internationalen Team aus Kaffeeeinkäufern, die zur letzten Degustationsrunde einfliegen. Die besten Kaffees werden auf der Auktion feilgeboten und wechseln in der Regel für sehr hohe Preise den Besitzer. Die meisten Auktionen nennen online den erzielten Preis und bieten volle Rückverfolgbarkeit.

Dieses Konzept wurde von einer Handvoll Erzeugern übernommen, die sich dank der Qualität ihres Kaffees einen Namen gemacht haben. Sobald es genügend internationale Kaufinteressenten gibt, führen sie eine Auktion durch. Pionierdienste leistete eine Farm in Panama namens Hacienda La Esmeralda. Für ihre mit Auszeichnungen bedachten Kaffees waren schon zuvor rekordverdächtige Preise bezahlt worden (siehe Seite 238–240).

Die frisch geernteten Kaffeekirschen werden sortiert und gereinigt. Dabei holt man un- und überreife Exemplare sowie Blätter, Erdreste und Zweige heraus, oft durch Hochwerfen des Materials in einem Sieb.

TEIL 2

VON DER BOHNE IN DIE TASSE

DAS KAFFEERÖSTEN

Das Rösten ist einer der faszinierendsten Aspekte der Kaffeeindustrie. Es verwandelt das grüne Samenkorn, das mit Ausnahme eines unangenehmen pflanzlichen Einschlags nach nichts schmeckt, in eine unglaublich aromatische Bohne von erstaunlicher Geschmackskomplexität. Der Geruch von frisch geröstetem Kaffee ist ausnehmend köstlich, inspirierend und geradezu berauschend. In diesem Kapitel geht es um das industrielle Rösten. Wer selbst rösten will, findet Informationen auf den Seiten 116–117.

Das industrielle Rösten von relativ minderwertigem Kaffee wurde schon intensiv erforscht. Dabei standen meist die Effizienz des Röstvorgangs und die Herstellungsmethoden für löslichen Instantkaffee im Mittelpunkt. Da diese Produkte allerdings weder besonders interessant noch wohlschmeckend sind, wurde wenig getan, um ihre Süße zu verbessern oder die Geschmacksnuancen bestimmter Sorten bzw. eines klar definierten Terroirs herauszuarbeiten.

Spezialitätenröster in aller Welt sind oft Autodidakten und haben sich ihr Geschick durch Versuch und Irrtum angeeignet. Jede Rösterei hat ihre eigene Methode und Philosophie. Sie bringt deshalb zwar immer wieder den anvisierten Kaffee hervor, versteht den Prozess andererseits aber nicht gut genug, um mit unterschiedlichen Röststilen zu arbeiten. Das heißt aber nicht, dass es nur selten gut gerösteten Kaffee gibt – man findet solche Köstlichkeiten mittlerweile in aller Welt. Doch es deutet darauf hin, dass hochwertiges Rösten noch eine große Zukunft vor sich hat, weil es viel zu entdecken und entwickeln gibt. Kurzum: Es ist noch Spielraum nach oben.

SCHNELL ODER LANGSAM? HELL ODER DUNKEL?

Die Röstung eines Kaffees wird geprägt von der endgültigen Farbe der Kaffeebohne und der Zeit, die man braucht, um zu dieser Farbe zu gelangen. Einfach nur von heller oder dunkler Röstung zu sprechen reicht nicht, denn der Röstvorgang kann schnell oder langsam abgelaufen sein – und das wirkt sich ganz beträchtlich auf den Geschmack aus, selbst wenn sich die Bohnen farblich nicht unterscheiden!

Beim Rösten wird eine ganze Reihe chemischer und physikalischer Reaktionen in Gang gesetzt. Mehrere ziehen eine Gewichtsreduktion nach sich – der Flüssigkeitsverlust ist eine davon. Langsames Rösten (14–20 Minuten) verringert das Gewicht um etwa 16–18 Prozent und damit stärker als ein schnelles Rösten, das in flotten 90 Sekunden über die Bühne geht. Langsames Rösten ergibt einen besseren, allerdings auch teureren Kaffee.

Beim kontrollierten Röstvorgang werden die drei wesentlichen Geschmackskomponenten Säure, Süße und Bitterkeit festgelegt. Je länger man Kaffee röstet, desto weniger Säure hat er letztendlich. Gleichzeitig steigt mit der Röstdauer die Bitterkeit langsam an. Sie wird allerdings noch stärker von der Farbe vorgegeben: je dunkler die Röstung, desto bitterer der Geschmack.

Der Süßegrad wiederum verändert sich entsprechend einer Glockenkurve und erreicht seinen höchsten Punkt zwischen den Spitzenwerten von Säure und Bitterkeit. Ein guter Röster kann über den Röstgrad also steuern, ob er einen süßen, dann aber auch recht säuerlichen, oder einen ebenfalls süßen, aber dafür flacheren Kaffee will. Unmöglich dagegen ist es, durch Veränderung des Röstprofils einen schlechten Kaffee aufzuwerten.

Der Röstvorgang beeinflusst die Säure, Süße und Bitterkeit der Bohnen. Röster versuchen diese drei Komponenten über die Hitze und die Röstdauer in ein ausgewogenes Verhältnis zu bringen.

DIE RÖSTPHASEN

Der Röstvorgang lässt sich in eine Reihe wichtiger Phasen unterteilen. Die Geschwindigkeit, mit der Kaffee diese Stufen durchläuft, heißt Röstprofil. Viele Röstereien führen genau Buch über ihre Röstprofile, um sie innerhalb enger Temperatur- und Zeitfenster möglichst exakt wiederholen zu können.

PHASE 1: TROCKNUNG

Rohkaffee enthält 7–11 Prozent Wasser in Gewichtsanteilen. Sie verteilen sich gleichmäßig in der dichten Struktur der Bohne. Ist beim Rösten noch Wasser im Gewebe vorhanden, bleibt die Braunfärbung aus – das ist bei Kochvorgängen in der Küche nicht anders.

Nach dem Befüllen der Röstanlage dauert es eine Weile, bis die Bohnen so stark aufgeheizt sind, dass das Wasser verdampft. Der Trocknungsprozess verbraucht also Energie. In diesen wenigen ersten Minuten ändern sich Aussehen und Geschmack des Kaffees aber kaum.

PHASE 2: GELBFÄRBUNG

Nachdem das Wasser verdampft ist, beginnt der Bräunungsvorgang. In diesem Stadium sind die Bohnen noch sehr fest und riechen nach Basmatireis sowie geringfügig nach Brot. Bald beginnen sie aber anzuschwellen; dabei platzt ihre papierartige Schale auf und fällt ab. Durch den Röster wird Luft gepumpt, die die Schalenreste entfernt, damit sie in der Hitze nicht Feuer fangen.

Diese ersten beiden Phasen sind sehr wichtig. Ohne angemessene Trocknung erhalten die Bohnen in der nächsten Phase keine gleichmäßige Röstung – vor allem im Kern wäre der Röstgrad nicht ausreichend. Solcher Kaffee würde unangenehm schmecken, denn in ihm würden sich die Bitterstoffe der äußeren Schicht mit einer sauren, grasigen Note aus dem Inneren verbinden. Selbst durch eine langsame Röstung wird das Problem nicht gelöst, denn die verschiedenen Bereiche der Bohne würden sich immer in unterschiedlichen Röstphasen befinden.

PHASE 3: ERSTER CRACK

Sobald die Bohnen sichtlich brauner werden, entstehen im Inneren Gase, vor allem Kohlendioxid und Wasserdampf. Wird der Druck zu groß, platzt die Bohne mit einem leichten Knall (engl. *crack*) und ist mit einem Mal fast doppelt so groß wie vorher. Ab jetzt entwickeln sich die vertrauten Kaffeenuancen und die Rösterei kann den Vorgang genau dann abbrechen, wann sie es für richtig hält.

Erhitzt man das Material in diesem Stadium nicht ausreichend, stockt der Röstvorgang und der Kaffee wird »gebacken«, was die Tassenqualität mindert. Ein Röstmeister würde aber erkennen, wenn sich der Temperaturanstieg in der Bohne verlangsamen würde, obwohl vielleicht immer noch genauso viel Hitze zugeführt wird.

PHASE 4: RÖSTENTWICKLUNG

Nach dem ersten Crack sind die Bohnen an der Oberfläche schon wesentlich weicher, die Konsistenz ist aber nicht durchgehend gleich verteilt. In Phase 4 der Röstung entscheiden sich die endgültige Farbe der Bohnen und der Röstgrad. Der Röstmeister kann nun das Verhältnis zwischen Säure und Bitterkeit im Endprodukt einstellen, denn die Säuren bauen sich rasch ab, während die Bitterkeit steigt.

PHASE 5: ZWEITER CRACK

In dieser Phase kommt es zu einem zweiten Aufplatzen der Bohnen, das nun aber leiser ist und knisternder klingt. Zeitgleich mit dem neuerlichen Crack wandern die Öle aus dem Inneren zur Oberfläche der Bohne. Die Säure ist nun größtenteils abgebaut. Es entwickelt sich eine neue Note, die generell als das typische Röstaroma empfunden wird. Dieses Aroma ist von der Art des Kaffees unabhängig, da es im Wesentlichen aus dem Verbrennen oder Verkohlen der Substanz und nicht aus den der Bohne eigenen Geschmacks- und Aromastoffen entsteht.

Setzt man den Röstvorgang über den zweiten Crack hinaus fort, fangen die Bohnen in den meisten Fällen Feuer, was ausgesprochen gefährlich ist, vor allem in den riesigen industriellen Röstanlagen.

Mit den Begriffen »French Roast« oder »Italian Roast« werden sehr dunkle Röstgrade bezeichnet, die meist sehr viel Körper und Bitterkeit mit sich bringen, aber auch zahlreiche Eigenheiten des Rohkaffees eliminieren. Viele mögen solche starken Röstgrade, doch sind sie nicht geeignet, die Geschmacksnuancen und -charakteristiken von hochwertigen Kaffees unterschiedlicher Herkunft zu ergründen.

ROHKAFFEE
10–12 Prozent Feuchtigkeit, noch kein Kaffeegeschmack, sehr feste/harte Bohnen.
TROCKNUNG
Wasser beginnt zu verdampfen, doch entwickeln sich noch keine Aroma- und Geschmacksstoffe.
GELBFÄRBUNG
Der Röstvorgang hat begonnen; der Kaffee riecht in diesem Stadium oft nach Basmatireis.
GELBFÄRBUNG
Ein Großteil des Wassers ist entfernt, die Bohnen beginnen geringfügig brauner zu werden.
GELBFÄRBUNG
Obwohl nun eine allmähliche Braunfärbung zu erkennen ist, erinnern die Aromen noch immer eher an Brot als an Kaffee.
VOR DEM ERSTEN CRACK
Die Bohnen werden jetzt deutlich braun, enthalten aber noch reichlich harte Säure und pflanzliche Geschmacksstoffe.
ERSTER CRACK
Die Bohnen platzen auf und schwellen an, da der Gasdruck im Inneren steigt.
ENTWICKLUNG
Die Bohnen riechen und schmecken bereits nach Kaffee, brauchen aber noch Zeit, um Süße und ideale Geschmacksnoten zu entwickeln.
ENTWICKLUNG
Die Bohnenoberfläche wird weicher, das Aroma immer angenehmer.
ABSCHLUSS
Es liegt im Ermessen des Rösters, wann der Kaffee seine ideale Entwicklung erreicht. Während ihn die einen für ausreichend geröstet halten, setzen andere den Röstvorgang noch fort.

ETUDES
Prises dans le bas Peuple
ou
les Cris de Paris
Cinquieme Suitte
1746.
Avec Priv. du Roy
Paris chez Fessard, rue de la Harpe vis-a-vis la rue Serpente.
Bouchardon inv.
Gravé à l'eau-forte par C. S. et terminé au burin par Et. Fessard.
Caffé Caffé

SÜSSE

Bei der Beschreibung von Kaffee ist Süße ein viel diskutiertes Thema. Was aber passiert eigentlich beim Rösten mit dem in der Bohne enthaltenen Zucker?

Grüne Bohnen können erkleckliche Mengen an einfachem Zucker enthalten. Nicht jeder Zucker schmeckt süß, einfache Zuckerarten aber schon. Bei Rösttemperaturen sind Zucker relativ reaktionsfreudig und beginnen sich oft bei entsprechender Hitzezufuhr zu verändern. So karamellisieren manche, was sich auch in Karamellnoten niederschlägt. Gleichzeitig verlieren sie dadurch aber etwas von ihrer Süße und verstärken irgendwann sogar die Bitternoten. Andere reagieren mit den Eiweißen im Kaffee, was als Maillard-Reaktion bekannt ist. Darunter werden verschiedene Bräunungsreaktionen zusammengefasst, wie sie unter anderem beim Braten von Fleisch oder beim Rösten von Kakao und Kaffee ablaufen.

Ist die erste Crack-Phase abgeschlossen, sind in der Bohne nur noch wenige oder überhaupt keine einfachen Zuckerarten mehr vorhanden. Sie waren zuvor an verschiedenen Reaktionen beteiligt, aus denen eine enorme Anzahl von Aromaverbindungen hervorgeht.

SÄURE

Grüner Kaffee enthält viele verschiedene Säuren, manche wohlschmeckend, andere eher unangenehm. Besonders wichtig für die Röster sind die Chlorogensäuren. Eines der wichtigsten Ziele beim Rösten ist es, die unangenehmen Säuren loszuwerden, ohne negative Geschmacksnuancen zu schaffen und die gewünschten Aromakomponenten des Kaffees zu beeinträchtigen. Andere Säuren hingegen bleiben während des gesamten Röstvorgangs stabil, etwa die Chinasäure, die den Kaffee angenehm und sauber abrundet.

AROMATISCHE KOMPONENTEN

Die meisten Aromastoffe in Kaffee entstehen beim Rösten durch die drei chemischen Vorgänge Maillard-Reaktion, Karamellisierung und Strecker-Abbau. Sie werden durch die Hitze in Gang gesetzt und können zur Bildung von über 800 flüchtigen Aromakomponenten führen. Obwohl Kaffee insgesamt mehr Aromastoffe enthält als Wein, finden sich in einem bestimmten Kaffeeprodukt immer nur einige davon. Trotzdem ist der Geruch von frisch gerösteten Bohnen so komplex, dass alle Versuche zur Herstellung einer überzeugenden synthetischen Version bisher gescheitert sind.

Kaffeeverkäufer gibt es seit Langem, wie dieser Stich von Anne Claude Comte de Caylus aus dem 18. Jahrhundert beweist. Er zeigt einen Straßenhändler beim Ausüben seines aromatischen Metiers.

RÖSTPROFIL

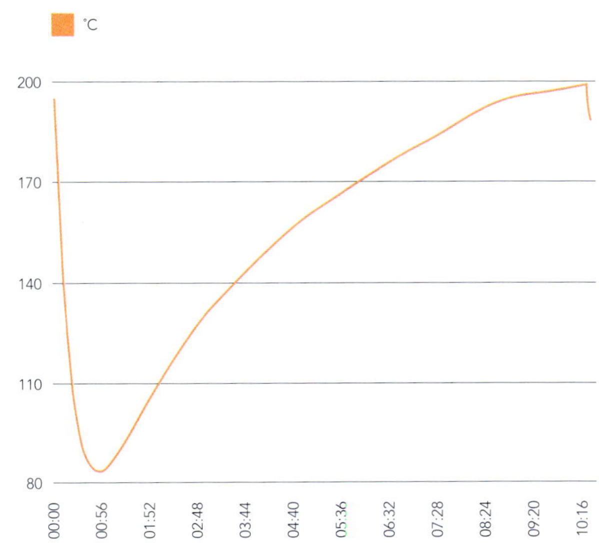

Röstereien zeichnen die Temperatur der Kaffeebohnen beim Röstvorgang auf. Durch Veränderung der Röstgeschwindigkeit können sie den Geschmack des fertigen Kaffees beeinflussen.

KÜHLEN

Nach dem Rösten müssen die Bohnen rasch gekühlt werden, um nicht zu stark zu rösten oder negative, »gebackene« Noten zu entwickeln. Kleine Posten werden oft in eine Kühlschale gegeben, die Luft durch den Kaffee bläst und ihn so kühlt. Größere Posten lassen sich mit Luft nicht gut genug kühlen; sie werden mit Wasser besprüht, das verdampft und dabei den Bohnen Wärme entzieht. Bei korrekter Durchführung beeinträchtigt das die Qualität nicht, allerdings altert der Kaffee etwas rascher. Leider geben viele Unternehmen mehr Wasser hinzu als notwendig, um das Bohnengewicht und damit den Gewinn zu erhöhen. Das ist nicht nur unethisch, sondern wirkt sich auch auf die Tassenqualität aus.

TYPEN VON RÖSTANLAGEN

Kaffee wird normalerweise in dem Land geröstet, in dem er verkauft wird, denn die grüne Bohne ist aromastabiler als die geröstete. Man verbraucht ihn am besten innerhalb eines Monats nach dem Rösten. Die Methoden unterscheiden sich, am häufigsten aber kommen Trommel- und Heißluftröster zum Einsatz.

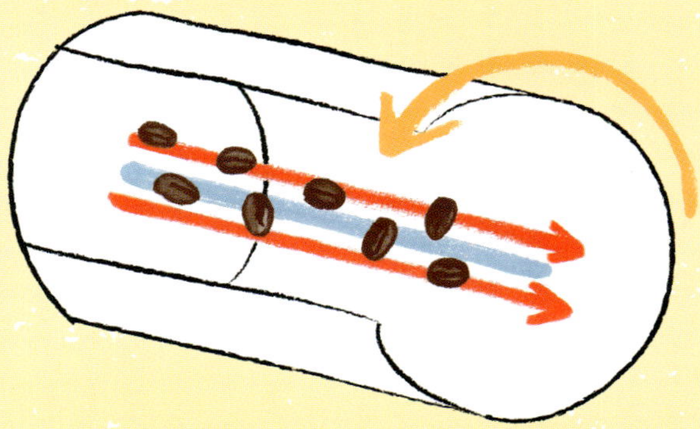

TROMMELRÖSTER

Sie wurden zu Anfang des 20. Jahrhunderts erfunden und sind vor allem bei handwerklichen Röstereien beliebt, da sie ein langsames Rösten ermöglichen. Eine Metalltrommel rotiert über einer Flamme, sodass die Bohnen konstant bewegt und dadurch sehr gleichmäßig geröstet werden.

Der Röstmeister kann die Gasflamme und damit die Wärmezufuhr regeln und zudem die Durchlüftung der Trommel steuern, die wiederum vorgibt, wie rasch die Hitze an den Kaffee weitergegeben wird.

Trommelröster sind in verschiedenen Größen erhältlich. Die größten Modelle haben ein Fassungsvermögen von rund 500 kg.

HEISSLUFTRÖSTER

Das von Michael Sivetz in den 1970er-Jahren entwickelte Gerät wälzt die Bohnen um und erhitzt sie gleichzeitig mit einem Heißluftstrom, der durch die Anlage gepumpt wird. Ein Heißluftröster gestattet wesentlich geringere Röstzeiten als ein Trommelröster, da die Kaffeebohne die Wärme wegen des höheren Luftvolumens rascher aufnimmt als bei der Trommelröstung.

TANGENTIALRÖSTER

Der vom Hersteller Probat entwickelte Röster ähnelt einem großen Trommelröster, hat im Inneren aber Schaufeln, die den Kaffee während des Erhitzens gleichmäßig durchmischen, sodass größere Posten effizient geröstet werden können. Die Kapazitäten liegen nicht viel über denen sehr großer Trommelröstanlagen, doch sind höhere Röstgeschwindigkeiten möglich.

ZENTRIFUGALRÖSTER

Zentrifugalröster können sehr große Mengen Bohnen in unglaublich kurzer Zeit rösten. Die Posten kommen in große Schalen, die sich rasch drehen, sodass die Bohnen beim Erhitzen an die Wand gepresst werden. Dann fliegen sie in die Mitte des Kegels zurück und die Reise beginnt von Neuem. Mit Zentrifugalröstern kann die Röstzeit bis auf 90 Sekunden reduziert werden.

Das Rösten bei sehr hohen Geschwindigkeiten verringert den Gewichtsverlust und erhöht die Kaffeemenge, die sich aus den Bohnen gewinnen lässt. Das ist bei der Herstellung von löslichem Instantkaffee von Bedeutung. Eine sonderlich hohe Tassenqualität kommt dabei aber nicht heraus.

Cafés mit italienischen Kaffees im Angebot waren in den 1950er-Jahren eine Seltenheit. Seit die Beliebtheitskurve von Kaffee aber erneut steil nach oben geht, interessiert man sich auch wieder für Cafés und die Zubereitung des perfekten Kaffees.

KAUF UND LAGERUNG VON KAFFEE

Eine todsichere Methode, um beim Kauf ausgezeichneten Kaffee zu erkennen, gibt es nicht. Dennoch können Sie Ihre Chancen erhöhen, eine sehr gute Tasse zu erwischen. Dazu brauchen Sie nur ein paar Punkte beachten, etwa wann Sie Ihre Auswahl treffen, wo Sie einkaufen oder wie Sie Ihren Kaffee lagern.

Die meisten holen ihren Kaffee im Supermarkt. Doch es gibt viele Gründe, das nicht zu tun – die Frische der angebotenen Produkte ist nur einer davon (siehe Seite 62). Der beste Grund aber, Kaffee nicht im Supermarkt einzukaufen, ist das Vergnügen, das ein Besuch in einem Spezialitätenladen macht. Kleine Kaffeegeschäfte bieten die Möglichkeit, eine Beziehung zu jemandem aufzubauen, der viel über Kaffee weiß und mit Leidenschaft dabei ist. Es hilft bei der Auswahl enorm, wenn man sich beraten lassen und vor dem Kauf sogar Kaffee probieren kann. Dann ist die Chance viel größer, einen Kaffee zu bekommen, den man wirklich genießt – vor allem, wenn man dem Verkäufer erklärt, was man vorher schon genossen hat.

STÄRKE

Oft findet man eine Angabe über die Stärke eines Kaffees auf der Verpackung, vor allem beim Sortiment in Supermärkten. Die Stärke hat nichts damit zu tun, wie viel Kaffee man für eine Tasse braucht, sondern mit dem Grad an Bitterkeit. Sie wird meist vom Röstgrad bestimmt: Hell gerösteter Kaffee hat in der Regel eine niedrigere Stärke als dunkel gerösteter. Um Produkte mit einer Stärkeangabe macht man am besten einen Bogen, denn oft – es gibt Ausnahmen – waren für den Hersteller Qualität und Geschmack nicht vorrangig.

RÜCKVERFOLGBARKEIT

Es gibt Tausende Röster und Hunderttausende Röstungen. Nicht alle sind gut, doch können auch schwankende Preise und Vermarktungsmethoden die Auswahl erschweren. In diesem Buch erfahren Sie, woher Kaffee kommt und inwieweit seine Herkunft den Geschmack prägen kann. Der beste Rat, den ich geben kann, lautet: Kaufen Sie Kaffee, der so rückverfolgbar wie möglich ist.

Einen Kaffee von einer bestimmten Farm oder Genossenschaft zu finden ist durchaus möglich. Das gilt jedoch nicht für jedes kaffeeproduzierende Land der Welt. In jedem Abschnitt über die einzelnen Länder wird darauf hingewiesen, wie rückverfolgbar die Kaffees aus diesem Land sein können. In Lateinamerika entstehen Produkte, die selbst bis zu einer kleinen Farm zurückverfolgt werden können, denn das Gros der Kaffees stammt von kleinen Privatbetrieben. In anderen Ländern hingegen

Die beste Tasse Kaffee beginnt mit einer wohlgewählten Bohne. Kaufen Sie frisch geröstete Bohnen aus einem Spezialitätenladen. Dort sollte man auch Informationen über den Ursprung parat haben.

sind kleine Güter in privater Hand unüblich. Mitunter gibt es auch Handelsbestimmungen, die eine Rückverfolgbarkeit erschweren.

Um einen Posten Kaffee durch die gesamte Versorgungskette hindurch bis zu seinen Ursprüngen rückverfolgbar zu machen, ist ein gewisser Kostenaufwand nötig. Diese Investition rechnet sich nur, wenn der Kaffee zu einem höheren Preis verkauft wird. Mit anderen Worten: Sie lohnt sich nur für hochwertige Kaffees – würde man denselben Aufwand für Massenware betreiben, wäre sie in ihrem Segment nicht mehr konkurrenzfähig. In einem Wirtschaftszweig, der mit ethischen Bedenken zu kämpfen hat und dem der Ruch der Ausbeutung der Dritten Welt anhaftet, ist das Wissen um die Herkunft eines Kaffees eine Information von großer Tragweite. Je weiter sich die Kommunikationstechnologie vor allem über soziale Medien verbreitet und entwickelt, desto mehr Austausch wird es vermutlich zwischen Kaffeeerzeugern und -trinkern geben.

SO KAUFEN SIE FRISCHEN KAFFEE

Frisch gerösteter Kaffee schmeckt besser – darüber sind sich alle einig. Daher einige Empfehlungen, wie Sie ihn aufspüren:

1. Kaufen Sie Kaffee mit eindeutigem Röstdatum auf der Verpackung.
2. Kaufen Sie ihn in den ersten zwei Wochen nach der Röstung.
3. Kaufen Sie immer nur Kaffee für ein paar Wochen.
4. Kaufen Sie ganze Bohnen und mahlen Sie sie zu Hause selbst.

LAGERUNG ZU HAUSE

Sobald der Verfallsprozess einsetzt und Kaffee schal zu werden beginnt, kann man nur noch wenig dagegen tun. Aber solange man Kaffee frisch kauft und rasch verbraucht, sind die Qualitätseinbußen in der Tasse gering. Trotzdem kann man auch durch optimale Aufbewahrung zu Hause dafür sorgen, dass er so lange wie möglich in gutem Zustand bleibt.

1 **Luftdicht verschließen** Kann die Verpackung wieder verschlossen werden, sollte man das nutzen. Andernfalls gibt man die Bohnen in ein luftdichtes Gefäß, etwa eine Kunststoffschüssel mit Deckel oder eine Kaffeedose.

2 **Dunkel lagern** Licht und vor allem direkte Sonne beschleunigen den Alterungsprozess von Kaffee. Wenn Sie Kaffee in einem durchsichtigen Gefäß aufbewahren, stellen Sie es in einen Karton.

3 **Nicht kühlen** Das wird gern gemacht, verlängert das Kaffeeleben aber nicht. Zudem können die Bohnen Aromen aus dem Kühlschrank annehmen, wenn man gleichzeitig etwas sehr Aromatisches darin aufbewahrt.

4 **Trocken lagern** Falls Sie Ihren Kaffee nicht luftdicht verschließen können, dann lagern Sie ihn zumindest an einem trockenen Ort.

Wer etwas Kaffee für längere Zeit lagern muss, sollte ihn einfrieren, damit er nicht so schnell schal wird. Er muss allerdings in einem luftdichten Gefäß tiefgekühlt werden. Wollen Sie ihn wieder verwenden, tauen Sie ihn vorher gründlich auf – aber möglichst nur den Posten, den Sie sofort verbrauchen.

Am längsten frisch bleiben Bohnen, wenn sie in einem luftdichten Gefäß trocken und dunkel gelagert werden.

FRISCHE

Der Konsument wurde über die Jahre hinweg konditioniert, Kaffee nicht mehr als Frischware aufzufassen. Für manche ist Kaffee Instantkaffee – und der wird nie alt. Die in Supermärkten verkauften Produkte haben oft eine Mindesthaltbarkeitsspanne von 12–24 Monaten ab Röstung, denn Kaffee gilt als langsam verderblich und darf noch zwei Jahre nach der Röstung verkauft werden – dann allerdings schmeckt er ziemlich schrecklich! Für alle Beteiligten ist es also besser, Kaffee nicht wie ein Frischprodukt zu behandeln. Außer für den Endverbraucher. Der Spezialitätenkaffeesektor konnte sich bisher nicht so recht durchsetzen, da Uneinigkeit darüber herrscht, wie schnell Kaffee nachlässt und wann er sein Haltbarkeitsdatum überschritten hat.

Kaufen Sie am besten Kaffee, auf dem das Röstdatum klar ausgewiesen ist. Viele Röster empfehlen inzwischen, ihren Kaffee innerhalb eines Monats zu verbrauchen – ein sinnvoller Rat. Am lebendigsten ist Kaffee in den ersten Wochen, danach beginnt sich ein immer unangenehmerer, schaler Geschmack zu entwickeln. Viele Spezialitätenläden führen jedoch frisch gerösteten Kaffee, und auch der Onlinekauf direkt vom Röster gewährleistet in der Regel, dass der Kaffee binnen weniger Tage nach der Röstung eintrifft.

ALTERUNG

Wird Kaffee schal, laufen vor allem zwei Prozesse ab. Erstens kommt es zu einem langsamen, aber steten Verlust der Aromastoffe, die ihm seinen Duft und Geschmack verleihen. Da sie flüchtig sind, entweichen sie nach und nach aus dem Kaffee. Je älter er ist, desto weniger interessant schmeckt er also.

Zweitens wird der Verfallsprozess von Sauerstoff und Feuchtigkeit verursacht. Dabei entstehen zwar neue Geschmacksstoffe, doch sind sie oft relativ unangenehm. Es entwickelt sich ein allgemein schaler Geschmack, gleichzeitig geht der ursprüngliche Charakter zu einem großen Teil verloren. Alter Kaffee schmeckt flach, holzig und ein wenig nach Karton.

Je dunkler der Kaffee geröstet wird, desto schneller verfällt er. Der Röstvorgang macht die Bohnen porös, sodass Sauerstoff und Feuchtigkeit eindringen und den Alterungsprozess in Gang bringen können.

RUHEN LASSEN

Zusätzlich kompliziert wird die Lagerung durch die häufige Empfehlung, den Kaffee vor dem Brühen »ruhen« zu lassen. Beim Rösten entstehen durch die chemischen Reaktionen, die auch die Braunfärbung der Bohnen verursachen, große Mengen Kohlendioxid. Ein Großteil dieses Gases bleibt in der Bohne, gelangt aber mit der Zeit nach draußen. In den ersten Tagen verflüchtigt sich das Kohlendioxid rasch, dann immer langsamer. Durch Hinzufügung von heißem Wasser wird es wieder sehr rasch freigegeben. Das ist auch der Grund, warum sich beim Brühen oft Bläschen bilden.

Espresso ist eine Brühmethode, die unter starkem Druck erfolgt. Ist im Kaffee viel Kohlendioxid eingeschlossen, macht dies den Brühvorgang etwas schwieriger und kann sogar eine ausreichende Extraktion der Geschmacksstoffe verhindern. Viele Kaffeeläden warten fünf bis zwanzig Tage, bis sich das Kohlendioxid verflüchtigt hat, damit der Kaffee beim Aufgießen eine bessere Konsistenz bekommt. Zu Hause sollte man drei bis vier Tage zwischen Rösten und Brühen verstreichen lassen, wartet man hingegen zu lange, muss man damit rechnen, dass der Kaffee schal wird, bevor die Packung verbraucht ist. Beim Filtern spielt das keine allzu große Rolle, doch schmeckt Kaffee, wie ich finde, zwei bis drei Tage nach dem Rösten besser als unmittelbar danach.

VERPACKUNG

Röstereien haben drei Möglichkeiten, ihren Kaffee zu verpacken. Dabei geht es nicht allein um die Bewahrung der Eigenschaften, sondern auch um den Umweltschutz, die Kosten und das Aussehen.

UNVERSIEGELT

Der Kaffee wird in Papiertaschen verkauft, die mit Pergamentpapier ausgeschlagen sind, damit keine Öle aus dem Kaffee durchsickern können. Die Verkäufer schlagen die Taschen zwar ein, doch hat der Kaffee nach wie vor Kontakt mit der Luft und altert rasch. Viele Röster mit dieser Art von Verpackung betonen, wie wichtig es ist, nur frischen Kaffee zu trinken, und empfehlen, ihn binnen sieben bis zehn Tagen zu verbrauchen. Im Laden muss dafür gesorgt werden, dass er so frisch wie möglich bleibt, auch wenn dabei unerwünschter Müll produziert wird.

Dreilagige Kaffeebeutel sind im Spezialitätenhandel häufig anzutreffen, denn sie verhindern bis zum Öffnen das Schalwerden. Über ein Ventil kann Kohlendioxid entweichen.

VERSIEGELT

Dreilagige Kaffeebeutel werden gleich nach dem Befüllen verschlossen, um Luftkontakt zu verhindern. Sie haben aber ein Ventil, über das Kohlendioxid entweichen kann. Kaffee in solchen Beuteln altert langsamer, doch sind sie erst einmal geöffnet, beschleunigt sich der Verfallsprozess. Viele Spezialiätenhändler entscheiden sich für sie, weil sie einen Mittelweg zwischen Kosten, Umweltschutz und Frische bieten.

VERSIEGELT UND MIT SCHUTZGAS

Diese Art der Verpackung unterscheidet sich nicht von der vorhergehenden, doch kommt noch Schutzgas hinzu, das beim Versiegeln hineingepumpt wird und den Sauerstoff verdrängt, der für das Schalwerden verantwortlich ist. In schutzgasgefüllten Verpackungen altert Kaffee am langsamsten, sobald sie aber geöffnet sind, beginnt der Verfallsprozess. Sonderlich verbreitet sind sie nicht, da die Kosten für die Ausrüstung, die zusätzliche Zeit und das Schutzgas negativ zu Buche schlagen.

KAFFEE VERKOSTEN UND BESCHREIBEN

Das Kaffeetrinken ist oft mit einem Ritual oder mit einer bestimmten Tageszeit verbunden. Die einen brauchen ihre Tasse am Morgen gleich nach dem Aufwachen oder etwas später zum Frühstück, die anderen genießen sie als Auszeit von der Arbeit. Dabei wenden wir unsere Aufmerksamkeit in der Regel unseren Mitmenschen oder der Zeitung während des Frühstückens zu. Nur wenige kosten den Kaffee, den sie gerade trinken, wirklich bewusst. Wenn sie aber einmal damit beginnen, steigt ihre Wertschätzung für das Getränk rapide.

Wir kosten an zwei verschiedenen Stellen – im Mund und in der Nase. Deshalb sollte man diese beiden Bereiche bewusst voneinander trennen, wenn man Kaffee degustieren und beschreiben lernt. Der erste Teil des Erschmeckens findet auf der Zunge statt. Hier empfinden wir die vier Hauptgeschmacksrichtungen sauer, süß, bitter, salzig und würzig (umami). Bei der Beschreibung eines Kaffees sprechen uns womöglich Nuancen wie Schokolade, Beeren oder Karamell an. Sie werden aber wie Gerüche registriert, also nicht im Mund, sondern vom Riechkolben in der Nasenhöhle.

Den meisten Menschen fällt eine bewusste Trennung von Geschmack und Geruch extrem schwer. Leichter tut man sich, wenn man versucht, sich auf jeweils einen Aspekt statt auf das komplexe Geschmacksempfinden als Ganzes zu konzentrieren.

PROFESSIONELLE VERKOSTER

Bevor ein Kaffee den Endverbraucher erreicht, wurde er auf seinem Weg durch die Kaffeeindustrie bereits mehrere Male getestet. Dabei suchen die Verkoster jedes

BEURTEILUNG

Kaffeeverkoster halten ihre Eindrücke auf einem Bewertungsbogen fest. Diese Bögen unterscheiden sich je nach Verkostungszweck, in fast allen Fällen aber werden die folgenden Aspekte beurteilt und erfasst:

SÜSSE

Wie süß ist der Kaffee? Süße ist eine sehr positive Note – je mehr davon in einem Kaffee vorhanden ist, desto besser ist es üblicherweise.

SÄURE

Wie viel Säure hat der Kaffee? Und wie angenehm ist sie? Enthält er viel schlechte Säure, wird er als sauer beschrieben. Reichlich gute Säure verleiht ihm Frische und Saftigkeit.

Für viele Einsteiger ist Säure zunächst schwer zu beurteilen. Sie haben vielleicht gar nicht viel Säure erwartet und sie in der Vergangenheit mit Sicherheit auch gar nicht als positiven Aspekt betrachtet. Äpfel aber sind vorzügliche Beispiele für positive Säure – viel davon lässt das Fruchtfleisch angenehm und herrlich frisch schmecken.

Kaffeeprofis entwickeln oft eine Vorliebe für einen hohen Säuregehalt, so wie Bierkenner mit der Zeit sehr hopfige Biere zu bevorzugen beginnen. Dadurch kann sich eine Diskrepanz zwischen dem Urteil der Industrie und dem des Verbrauchers entwickeln. Beim Kaffee stehen ungewöhnliche Geschmacksnoten, etwa Fruchtnuancen, in direktem Zusammenhang mit der Dichte von Kaffee. Je dichter, desto säuerlicher, lautet die Faustregel. Verkoster verbinden hohe Säure also mit Qualität und interessantem Geschmack.

MUNDGEFÜHL

Wird der Kaffee im Mund als leicht, zart und teeartig oder eher als reichhaltig, cremig und schwer empfunden? Mehr ist hier nicht unbedingt besser. Minderwertige Kaffees können oft ziemlich schwer und gleichzeitig säurearm, aber nicht immer angenehm zu trinken sein.

AUSGEWOGENHEIT

Dies ist einer der am schwierigsten zu bewertenden Wesenszüge von Kaffee. Hervorragende Vertreter haben unzählige Aroma- und Geschmacksnuancen – aber sind sie auch in einem gut austarierten Verhältnis zueinander enthalten? Kann man es mit einem harmonischen Musikstück vergleichen oder ist ein Element zu laut? Dominiert gar ein Aspekt?

GESCHMACK

Hier geht es nicht nur um die Beschreibung der einzelnen Geschmacks- und Aromanoten, sondern auch darum, als wie angenehm sie der Verkoster empfindet. Für viele Neulinge ist dies der frustrierendste Aspekt des Cuppings: Jeder Kaffee, den sie probieren, schmeckt merklich anders, aber sie finden keine Worte dafür.

Links: In jedem aufgebrühten Kaffee kommen Herkunft, Aufbereitung und Röstung der Bohnen geschmacklich zum Tragen.

Unten: Professionelle Verkoster verwenden oft einen Bewertungsbogen wie diesen, um die einzelnen Eigenschaften zu beurteilen.

NAME ____________ # ____ DATUM ________ Rnd 1 2 3 Sn 1 2 3 4 5 TLB# ____ LAND ____________

	RÖST-FARBE	AROMA TRCK KRUSTE BRUCH 3 2 1 / 3 2 1 / 3 2 1	DEFEKTE # x i x 4 = Pkte	SAUBER-KEIT 0 4 6 7 8	SÜSSE 0 4 6 7 8	SÄURE 0 4 6 7 8	MUND-GEFÜHL 0 4 6 7 8	GE-SCHMACK 0 4 6 7 8	NACH-GESCH. 0 4 6 7 8	GLEICH-GEWICHT 0 4 6 7 8	GESAMT-EINDRUCK 0 4 6 7 8	PUNKTE GESAMT (+36)
1.												☐
2.												☐
3.												☐
4.												☐
5.												☐

Bevor Kaffee beim Endverbraucher anlangt, testen und beurteilen ihn professionelle Verkoster. Aber auch Röster und Cafébesitzer werden ihn auf Geschmack und Qualität prüfen.

Mal nach etwas anderem. Ganz zu Anfang wird versucht, Defekte aufzuspüren. Dann wird ein Röster die besten Posten beim Einkaufen prüfen oder eine Jury ein Qualitätsranking während einer Auktion durchführen. Später wird der Röster bei der Qualitätskontrolle ein weiteres Mal verkosten, um festzustellen, ob der Röstvorgang korrekt durchgeführt wurde. Ein Cafébesitzer wählt bei einer Degustation eventuell die Produkte aus, die er führen möchte. Und schließlich wird Kaffee vom Endverbraucher gekostet – und hoffentlich genossen.

Die Kaffeeindustrie hat einen relativ standardisierten Verkostungsablauf festgelegt, der »Cupping« genannt wird. Damit versucht man alle Einflüsse durch den Brühvorgang zu vermeiden, damit jeder verkostete Kaffee unter möglichst gleichen Voraussetzungen bewertet wird. Da das Brühen den Geschmack enorm beeinflussen kann, kommt ein sehr einfaches Brühverfahren zur Anwendung.

Von jedem Kaffee wird eine festgelegte Menge pro Schale abgewogen. Alle Proben werden unter gleichen Bedingungen gemahlen, anschließend kommt eine fixe Menge heißes Wasser knapp unter dem Siedepunkt dazu – zu 12 Gramm Kaffee beispielsweise 200 Milliliter Wasser. Nun lässt man jede Probe vier Minuten ziehen.

Zum Abschluss des Aufbrühens wird der Kaffee umgerührt. Dabei sinken die auf der Flüssigkeit schwimmenden Feststoffe, Kruste genannt, nach unten, wo der Extraktionsprozess stoppt. Bleiben an der Oberfläche noch Feststoffe und Schaum übrig, können sie abgeschöpft werden. Der Kaffee ist bereit zum Verkosten.

Nach kurzem Abkühlen beginnt die Degustation. Profis holen mit einem Löffel eine Probe aus der Schale und schlürfen sie lautstark. Dadurch wird der Kaffee belüftet und am Gaumen verteilt. Pflicht ist das Schlürfen nicht, doch erleichtert es das Verkosten etwas.

ZU HAUSE VERKOSTEN

Wie verbessern professionelle Cupper ihre Fertigkeiten so rasch im Vergleich zum Verbraucher? Weder durch den Einsatz von Cupping-Schalen und -Löffeln noch durch die Verwendung von Bewertungsbögen oder die Fülle von Informationen über die Herkunft des Kaffees. Ihren Vorsprung erarbeiten sie sich, weil sie regelmäßig Gelegenheit zu vergleichenden Verkostungen haben. Das fokussierte, bewusste Degustieren schult ihre Sinne. Und das ist zu Hause ebenso gut möglich wie bei professionellen Cuppings.

1 Kaufen Sie zwei sehr unterschiedliche Kaffees. Dazu wenden Sie sich am besten an eine Rösterei oder einen Spezialitätenladen in Ihrer Nähe. Der vergleichende Teil eines Cuppings ist unerlässlich. Einen Kaffee für sich allein zu verkosten bringt wenig. Sie können ihn nicht einem anderen gegenüberstellen und müssen Ihr Urteil auf Erinnerungen an bereits getrunkene Erzeugnisse stützen – die aber sind vermutlich lückenhaft, subjektiv und ungenau.

2 Kaufen Sie zwei French Presses (siehe Seite 76); sie sollten möglichst klein sein. Brühen Sie damit zwei kleine Tassen Kaffee auf. Natürlich geht es auch mit größeren Pressen und Tassen, doch laufen Sie damit Gefahr, viel wegschütten zu müssen – oder zu viel Kaffee zu trinken.

3 Lassen Sie den Kaffee etwas abkühlen. So lassen sich Geschmacksnuancen wesentlich besser aufspüren.

4 Verkosten Sie abwechselnd. Dazu nehmen Sie einen Schluck zuerst aus einer, dann aus der anderen Tasse. Vergleichen Sie beide bewusst: Worin unterscheiden sie sich? Ohne Bezugspunkt ist eine Bewertung sehr schwierig.

5 Konzentrieren Sie sich auf die Textur, also das Mundgefühl: Wirkt der eine Kaffee schwerer als der andere? Süßer? Hat einer eine sauberere Säure? Lesen Sie nicht die Angaben auf der Verpackung durch, sondern notieren Sie zu jedem Kaffee ein paar Stichworte.

6 Lassen Sie die Geschmacksnuancen noch außen vor. Sie machen Einsteigern am meisten zu schaffen, zudem haben sie das größte Frustpotenzial. Röstereien beschreiben mit ihnen nicht nur bestimmte Noten wie »nussig« oder »blumig«, sondern auch komplexere Eindrücke. Liest man etwa, dass ein Kaffee an »reife Äpfel« erinnert, schwingen auch Hinweise auf die Süße und Säure mit. Wer einzelne Nuancen entdeckt, notiert sie sich, ansonsten sollte man sich nicht weiter um sie kümmern. Jede Beschreibung ist nützlich, ob es sich um vage Eindrücke oder spezifische Charakteristiken handelt.

7 Wenn Sie mit der Verkostung fertig sind, vergleichen Sie Ihre Notizen mit der Beschreibung auf der Verpackung. Sie finden dort oft das eine oder andere Wort, nach dem Sie beim Verkosten vergeblich gesucht haben. Plötzlich erscheint es Ihnen sonnenklar. Genau das gehört zum Aufbau eines Cupping-Vokabulars. Mit der Zeit werden Ihnen Geschmacksbeschreibungen immer leichter fallen. Selbst altgediente Verkoster aber feilen in dieser Hinsicht noch an ihren Fähigkeiten.

Durch vergleichende Verkostungen kann man seine Cupping-Fähigkeiten verbessern. Brühen Sie zwei Kaffees auf und vergleichen Sie Textur, Geschmack, Säure und Gesamteindruck.

KAFFEE MAHLEN

Der Geruch von frisch gemahlenem Kaffee beschwört Erinnerungen herauf, ist berauschend und unbeschreiblich köstlich – schon allein seinetwegen lohnt sich die Anschaffung einer Mühle. Hinzu kommt, dass der Qualitätsunterschied zwischen Kaffee aus vorgemahlenen und frisch gemahlenen Bohnen enorm ist.

Warum werden Bohnen vor dem Aufbrühen überhaupt gemahlen? Man schafft damit eine ausreichend große Oberfläche, um die in der Bohne sitzenden Geschmacksstoffe zu extrahieren. Wer einmal versucht, ganze Bohnen aufzugießen, wird eine schrecklich müde Brühe bekommen. Je feiner der Kaffee gemahlen wird, desto größer ist die freiliegende Oberfläche und desto schneller kann er theoretisch aufgegossen werden, weil das Wasser ihn besser erreicht. Das ist wichtig für die Frage, wie fein für unterschiedliche Brühmethoden gemahlen werden soll. Weil sich der Mahlgrad auf die Brühzeit auswirkt, ist außerdem eine gleichmäßige Körnung von entscheidender Bedeutung. Durch das Zerkleinern wird der Kaffee stärker der Luft ausgesetzt und dadurch rascher schal (siehe Seite 62), weshalb man ihn am besten erst kurz vor dem Aufgießen mahlt.

Für den Hausgebrauch bieten sich hauptsächlich zwei Arten von Kaffeemühlen an:

PROPELLERMÜHLEN

Diese verbreiteten, preiswerten Elektromühlen haben ein mit einem Motor verbundenes Metallmesser, das sich dreht und die Kaffeebohnen dabei zerhackt. Das größte Problem dabei ist der ungleichmäßige Mahlgrad: Es entstehen sehr feine und sehr große Stücke gleichzeitig. Die feinen geben dem Kaffee eine Bitternote, die groben einen unangenehm sauren Einschlag. Der so entstandene Kaffee ist kein großer Genuss.

SCHEIBEN- UND KEGELMÜHLEN

Sie sind immer häufiger zu finden und als Elektro- oder Handmühlen erhältlich. Die Bohnen werden zwischen zwei Flächen – entweder zwischen zwei Scheiben oder zwischen einem Kegel und der Mühlenwand – zerkleinert, wobei die Entfernung der beiden Flächen einstellbar ist, um verschiedene Mahlgrade zu wählen. Weil das Mahlgut erst durch die Lücke fällt, wenn es entsprechend klein ist, erreicht man mit Scheiben- und Kegelmühlen sehr gleichmäßige Ergebnisse. Gerade für hochwertigen Kaffee eignen sie sich hervorragend.

Elektrische Scheiben- und Kegelmühlen sind teurer als Propellermühlen, doch gibt es sie auch als handbetriebene Modelle, die relativ preiswert und einfach zu bedienen sind. Wer gern Kaffee trinkt, wird sie nicht mehr missen wollen, vor allem für die Zubereitung von Espresso. Allerdings ist der Mahlgrad bei Espresso extrem wichtig – schon wenige Hundertstel Millimeter schlagen sich im Geschmack nieder –, weshalb man in eine spezielle Espressomühle mit gutem, sehr fein mahlendem Motor investieren sollte. Mit einigen Mühlen kann man nur Filterkaffee oder Espresso mahlen, die meisten aber eignen sich für beide.

Eine Kegelmühle mahlt die Bohnen gleichmäßiger und kann zudem auf verschiedene Mahlgrade eingestellt werden. Sie ist eine gute Investition für alle, die zu Hause guten Kaffee trinken möchten.

Bohnen werden in einer Propellermühle (links) ungleichmäßiger gemahlen als in einer Kegelmühle (rechts). Eine ungleichmäßige Körnung schlägt sich auch im Geschmack negativ nieder.

Jeder Hersteller setzt auf sein eigenes Material für die Scheiben bzw. Kegel, etwa Stahl oder Keramik. Mit der Zeit werden die Mahlkanten stumpf und die Mühle zermahlt den Kaffee, statt ihn sauber zu schneiden. Dadurch schmeckt der Kaffee flach und bitter. Die Hersteller geben Empfehlungen, wann die Kegel oder Scheiben ausgetauscht werden sollten. Es kostet nicht viel, sie zu ersetzen – und es lohnt sich.

Wer Kaffee zu seinem Hobby gemacht hat, wird seine Ausrüstung vielleicht von Zeit zu Zeit auf einen moderneren Stand bringen wollen. Ich empfehle dringend, als Erstes in eine bessere Mühle zu investieren. Die meisten hochpreisigen Modelle haben tatsächlich bessere Motoren und Scheiben bzw. Kegel, die zu einem gleichmäßigeren Mahlgrad fähig sind als Billigversionen. High-End-Mühlen und kleine Espressomaschinen für den Hausgebrauch ergeben besseren Kaffee als billige Mühlen und hochwertige Profi-Espressomaschinen.

DICHTE UND MAHLGRAD

Nicht jeder Kaffee sollte gleich gemahlen werden. Dunklere Röstungen sind brüchiger und müssen womöglich gröber gemahlen werden. Wenn der Kaffee aus größeren Höhenlagen stammt als der, den man üblicherweise trinkt – etwa aus Kenia statt aus Brasilien –, muss man ihn vielleicht feiner mahlen. Hat man den Länderwechsel ein paar Mal gemacht, bekommt man ein Gefühl für den richtigen Mahlgrad und kann dadurch so manche schlechte Tasse vermeiden.

MAHLGRAD

Angaben über den Mahlgrad sind nicht einfach. Begriffe wie »grob«, »mittel« oder »fein« helfen nur wenig, weil sie relativ sind. Zwischen den Herstellern von Mühlen gibt es leider keine feste Norm: Ein Mahlgrad von »5« bei einer Maschine entspricht keineswegs der gleichen Einstellung bei einer anderen Mühle – selbst wenn es sich um denselben Hersteller handelt.

Die Abbildung unten zeigt einige extra fein, fein, mittel und grob gemahlene Bohnen in Originalgröße. Sie dienen als Richtschnur für die Einstellung des idealen Mahlgrads. Wenn Sie eine Zeit lang jeden Morgen ein bisschen herumprobieren, sollten Sie bald den Bogen heraushaben und sich eine wesentlich köstlichere Tasse zaubern können.

WASSER ZUM AUFBRÜHEN

Das beim Aufgießen verwendete Wasser spielt für die Kaffeequalität eine entscheidende Rolle. Auf den ersten Blick mögen die hier gegebenen Empfehlungen etwas überzogen erscheinen. Doch ein bisschen Aufwand beim Wasser wird sich vielfach auszahlen.

Wenn Sie in einer Gegend mit hartem Wasser wohnen, besorgen Sie sich probehalber eine Flasche Mineralwasser zum Brühen einer Tasse Kaffee. Gießen Sie anschließend eine weitere Tasse genauso wie die vorherige auf – nur diesmal mit Ihrem Leitungswasser. Jeder, ob erfahrener Verkoster oder interessierter Kaffeenovize, wird sogleich verblüfft den Qualitätsunterschied bemerken.

DIE ROLLE DES WASSERS

Wasser ist ein wesentlicher Bestandteil von Kaffee, schließlich macht es beim Espresso etwa 90 Prozent und bei Filterkaffee sogar rund 98,5 Prozent des Volumens aus. Wenn schon das Wasser nicht schmeckt, wird das auch für den Kaffee gelten. Kann man sogar Chlor im Wasser ausmachen, ist eine fürchterliche Brühe in der Tasse zu erwarten. Oft entfernt bereits eine einfache Filterkanne mit Aktivkohle (etwa von Brita) unangenehmen Geschmack. Das heißt allerdings nicht, dass man damit auch zwangsläufig das perfekte Wasser zum Brühen von Kaffee bekommt.

Wasser dient während des Brühens als Lösungsmittel und extrahiert die im Kaffee enthaltenen Geschmacksstoffe. Härte und Mineraliengehalt beeinflussen diesen Vorgang nicht unwesentlich. Daher sind Wasser- und Kaffeequalität untrennbar verbunden.

WASSERHÄRTE

Der Härtegrad des Wassers wird vom Anteil des darin gelösten Kalks bestimmt und dieser wiederum hängt vom Muttergestein in Ihrer Gegend ab. Beim Erhitzen fällt Kalk aus und setzt sich mit der Zeit als weiße Schicht ab. Wer in Gegenden mit hartem Wasser wohnt, hat meist mit Kalkablagerungen in Wasserkochern, Duschkabinen und Waschmaschinen zu kämpfen.

Der Härtegrad hat aber auch großen Einfluss auf die Interaktion zwischen heißem Wasser und gemahlenem Kaffee. Hartes Wasser scheint sich auf die Geschwindigkeit auszuwirken, mit der sich die Stoffe aus dem Kaffee lösen. Als Faustregel könnte man sagen, dass eine geringe Härte wünschenswert ist und alles von mäßig bis hart dem Kaffee nicht guttut, weil es den Nuancenreichtum, die Süße und die Komplexität beeinträchtigt. Wenn man Kaffeemaschinen verwendet, die Wasser erhitzen, etwa Espresso- oder Filterkaffeemaschinen, hat weiches Wasser schon allein aus praktischen Erwägungen Vorteile, denn die Geräte verkalken rasch und können durch zu viel Kalk außer Gefecht gesetzt werden. Manche Hersteller verweigern sogar eine Garantie, wenn sich herausstellt, dass ihre Fabrikate mit zu hartem Wasser »gefüttert« wurden.

Die Wasserqualität hat Einfluss auf den Geschmack des Kaffees. Ideal ist mineralienarmes Tafelwasser, doch schon gefiltertes Leitungswasser bringt eine Verbesserung.

MINERALIENGEHALT

Abgesehen von gutem Geschmack und einem geringen Härtegrad gibt es nur noch eine Forderung, die Kaffeeliebhaber an Wasser stellen: einen relativ niedrigen Gehalt an Mineralien. Abfüller von Mineralwasser geben auf dem Etikett normalerweise die Summe gelöster Mineralstoffe in ihrem Wasser an, auch TDS-Wert genannt (eine Abkürzung von »total dissolved solids«). Welche Abfüllungen arm an Mineralien sind, ergibt ein Vergleich zwischen verschiedenen Wässern im Handel.

DAS PERFEKTE WASSER

Die amerikanische Specialty Coffee Association of America (SCAA), ein Verband für Spezialitätenkaffee und die weltweit größte Organisation der Branche, hat Richtlinien darüber festgelegt, welches Wasser sich für Kaffee am besten eignet. Eine Zusammenfassung findet sich in der Tabelle auf dieser Seite.

Infos über die Qualität Ihres Leitungswasser erhalten Sie von Ihrem Versorgungsunternehmen, das verpflichtet ist, die Trinkwasserwerte zu veröffentlichen. Im Handel gibt es aber auch Testsätze zu kaufen (etwa in Aquariengeschäften), mit denen man sie selbst ermitteln kann.

WASSER WÄHLEN

Die vielen Informationen zum Wasser sind vielleicht etwas zu komplex und verwirrend. Daher folgt hier eine Zusammenfassung:

- Wer in einer Gegend mit weichem bis mäßig hartem Wasser wohnt, kann für den Kaffee Leitungswasser verwenden, sollte es jedoch filtern, um seinen Geschmack zu verbessern.
- Wer in Regionen mit mäßig hartem bis sehr hartem Leitungswasser lebt, kann auf abgefülltes Wasser umsteigen, um seinen Kaffee zu brühen. Ideal ist Wasser, das in etwa den Vorgaben entspricht, wie sie in der Tabelle weiter unten enthalten sind – Hausmarken von Supermärkten enthalten in der Regel weniger Mineralien als die großen Mineralwassermarken. Abgefülltes Wasser zu verwenden ist zwar in verschiedener Hinsicht nicht gerade ideal, doch wer seinen Kaffee wirklich in bestmöglicher Qualität aufgießen möchte, braucht entsprechend geeignetes Wasser.

RICHTLINIEN FÜR DIE QUALITÄT VON KAFFEEWASSER

	IDEAL	AKZEPTABLE BANDBREITE
Geruch	sauber, frisch, neutral	
Farbe	farblos, klar	
Chlor	0 mg/l	0 mg/l
Summe gelöster Feststoffe (TDS-Wert)	150 mg/l	75–250 mg/l
Härtegrad	4 (68 mg/l)	1–5 (17–85 mg/l)
Alkalinität (TA-Wert)	40 mg/l	etwa 40 mg/l
pH-Wert	7,0	6,5–7,5
Natrium	10 mg/l	etwa 10 mg/l

nuova SIMONELLI MUSICA

BRÜH-BASICS

Eine entscheidende Etappe auf dem Weg von der Kaffeefrucht in die Tasse ist das Brühen. Gerade beim Aufgießen kann all die bisher geleistete harte Arbeit, das ganze Potenzial an Köstlichkeiten im Kaffee verloren gehen. Wer die Basics versteht, erreicht bessere Ergebnisse und macht das Brühen zum Vergnügen.

Kaffeebohnen setzen sich größtenteils aus Zellulose zusammen und ähneln sehr stark Holz. Zellulose ist aber nicht wasserlöslich – sie bildet den Kaffeesatz, den wir nach dem Aufbrühen wegwerfen. Der Rest löst sich in Wasser und gelangt letztlich in die Tasse. Doch nicht alles davon schmeckt auch.

Seit den 1960er-Jahren wird wissenschaftlich untersucht, wie viel von dem gemahlenen Kaffee eigentlich extrahiert werden soll, damit das Getränk in der Tasse angenehm schmeckt. Ist der Extraktionsgrad zu gering, gerät der Kaffee nicht nur schwach, sondern oft auch sauer und adstringierend – er ist, um mit den Fachleuten zu sprechen, »unterextrahiert«. Holen wir hingegen zu viel heraus, schmeckt er bitter, rau und aschig – ein klarer Fall von »überextrahiert«.

Ob tatsächlich die gewünschte Menge aus dem Kaffee extrahiert wurde, lässt sich tatsächlich messen. Früher ging das relativ einfach: Man wog einfach den gemahlenen Kaffee vor dem Brühen, gab den Satz anschließend in einen Ofen, erhitzte ihn, bis er komplett trocken war, und wog ihn noch einmal. Die Gewichtsdifferenz zeigte an, wie viel extrahiert worden war. Heute kann man mit einer Kombination aus Spezialrefraktometer und Smartphone-Software im Handumdrehen den Extraktionsgrad bestimmen. Generell heißt es, ein guter Kaffee enthalte 18–22 Prozent Gewichtsanteile des gemahlenen Kaffees vor dem Aufbrühen. Die exakten Zahlen sind für die meisten Verbraucher zu Hause nicht wichtig. Versteht man aber, wie man die unterschiedlichen Parameter verändern und anpassen kann, schlägt sich das durchaus in einer besseren Tassenqualität nieder.

Wie man zu Hause seinen Kaffee aufbrüht, ist eine Frage des Geschmacks. Wichtig ist dabei aber vor allem das Verhältnis von Wasser zu Kaffee.

STÄRKE

Stärke spielt bei der Beschreibung einer Tasse Kaffee eine wichtige Rolle, der Begriff wird aber häufig falsch verwendet. Gerade auf Kaffee aus Supermärkten findet man oft einen Hinweis auf die Stärke, obwohl er hier völlig unangebracht ist. Die Hersteller versuchen mit dieser Angabe nur zu vermitteln, wie dunkel die Röstung und wie stark die Bitternote ist – mit der eigentlichen Stärke hat das nichts zu tun.

Der Begriff »Stärke« in Zusammenhang mit Kaffee sollte genau wie bei alkoholischen Getränken verwendet werden. Ein Bier mit einer Stärke von vier Prozent hat demnach vier Prozent Alkohol. Genauso enthält starker Kaffee mehr gelöste Bestandteile des gemahlenen Pulvers im heißen Wasser als schwacher Kaffee. Bei der Stärke gibt es allerdings kein gutes und schlechtes Maß, nur individuelle Vorlieben.

Es gibt zwei Möglichkeiten, die Stärke zu variieren. Die erste und gängigste ist die Veränderung des Verhältnisses von Kaffee zu Wasser. Je mehr Kaffee pro Tasse man aufbrüht, desto stärker wird er in der Regel. Dabei bemisst sich die Stärke nach dem Gewicht des Kaffees pro Liter Wasser, zum Beispiel 60 Gramm pro Liter. Visiert man einen Kaffee dieser Stärke an, muss man zunächst wissen, wie viel Kaffee aufgebrüht werden soll. Für 500 Milliliter beispielsweise braucht man demzufolge 30 Gramm Kaffee.

Das bevorzugte Verhältnis von Wasser zu Kaffee unterscheidet sich von Land zu Land. Während sich manche mit 40 Gramm pro Liter zufrieden geben, sind in Brasilien und Skandinavien fast 100 Gramm pro Liter üblich. Normalerweise findet jeder irgendwann seine bevorzugte Stärke und bleibt ihr bei den meisten Aufgussarten treu. Ich empfehle für den Anfang 60 Gramm pro Liter.

Die meisten Kaffeetrinker passen die Stärke ihres Kaffees über das Verhältnis von Kaffee zu Wasser an. Doch das ist nicht immer die beste Methode. Eine zweite Möglichkeit ist die Veränderung des Extraktionsgrades. In einer French Press holt das Wasser mehr Extrakt aus dem Kaffee heraus. Dadurch wird das Getränk beim Aufbrühen immer stärker. Die Kunst besteht nun darin, gerade so viel zu extrahieren, dass der Kaffee gut schmeckt, aber noch keine bitteren und anderen unangenehmen Geschmacksstoffe enthält. Wer schlechten Kaffee in die Tasse bekommt, denkt meistens nicht daran, dass es an einem falschen Extraktionsgrad liegen könnte. Doch genau das ist oft der Grund.

EXAKTE MENGEN

Kleine Veränderungen beim Brühen können große Wirkung haben. Eine der wichtigsten Variablen ist die Wassermenge (siehe Seite 73). Zudem ist es beim Aufbrühen von entscheidender Bedeutung, dass immer gleichbleibende Mengen verwendet werden. Man stellt die Kaffeemaschine daher am besten auf eine Waage, denn so lässt sich exakt abmessen, wie viel Wasser man hinzufügen möchte. Sie bekommen viel mehr Kontrolle über die Mengen, verbessern die Qualität enorm und verhindern obendrein, dass sie schwankt. Digitale Waagen sind nicht teuer und oft schon im Haushalt vorhanden. Auch wenn es anfangs übertrieben wirkt: Wer seinen Kaffee erst einmal auf diese Weise aufbrüht, wird die Waage nie wieder missen wollen.

MILCH, SAHNE UND ZUCKER

Die Frage, ob Milch, Sahne und Zucker in den Kaffee gehören, entzweit Fachwelt und Verbraucher. Kaffeeinteressierte sind sich meistens durchaus bewusst, dass Milch und Zucker unter Profis tabu sind. Allerdings gibt es auch viele, die das Nein zu solchen Zusätzen als elitär-aufgeblasen empfinden.

Oft vergessen wird von Kennern allerdings, dass die meisten Kaffees etwas Hilfestellung brauchen, um überhaupt trinkbar zu werden. Preiswerte, schlecht geröstete oder aufgegossene Massenware schmeckt oft unglaublich bitter und lässt jegliche Süße vermissen. Milch und vor allem Sahne sind bestens geeignet, bittere Noten zu kaschieren. Zucker wiederum macht Kaffee generell genießbarer. Viele gewöhnen sich an den Geschmack von Milch und Zucker in Kaffee und geben sie auch in bessere, mit Sorgfalt gebrühte Erzeugnisse. Für den Barista, professionellen Verkoster und leidenschaftlichen Anhänger guten Kaffees mag das frustrierend sein.

Ausgezeichneter Kaffee sollte eine eigene Süße mitbringen. Milch überdeckt seine Geschmackscharakteristiken und damit die Arbeit des Erzeugers sowie den Ausdruck des Terroirs. Ich empfehle, Kaffee immer erst zu probieren, bevor man ihm etwas hinzufügt. Schmeckt er nicht, peppen Sie ihn mit Milch oder Zucker auf. Die faszinierende Welt hochwertiger Erzeugnisse aber lässt sich nur mit schwarzem Kaffee erkunden.

Links: Digitale Waagen sind eine lohnende Investition für alle, die Interesse an beständig gutem Kaffee haben.

Rechts: Ausgezeichneter Kaffee sollte bereits eine gewisse Süße haben. Wenn es um Milch und Zucker geht, hat jeder ganz bestimmte Vorstellungen. Trotzdem lohnt es sich, Kaffee erst einmal zu probieren, bevor man ihm etwas hinzufügt.

DIE FRENCH PRESS

Die French Press, auch Kaffeepresse, Stempelkanne oder Cafetière genannt, ist die vielleicht am meisten unterschätzte Aufgussmethode: preiswert, einfach, immer wieder einsetzbar und gut aufzubewahren.

Angesichts des Namens mutet es eher überraschend an, dass die gängigste Version der French Press 1929 von einem Italiener namens Attilio Calimani erfunden wurde, der sie sich auch patentieren ließ. Das Patent für eine sehr ähnliche Presse aber ließen sich schon 1852 zwei Franzosen namens Mayer und Delforge eintragen.

Eine French Press ist eine Direktaufguss-Brühmaschine. Bei den meisten Kaffeemaschinen läuft das Wasser durch das Pulver hindurch, bei dieser hier aber werden Wasser und Kaffee gemischt, was eine gleichmäßigere Extraktion ergibt.

Eine weitere Eigenheit der French Press ist die Art und Weise, wie der Satz von der Flüssigkeit getrennt wird: mit einem Metallsieb. Weil es relativ grobmaschig ist, schlüpfen mehr nicht lösliche Stoffe durch. Das hat den Vorteil, dass etwas Kaffeeöl und einige wenige winzige Partikel in den Kaffee gelangen, was ihm einen fülligeren, reicheren Körper und mehr Textur verleiht. Der Nachteil der French Press, der viele von ihrem Einsatz abhält, sind die Feststoffe im Kaffee. Sie setzen sich am Boden der Tasse als schlammiger Satz ab, der zufällig getrunken recht unangenehm und sandig im Mund ist.

Mit der auf der nächsten Seite beschriebenen Brühmethode erhält man einen hervorragenden Aufguss bei minimalem Bodensatz. Sie ist zwar etwas aufwendiger und verlangt auch ein gewisses Maß an Geduld, doch wird man mit einem hervorragenden Kaffee belohnt, in dem alle einzigartigen Geschmacksnuancen und Charakteristiken der Bohne voll zum Ausdruck kommen.

Wird Kaffee in einer French Press aufgebrüht, bekommt man ein gleichmäßig extrahiertes Getränk. Das Metallsieb lässt feinste Partikel durch, die dem Kaffee viel Körper und Textur geben.

BRÜHEN MIT DER FRENCH PRESS

Menge: 75 Gramm pro Liter. Ich empfehle eine etwas höhere Kaffeemenge pro Liter Wasser beim Direktaufguss, damit die Stärke in etwa jener von Kaffee aus einer Filtermaschine entspricht.

Mahlgrad: Mittel (siehe Seite 69).
Viele mahlen die Bohnen sehr grob, wenn sie eine French Press verwenden. Meiner Ansicht nach ist das nicht nötig, sofern die Kaffeemühle nicht eine große Menge sehr feiner Partikel erzeugt, durch die der Aufguss rasch bitter wird.

1 Mahlen Sie den Kaffee kurz vor dem Brühen. Abwiegen bitte nicht vergessen!

2 Erhitzen Sie mineralienarmes, für das Aufgießen von Kaffee geeignetes Wasser.

3 Geben Sie den gemahlenen Kaffee in die French Press und stellen Sie alles auf die Waage.

4 Gießen Sie bei einem optimalen Mischungsverhältnis von 75 Gramm pro Liter die passende Menge Wasser auf, ohne die Presse von der Waage zu nehmen. Das Wasser sollte relativ rasch hineingegossen werden. Der Kaffee sollte möglichst gleichmäßig durchnässt werden **(A)**.

5 Lassen Sie den Kaffee vier Minuten lang ziehen. In dieser Zeit wird sich das Pulver als krustenartiger Teppich an der Oberfläche sammeln.

6 Nehmen Sie nach vier Minuten einen großen Löffel und rühren Sie die Kruste unter. Dadurch setzt sich der Großteil des Kaffeemehls am Boden der Presse ab.

7 Etwas Schaum und schwimmender Kaffeesatz bleibt noch an der Oberfläche übrig. Man schöpft ihn mit dem Löffel ab und entsorgt ihn **(B)**.

8 Warten Sie weitere fünf Minuten. Wenn der Kaffee noch eine gewisse Zeit in der Maschine bleibt, setzen sich mehr Feinstoffe am Boden ab. Außerdem wäre er jetzt sowieso noch zu heiß zum Trinken.

9 Setzen Sie den Siebstempel oben auf die Kanne, ohne ihn jedoch nach unten zu drücken, da dadurch nur Turbulenzen entstünden, die den Kaffeesatz aufwühlen würden.

10 Gießen Sie den Kaffee langsam durch das Sieb in die Tasse. Bevor Sie zum Bodensatz gelangen, wird die Flüssigkeit nur sehr wenig Feststoffe enthalten. Wenn Sie der Versuchung widerstehen, auch noch den letzten Rest einzugießen, erhalten Sie einen köstlichen, intensiven Kaffeeaufguss, der kaum Satz enthält **(C)**.

11 Lassen Sie den Kaffee in der Tasse etwas abkühlen und genießen Sie ihn anschließend.

Oft wird empfohlen, nach dem Aufbrühen die ganze Kanne auf einmal zu leeren, um ein weiteres Ziehen und damit eine Überextraktion zu vermeiden. Wenn Sie sich aber an die obige Anleitung halten, wird der Kaffee nicht weiter ziehen und deshalb auch keine negativen Geschmacksnuancen entwickeln.

POUR-OVER- UND FILTERGERÄTE

Allen Filtergeräten gemeinsam ist, dass der Kaffee durch Perkolation gewonnen wird, Wasser also durch ein Kaffeebett läuft und dabei die Extraktstoffe löst. Die Trennung des Satzes vom entstehenden Getränk erfolgt in der Regel durch ein Filtermaterial – die Bandbreite reicht von Papier über Textilstoffe bis zu feinen Metallgittern. Das erst seit wenigen Jahren in der Kaffeeszene in Mode gekommene »Pour Over« steht für einen von Hand aufgebrühten Filterkaffee.

Einfache Kaffeefilter zum Aufsetzen auf eine Tasse gibt es vermutlich schon, seit man Kaffee aufbrüht. Echte Innovationen aber kamen erst wesentlich später auf. Ursprünglich arbeitete man ausschließlich mit Stofffiltern – der Papierfilter wurde 1908 von Melitta Bentz erfunden. Die inzwischen von ihren Nachfahren geführte Melitta-Gruppe verkauft bis heute Papierfilter, Kaffee und Kaffeemaschinen.

Dank der Erfindung von Papierfiltern konnte man die Perkolatoren ausmustern, bei denen heißes Wasser wiederholt durch den Kaffee sickert, was einen unglaublich bitteren Kaffee ergibt. Den endgültigen Todesstoß versetzte den Perkolatoren dann die Erfindung der elektrischen Filterkaffeemaschine. Auch für diese Erfindung zeichnet ein deutsches Unternehmen verantwortlich: Wigomat. In Abwandlungen sind die Filtermaschinen noch heute sehr weit verbreitet, wenngleich nicht alle guten Kaffee zuwege bringen (siehe Seite 83).

Derzeit ist eine enorme Vielfalt an Kaffeemaschinen, Marken und Zubehör auf dem Markt – alle entworfen, Kaffee zu erzeugen, und alle mit speziellen Eigenheiten und Vorteilen. Sie funktionieren samt und sonders nach einem universellen, beliebig anwendbaren Prinzip.

GRUNDLAGEN

Beim Aufgießen von Kaffee mit Filtern beeinflussen drei Variablen die Qualität. Leider sind sie nicht ganz unabhängig voneinander, weshalb eine präzise Dosierung von Kaffee und Wasser so wichtig ist – vor allem wenn man morgens schlaftrunken an der Maschine steht.

1 **Mahlgrad** Je feiner der Kaffee, desto mehr wird beim Durchfluss des Wassers extrahiert. Der Grund: Die Oberfläche insgesamt ist bei fein gemahlenem Kaffee

WASSERKESSEL

Bei der Pour-Over-Methode spielt auch die Geschwindigkeit, mit der Wasser in den Filter gegossen wird, eine Rolle. Ein langsames, dosiertes Ausgießen aus herkömmlichen Wasserkesseln ist schwierig zu bewerkstelligen, weshalb der Einsatz spezieller Kessel in Kaffeebars in letzter Zeit sehr stark zugenommen hat. Sie werden in der Regel auf einen Ofen gestellt, doch gibt es auch elektrische Modelle. Allen gemeinsam ist der lange, schmale Schnabel, der ein langsames, stetes Übergießen des Kaffees mit Wasser ermöglicht.

Trotz ihrer Beliebtheit in Fachkreisen bin ich nicht so recht überzeugt, ob sich ihre Anschaffung für den privaten Gebrauch tatsächlich lohnt. Sie erleichtern zwar das Aufgießen, doch kann bei fehlerhafter Anwendung das Wasser viel zu rasch abkühlen, sodass ein korrektes Aufbrühen nicht mehr möglich ist. Warum also die Angelegenheit unnötig kompliziert machen, wenn es reicht, das Wasser einfach nur langsam über den Kaffee zu gießen. Wenn wir allerdings jeden Tag mit anderer Geschwindigkeit brühen, bekommen wir auch jedes Mal einen anderen Geschmack.

größer als bei grober Korngröße; zudem fließt Wasser durch feineres Pulver langsamer und ist deshalb länger in Kontakt mit dem gemahlenen Kaffee.

2 **Kontaktzeit** Hier geht es nicht nur darum, wie schnell Wasser durch den Kaffee hindurchfließt, wichtig ist auch, wie lange man braucht, um das Wasser hinzuzufügen. Wir verlängern die Aufgusszeit, wenn wir das Wasser nur sehr langsam hinzufügen, um die Extraktion zu erhöhen.

3 **Kaffeemenge** Je höher die Menge an gemahlenem Kaffee, desto länger braucht das Wasser, um ihn zu durchdringen, und desto höher ist die Kontaktzeit.

Um eine gute Aufgussqualität zu erreichen, müssen die drei genannten Variablen so konstant wie möglich bleiben. Wenn beispielsweise jemand die Kaffeemenge versehentlich verringert, könnte er fälschlicherweise annehmen, dass der Kaffee deshalb zu kurz gebrüht wurde, weil der Mahlgrad zu grob war. Wenn wir also nicht genau aufpassen, verlieren wir den Überblick und beginnen schlechten Kaffee aufzugießen.

»BLOOMING«

Es hat sich in der Pour-Over-Szene eingebürgert, zu Beginn des Aufbrühens das Kaffeemehl einmal zu durchfeuchten. Der gemahlene Kaffee beginnt sogleich das Kohlendioxid freizugeben und schwillt dabei an wie ein Teig. Normalerweise wartet man anschließend noch 30 Sekunden, bis man den Rest des Wassers dazugibt.

So verbreitet diese Praxis auch sein mag, wissenschaftlich lässt sie sich nicht groß rechtfertigen. Möglicherweise erleichtert die Freisetzung des Kohlendioxids die Extraktion – einige Untersuchungen deuten zumindest darauf hin. Einen Vorteil aber hat sie mit Sicherheit: Sie bereichert das morgendliche Kaffeeritual um ein angenehmes Element. Denn zuzusehen, wie das Pulver »aufblüht«, hat durchaus seinen Reiz.

Beim Brühen von Pour-Over-Kaffee ist es üblich, das Kaffeemehl mit Wasser zu tränken, damit es anschwillt.

Die Stärke von Pour-Over-Kaffee hängt vom Mahlgrad sowie dem Timing und der Geschwindigkeit des Aufgießens ab.

BRÜHEN MIT POUR-OVER-FILTERN

Menge: 60 Gramm pro Liter. Dieses Verhältnis empfehle ich als Ausgangspunkt für alle Pour-Over- und anderen Filterverfahren. Es spricht jedoch nichts dagegen, wenn Sie ein bisschen herumprobieren, bis Sie das für Sie optimale Maß herausgefunden haben.

Mahlgrad: Ein mittlerer Mahlgrad (siehe Seite 69) eignet sich für 30 Gramm Kaffee auf 500 ml Wasser. Wenn Sie für eine einzige Tasse mahlen, sollten sie den Kaffee etwas feiner mahlen, wenn Sie eine größere Menge aufbrühen, reicht auch ein gröberer Mahlgrad.

1 Mahlen Sie den Kaffee kurz vor dem Brühen. Davor muss er aber noch abgewogen werden.

2 Bringen Sie in einem Kessel mineralienarmes Wasser zum Kochen.

3 In der Zwischenzeit geben Sie den Papierfilter in den Aufsatz und feuchten ihn kurz mit heißem Wasser an. Das beseitigt eventuelle Geschmacksstoffe im Papier und wärmt den Filter für das Brühen auf.

4 Geben Sie das Kaffeemehl in den Papierfilter, stellen Sie den Aufsatz auf die Tasse oder Kanne und wiegen Sie alles **(A)**.

5 Wenn Sie das Wasser direkt aus dem Kessel in den Filter gießen, warten Sie nach dem Aufkochen 10 Sekunden. Falls Sie das Wasser aber vorher in einen speziellen Aufgusskessel umgießen, tun Sie das gleich nach dem Aufkochen und brühen Sie den Kaffee sofort danach.

6 Gießen Sie in etwa doppelt so viel Wasser auf den Kaffee, wie das Pulver wiegt (Waage im Blick behalten!). Es reicht, wenn der Kaffee gut durchfeuchtet ist. Ich hebe den Filter hoch und schwenke ihn etwas, doch kann man das feuchte Pulver auch vorsichtig mit einem Löffel umrühren. Warten Sie nun 30 Sekunden, bis Sie das restliche Wasser auf den Kaffee gießen **(B)**.

7 Gießen Sie mit Blick auf die Waage das restliche Wasser auf den Kaffee, um die exakte Menge hinzuzufügen. Gießen Sie direkt auf den Kaffee und nicht auf die Filterwände, da dadurch Wasser am Pulver vorbeigelangt, ohne Kaffee zu extrahieren **(C)**.

8 Ist das gesamte Wasser im Filter und die Oberfläche der Kaffee-Wasser-Lösung 2–3 Zentimeter unterhalb des Rands, rühren Sie erneut leicht um. Das verhindert, dass Kaffee am Rand kleben bleibt **(D)**.

9 Lassen Sie das Wasser durchlaufen, bis der verbliebene Kaffeesatz trocken aussieht. Seine Oberfläche sollte relativ flach sein **(E)**.

10 Werfen Sie den Papierfilter mit dem Satz weg, nehmen Sie den Filteraufsatz ab und genießen Sie Ihren Kaffee.

Wenn Sie mit dem Ergebnis nicht zufrieden sind, überlegen Sie sich, was verbessert werden kann. Ich empfehle, zunächst etwas am Mahlgrad zu verändern. Schmeckt der Kaffee bitter, ist er womöglich überextrahiert, sodass man beim nächsten Mal etwas gröber mahlen sollte. Ist er schwach, sauer oder adstringierend, versuchen Sie ihn feiner zu mahlen. Sie werden sehen: Sie bekommen sehr schnell ein Gefühl dafür, welcher Mahlgrad für Ihren Kaffee ideal ist.

FILTERTYPEN

Es gibt drei Haupttypen von Filtern für Pour-Over- und andere Filtergeräte. Jeder wirkt sich anders auf die Flüssigkeit aus, die letztendlich getrunken werden soll.

METALL

Metallfilter gibt es in verschiedenen Ausführungen – manche sind sogar aus Gold. Sie filtern wie die French Press nur größere Bestandteile; der fertige Kaffee hat daher einen Bodensatz und ist etwas trüb. Er bekommt aber durch die im Kaffee verbliebenen gelösten Stoffe und Öle zusätzlichen Körper, was vielen zusagt. Metallfilter können bei guter Pflege viele Jahre verwendet werden.

STOFF

Stoff wird schon seit Langem als Kaffeefilter verwendet und liefert einen charakteristischen, guten Kaffee. Stofffilter holen alle gelösten Kaffeestoffe aus der Lösung, lassen jedoch einige Öle durch. Der Kaffee ist sehr sauber, aber reicher und mit vollerem Mundgefühl.

Problematisch allerdings ist, dass Stofffilter für mehrfache Verwendung gedacht sind und gesäubert sowie gepflegt werden müssen. Sie sollten nach Gebrauch sofort so gut wie möglich ausgespült und rasch getrocknet werden. Dauert der Trocknungsprozess zu lange, entwickeln sich unangenehme Geschmacksnoten. Bei regelmäßiger Verwendung bewahrt man Stofffilter am besten in einem Wasserglas im Kühlschrank auf. Wer sie lange lagern möchte, kann sie feucht in einen Gefrierbeutel stecken und einfrieren. Ein ständiges Einfrieren und Auftauen aber tut dem Stoff nicht gut.

Zu fleckig sollte er nicht werden, weshalb man ihn immer wieder einmal gründlich reinigen muss. Ich empfehle Cafiza von Urnex. Es ist zwar als Espressomaschinenreiniger deklariert, diente aber ursprünglich zum Reinigen der Stoffe in sehr großen Filtergeräten.

PAPIER

Filter aus Papier werden am häufigsten verwendet und erbringen den saubersten Kaffee. Sie filtern alle Feststoffe und auch Öle heraus, die in der Flüssigkeit gelöst sind. Der Kaffee ist relativ klar und hat oft eine rötliche Tönung. Ich empfehle, statt ungebleichtem braunem gebleichtes weißes Papier zu verwenden, da das braune dem Kaffee eine unangenehme Geschmacksnote verleiht.

ELEKTRISCHE FILTER-KAFFEEMASCHINE

Elektrische Kaffeemaschinen haben einen großen Vorteil: Etliche Unwägbarkeiten fallen weg – das meiste ist eine Frage der Einstellung. Man muss lediglich bei der Dosierung des Kaffees und des kalten Wassers genau arbeiten, den Rest macht der Automat.

Leider fabrizieren die meisten Filterkaffeemaschinen für den Hausgebrauch, vor allem preiswerte Modelle, ziemlich schlechten Kaffee. Das liegt vor allem daran, dass sie das Wasser nicht auf die Idealtemperatur bringen. Wer sich ein neues Gerät zulegt, sollte deshalb darauf achten, dass es das Wasser optimal erhitzt. Organisationen wie das European Coffee Brewing Centre vergeben Gütesiegel für Maschinen; ich lege Ihnen dringend ans Herz, ein solches zertifiziertes Fabrikat zu kaufen.

Lassen Sie nach Möglichkeit die Finger von Modellen mit heißer Platte. Sie »kochen« den Kaffee, was viele sehr unangenehme Geschmacksnuancen zutage fördert. Besser sind Ausführungen mit Thermoskanne.

Elektrische Kaffeemaschinen sind für größere Mengen ausgelegt. Brühen Sie damit mindestens 0,5 Liter auf. Diese Menge bleibt in der Kanne 30–40 Minuten warm.

BRÜHEN MIT KAFFEEMASCHINEN

Menge: 60 Gramm pro Liter sind empfehlenswert als Ausgangsmenge für alle Pour-Over- und anderen Filtermethoden. Ihre persönlichen Vorlieben finden Sie nur heraus, wenn Sie ein bisschen herumexperimentieren.

Mahlgrad: Mittel (siehe Seite 69) bei einer Menge zwischen einem halben und einem ganzen Liter. Bei großen Mengen – viele Maschinen schaffen bis zu einem Liter und mehr auf einmal – müssen Sie die Bohnen etwas gröber mahlen.

1 Mahlen Sie den Kaffee erst unmittelbar vor dem Brühen. Wiegen Sie ihn vorher ab.

2 Geben Sie das Filterpapier in den Filterkorb und feuchten Sie ihn mit warmem Wasser an.

3 Schieben Sie den Filterkorb in die Maschine und füllen Sie den Wasserbehälter mit mineralienarmem, für die Kaffeezubereitung geeignetem Wasser auf.

4 Schalten Sie die Maschine an und behalten Sie sie während des Aufbrühens im Auge. Wird ein Teil des Kaffeepulvers nicht nass, mischen Sie es rasch mit einem Löffel durch.

5 Warten Sie, bis der Brühvorgang beendet ist.

6 Entsorgen Sie Filter und Kaffeesatz.

7 Genießen Sie Ihren Kaffee.

Wenn Sie mit dem Geschmack des Kaffees nicht zufrieden sind, versuchen Sie ihn wie bei der Pour-Over-Methode eher durch Veränderung des Mahlgrads als durch Hinzufügen oder Weglassen von Kaffeepulver zu verbessern.

4
3
4
2
3
1
2
1

DIE AEROPRESS

Die Aeropress ist ein recht ungewöhnlicher Kaffeebereiter, doch habe ich noch niemanden getroffen, der nicht von ihr begeistert war. Erfunden wurde sie 2005 von Alan Adler, dem Erfinder des Aerobie-Wurfrings – daher auch der Name. Die Presse ist preiswert, haltbar und so problemlos transportierbar, dass sie viele Kaffeeprofis bei ihren Reisen durch die Welt mit sich führen. Außerdem lässt sie sich sehr leicht reinigen.

Interessant an der Aeropress ist die Kombination zweier unterschiedlicher Brühverfahren. Anfangs mischen sich Wasser und Kaffee wie in einer French Press, doch wird der Brühvorgang erst abgeschlossen, wenn man mit dem Presskolben das Wasser durch das Pulver und dann durch einen Papierfilter drückt – ähnlich wie in einer Espresso- oder aber einer Filterkaffeemaschine.

Verglichen mit anderen Brühgeräten ist die Zahl der anwendbaren Rezepte und Methoden bei der Aeropress enorm. Es gibt sogar eine jährliche Aeropress-Weltmeisterschaft, bei der die beste Technik ermittelt wird. Den Anfang machten ein paar Begeisterte in Norwegen, doch inzwischen ist daraus ein internationales Ereignis geworden. Jedes Jahr veröffentlichen die Organisatoren die drei besten Methoden aus dem Wettbewerb auf ihrer Webseite www.worldaeropresschampionship.com. Sie vermittelt einen guten Eindruck davon, wie vielseitig die Presse ist.

Espresso oder etwas Ähnliches lässt sich meines Erachtens damit nicht aufgießen, auch wenn es einige behaupten. Man kann mit der Aeropress kleine, kräftige Tassen Kaffee brühen, aber menschliche Kräfte beim Hinunterdrücken des Presskolbens können nicht den hohen Druck in einer Espressomaschine ersetzen.

Die beiden wichtigsten Brühmethoden mit der Aeropress sind auf der nachfolgenden Seite näher beschrieben.

MENGE UND MAHLGRAD

Das Verhältnis zwischen Mahlgrad, Brühzeit und Wassermenge ist bei der Aeropress von entscheidender Bedeutung. Beste Ergebnisse erzielt man, wenn man sich schon vorher im Klaren darüber ist, welche Art von Kaffee man zubereiten möchte.

- Soll der Kaffee kurz und stark sein, schlage ich 100 Gramm Kaffeemehl pro Liter vor. Wer etwas rascher brühen will, muss relativ fein mahlen. Einen gröberen Mahlgrad dagegen kann man anvisieren, wenn man die Brühzeit verlängern will.
- Bevorzugt man hingegen einen eher herkömmlichen Kaffee, tun es auch 75 Gramm Pulver pro Liter. Dasselbe Verhältnis empfehle ich für die French Press, bei der das Pulver ebenfalls direkt in das Wasser kommt. Brühzeit und Mahlgrad können wiederum aufeinander abgestimmt werden.

Die Aeropress ist eine Art handbetriebene Mischung aus Espresso- und Filterkaffeemaschine. Mit dem Kolben wird Wasser durch das Kaffeepulver und anschließend durch den Papierfilter gedrückt.

BRÜHEN MIT DER TRADITIONELLEN AEROPRESS-METHODE

Die traditionelle Methode ist etwas ergiebiger als das auf der nächsten Seite beschriebene Verfahren und obendrein etwas weniger umständlich. Außerdem bleibt die Küche eher von Kaffeespritzern und schlimmeren Katastrophen verschont. Weil so viele Variablen im Spiel sind, ist die Versuchung jedoch groß, an allen herumzujustieren. Wenn Sie experimentieren möchten, variieren Sie am besten immer nur einen Faktor auf einmal, dann stehen die Chancen gut, dass Sie Ihren Kaffee optimal hinbekommen. Ein stärkeres Pressen beschleunigt das Aufbrühen, extrahiert aber auch den Kaffee stärker. Lässt man den Kaffee länger ziehen oder mahlt die Bohnen feiner, bekommt man ebenfalls eine stärkere Extraktion.

1 Mahlen Sie den Kaffee erst kurz vor dem Aufgießen und wiegen Sie ihn vorher gut ab.

2 Legen Sie Filterpapier in den Filterhalter und befestigen Sie den Halter an der Aeropress.

3 Lassen Sie etwas heißes Wasser durch die Aeropress laufen, um sie zu erwärmen. Feuchten Sie das Papier an.

4 Stellen Sie eine Tasse auf Ihre Digitalwaage, setzen Sie den Filter mit Zylinder darauf und geben Sie das Pulver hinein **(A)**.

5 Bringen Sie einen Kessel mit mineralienarmem, für das Brühen geeignetem Wasser zum Kochen.

6 Warten Sie nach dem Aufkochen 10–20 Sekunden, schalten Sie die Waage ein und gießen Sie die passende Menge Wasser in die Aeropress (für 15 Gramm beispielsweise 200 Milliliter). **(B)**

7 Rühren Sie den Kaffee kurz um und stecken Sie dann den Presskolben auf den Zylinder. Drücken Sie ihn noch nicht hinunter, aber achten Sie darauf, dass er den Zylinder gut verschließt. Dadurch entsteht ein Vakuum über dem Kaffee, das verhindert, dass die Flüssigkeit unten aus der Aeropress heraustropft, bevor Sie mit dem Pressen beginnen **(C)**.

8 Nach einer kurzen Brühzeit (ich empfehle für den Anfang etwa eine Minute) nehmen Sie die Tasse mit der Aeropress von der Waage und drücken Sie den Presskolben langsam hinunter, bis die gesamte Flüssigkeit den Filter passiert hat **(D)**.

9 Ziehen Sie den Kolben ein paar Zentimeter zurück, damit die Aeropress nicht tropft, wenn Sie den Kaffeesatz entsorgen. Entfernen Sie den Filterhalter, halten Sie die Aeropress über den Abfalleimer und drücken Sie den Presskolben durch, damit der Satz herausrutscht. Klopfen Sie die Reste ab und spülen sie den Boden des Kolbens und den Zylinder gründlich **(E)**.

10 Genießen Sie Ihren Kaffee.

BRÜHEN MIT DER UMGEDREHTEN AEROPRESS

Diese Methode darf hier nicht fehlen, denn sie wird sehr häufig angewandt, geht aber auch oft schief. Ich empfehle, zunächst einige Zeit beim traditionellen Verfahren zu bleiben. Wenn Sie später einmal ein bisschen experimentieren möchten, können Sie es dann mit der umgedrehten Aeropress versuchen. Das Umdrehen des Zylinders hat den Vorteil, dass die Flüssigkeit während der Aufgussphase nicht entweichen kann. Bevor man den Kolben aber in den Zylinder drückt, muss die gefüllte Aeropress als Ganzes umgedreht werden – und dabei ist die Gefahr eines Malheurs am größten. Außerdem kann bei dieser Methode nicht viel aufgegossen werden: 200 Milliliter dürften das Maximum sein.

1 Wiegen Sie den Kaffee ab und mahlen Sie ihn.

2 Legen Sie Filterpapier in den Halter und befestigen Sie diesen an der Aeropress.

3 Lassen Sie etwas heißes Wasser durch die Aeropress laufen, um sie zu erwärmen. Feuchten Sie das Papier an.

4 Drücken Sie den Kolben etwa zwei Zentimeter in den Zylinder. Drehen Sie nun die Aeropress um und stellen Sie sie auf eine Digitalwaage. Geben Sie den gemahlenen Kaffee hinein **(A)**.

5 Bringen Sie mineralienarmes, für das Brühen geeignetes Wasser in einem Kessel zum Kochen.

6 Warten Sie nach dem Aufkochen 10–20 Sekunden, schalten Sie die Waage ein und gießen Sie die passende Menge Wasser in die Aeropress **(B)**.

7 Schalten Sie den Timer ein und rühren Sie den Kaffee kurz um. Danach lassen Sie ihn eine Minute ziehen.

8 Während er zieht, nehmen Sie die Aeropress von der Waage. Befestigen Sie den Filterhalter am Zylinder. Wenn Sie das Papier angefeuchtet haben, wird es im umgedrehten Halter kleben bleiben.

9 Drücken Sie nun den oberen Teil der Aeropress, den Zylinder, auf den Kolben, bis die Flüssigkeit den Filter fast berührt. Dadurch wird der Kolben stabiler und fällt beim Umdrehen nicht so leicht heraus **(C)**.

10 Ist der Kaffee fertig gezogen, stellen Sie eine Tasse umgedreht auf die Aeropress und halten Sie sie fest. Nehmen Sie gleichzeitig die Aeropress in die Hand und drehen Sie beide um **(D, E)**.

11 Drücken Sie den Kolben in den Zylinder, bis die gesamte Flüssigkeit durch den Filter in die Tasse geflossen ist **(F)**.

12 Leeren und spülen Sie die Aeropress wie auf Seite 86, Punkt 9, beschrieben.

13 Genießen Sie Ihren Kaffee.

ESPRESSOKANNE

Eine Espressokanne ist in den meisten Haushalten in Gebrauch oder zumindest irgendwo tief hinten in einem Schrank versteckt. Ich tue mich mitunter schwer, ihre Beliebtheit zu erklären, denn sie ist nicht unbedingt benutzerfreundlich und es fällt auch nicht leicht, mit ihr guten Kaffee zuzubereiten. In der Regel liefert sie eine sehr starke, sehr bittere Espressoversion – die aber scheint Anhängern dieses Typs zu schmecken. Deshalb hat so ziemlich jeder Haushalt in Italien eine Espressokanne und verwendet sie auch mit fast religiöser Hingabe.

Das Patent auf die Espressokanne wurde von Alfonso Bialetti im Jahr 1933 angemeldet. Bialetti gründete ein Unternehmen, das nach ihm benannt ist und bis heute ausgesprochen beliebte Kaffeemaschinen herstellt. Espressokannen sind nach wie vor oft aus Aluminium gefertigt, das vor einigen Jahren zu Unrecht in Verruf geriet, doch gibt es auch Ausführungen aus Edelstahl – vorzuziehen sind Letztere.

Die auf der folgenden Seite beschriebene Brühmethode unterscheidet sich etwas von jener, mit der die meisten ihren Espresso zubereiten. Trotzdem bekommen vielleicht sogar diejenigen, die mit ihrem Kaffee zufrieden sind, noch die eine oder andere Anregung. Das größte Problem der Espressokanne ist die Brühwassertemperatur: Sie ist so hoch, dass bittere Stoffe aus dem Kaffeepulver gelöst werden. Manche schätzen das, andere wiederum machen gerade aus diesem Grund einen großen Bogen um das Gerät. Das hier gezeigte Verfahren hat viele wieder mit der lange vergessenen Espressokanne und ihrem Kaffee versöhnt.

Wegen des hohen Kaffeeanteils und der raschen Brühzeit ist es nach wie vor schwierig, mit dieser Methode aus leicht gerösteten, dichten oder besonders säuerlichen und saftigen Bohnen guten Kaffee zuzubereiten. Ich empfehle eine helle Espressoröstung oder einen Tieflandkaffee, nicht jedoch die Verwendung dunkler Röstungen, weil sie eher bittere Kaffees liefern.

Optimale Ergebnisse erzielt man mit Espressokannen, wenn man eine helle Röstung oder Tieflandkaffee verwendet. Das verhindert, dass sie einen zu bitteren Kaffee liefern.

BRÜHEN MIT DER ESPRESSOKANNE

Menge: 200 Gramm pro Liter. In den meisten Fällen hat man nicht sonderlich viel Kontrolle über das Verhältnis. Man füllt einfach den Trichtereinsatz mit Kaffeepulver und den Kessel darunter fast vollständig mit Wasser. Es bleibt also wenig Spielraum für Variationen.

Mahlgrad: Ziemlich fein (siehe Seite 69). Ich empfehle – was aber umstritten ist – keine sehr feine Espressomahlung, sondern eine geringfügig gröbere Körnung, als die meisten Kaffeetrinker wählen würden. Dadurch verringern sich die Bitterstoffe im fertigen Kaffee.

1 Mahlen Sie den Kaffee erst kurz vor dem Aufbrühen und füllen Sie den Trichtereinsatz gleichmäßig und eben auf. Drücken Sie das Pulver nicht zusammen.

2 Bringen Sie mineralienarmes Wasser in einem Kessel zum Kochen. Gibt man vorgewärmtes Wasser in die Kanne, muss sie nicht so lange erhitzt werden, das Kaffeemehl wird weniger stark erwärmt und die Bitternote fällt geringer aus.

3 Füllen Sie das Unterteil der Espressokanne bis knapp unter das kleine Ventil mit heißem Wasser. Das Ventil darf nicht im Wasser stehen, da es sich um ein Sicherheitsventil handelt, das einen Überdruck verhindert **(A)**.

4 Stecken Sie den Trichtereinsatz mit dem Kaffee auf den Kessel. Nun kommt das Oberteil auf den Untersatz. Die Gummidichtung muss sauber sein – nur wenn sie gut schließt, funktioniert die Kanne **(B)**.

Die Espressokanne muss gut abgekühlt sein, bevor man sie zum Reinigen auseinandernimmt. Verstauen Sie sie erst, wenn sie völlig trocken ist. Auch sollte sie nicht fest zusammengeschraubt gelagert werden, da die Gummidichtung dadurch rascher altert.

5 Stellen Sie die Kanne auf eine Platte mit niedriger bis mittlerer Hitze und lassen Sie den Deckel offen. Sobald das Wasser im Unterteil zu kochen beginnt, presst der durch den Dampf verursachte Überdruck das Wasser durch das Steigrohr, das zum Kaffeepulver führt. Je schneller und kräftiger man das Wasser zum Kochen bringt, desto größer ist der Druck und desto rascher läuft der Brühvorgang ab – zu schnell aber soll es nicht gehen **(C)**.

6 Langsam sollte der Kaffee im Oberteil erscheinen. Wichtig: Sobald ein Gurgeln zu hören ist, wird es Zeit, die Herdplatte auszuschalten und den Brühvorgang abzubrechen, denn das Geräusch zeigt an, dass das meiste Wasser bereits nach oben gepumpt wurde und nur noch der Dampf folgt, der den Kaffee bitterer macht.

7 Der Brühvorgang wird abgebrochen, indem man das Unterteil der Kanne unter fließendes kaltes Wasser hält. Durch den Temperaturabfall kondensiert der Dampf und der Druck lässt nach **(D)**.

8 Lassen Sie sich Ihren Kaffee schmecken.

VAKUUMBEREITER

Der Vakuumbereiter, auch Kaffeesiphon genannt, ist sehr alt. Mit ihm lässt sich Kaffee auf sehr unterhaltsame Art zubereiten. Allerdings hat er auch etliche Tücken, weshalb viele Kaffeefreunde ihn irgendwann verärgert in den Schrank verbannen oder als Dekor auf ein Regal stellen.

Vakuumbereiter erschienen erstmals um 1830 in Deutschland. 1838 meldete eine Französin namens Jeanne Richard sogar ein Patent darauf an. Seit seiner Erfindung wurde das Gerät nicht mehr groß verändert. Es umfasst zwei Behälter: Der untere wird mit Wasser gefüllt, das man zum Kochen bringt, der obere enthält das Kaffeepulver und wird obenauf gesetzt, sodass er wie ein Verschluss wirkt und sich ein Überdruck im unteren Behälter aufbaut. Der eingeschlossene Dampf drückt heißes Wasser knapp unter dem Siedepunkt aus dem unteren Behälter über ein Rohr und einen Filter in den oberen Behälter. Nun braucht man den Kaffee nur noch ziehen lassen. Wichtig ist, dass das Wasser im unteren Behälter weiter erhitzt wird, solange der Kaffee zieht.

Der Brühvorgang wird abgebrochen, indem man den Vakuumbereiter von der Wärmequelle nimmt. Wenn sich der Dampf abkühlt, kondensiert er zu Wasser und es entsteht ein Vakuum, das den Kaffee aus dem oberen Behälter über den Filter zurück in den unteren Behälter saugt. Der Satz bleibt im oberen Behälter und der Kaffee kann aus der unteren Karaffe ausgegossen werden. Der gesamte Vorgang ist angewandte Physik und wird auch oft mit einer Versuchsanordnung im Klassenzimmer verglichen. Leider ist er nicht einfach zu bewerkstelligen, weshalb viele nach einigen Versuchen frustriert aufgeben.

ZUSÄTZLICHE AUSRÜSTUNG

Zusätzlich zum Vakuumbereiter braucht man eine unabhängige Wärmequelle. Manche Modelle sind so ausgelegt, dass man sie direkt auf einen Küchenherd stellen kann, andere haben ein Spiritusstövchen, das man aber am besten durch möglichst kleine Campingkocher ersetzt. In Japan und einigen Spezialläden wird auch mit einer Halogenlampe unter dem Bereiter gearbeitet. Sie ist zwar nicht gerade energieeffizient, sieht aber toll aus.

Manche Kaffeeliebhaber rühren den Kaffee mit einem kleinen Bambuspaddel um, doch ist er nicht besser als ein gewöhnlicher Löffel. Es hat zwar durchaus seinen Reiz, sich ein ganzes Arsenal an Bereitungsutensilien zuzulegen, besser machen sie den Kaffee aber nicht.

DER FILTER

Die meisten traditionellen Vakuumbereiter arbeiten mit einem Stofffilter, der um eine Metallscheibe geschlagen wird. Dieser Stoff muss sehr sauber gehalten werden. Spülen Sie ihn nach jedem Gebrauch so gründlich wie möglich unter fließendem warmem Wasser aus. Kommt er ein paar Tage lang nicht zum Einsatz, sollte er mit einem geeigneten Spülmittel gereinigt werden (mehr dazu auf Seite 82). Es gibt Alternativen aus Papier oder Metall, doch sind dafür oft spezielle Adapter erforderlich.

Wer Kaffee nach einem ausgefeilten Verfahren aufgießen möchte, ist mit einem Vakuumbereiter gut bedient. Aus einer unteren Kammer steigt Dampf nach oben. Dort wird der Kaffee gebrüht und anschließend durch Kondensation nach unten gesaugt.

BRÜHEN MIT DEM VAKUUMBEREITER

Menge: 75 Gramm pro Liter. Manche nehmen für Vakuumbereiter sogar noch etwas mehr, vor allem in Japan, wo das Gerät recht verbreitet ist.

Mahlgrad: Mittel (siehe Seite 69). Weil das Pulver direkt mit dem Wasser vermischt wird, lässt sich die Brühzeit an den Mahlgrad anpassen. Eine zu feine Körnung ist nicht ratsam, da sich dadurch der Filter verstopfen kann. Ein sehr grobes Pulver wiederum erfordert eine lange Brühzeit bei höheren Temperaturen, was den Kaffee mitunter ziemlich bitter macht.

A

B

C

1 Mahlen Sie die Bohnen kurz vor dem Aufbrühen. Sie sollten aber vor dem Mahlen exakt abgewogen werden.

2 Bringen Sie in einem Kessel mineralienarmes, für das Brühen geeignetes Wasser zum Kochen.

3 Legen Sie den Filter in den oberen Behälter. Er muss perfekt eben liegen.

4 Stellen Sie den unteren Behälter auf die Digitalwaage. Gießen Sie eine abgemessene Menge heißes Wasser hinein.

5 Stellen Sie den unteren Behälter auf die Wärmequelle (einen Gaskocher, einen Spiritusbrenner oder eine Halogenlampe, wie hier zu sehen).

6 Setzen Sie den oberen Behälter auf, aber verschließen Sie ihn noch nicht, da der Dampf sonst das Wasser in den oberen Behälter drückt, bevor es die rechte Temperatur hat.

7 Sobald das Wasser zu kochen beginnt, verschließt man den oberen Behälter, der auf dem unteren aufsitzt. Steht der Bereiter auf einer regulierbaren Wärmequelle, dreht man sie etwas zurück. Das kochende Wasser wird nun in den oberen Behälter gedrückt. Schauen Sie direkt von oben auf den Filter, um sicher zu sein, dass er auch wirklich mittig liegt – ist er verschoben, sehen Sie seitlich Bläschen aufsteigen. Schieben Sie den Filter gegebenenfalls in die Mitte.

8 Anfangs sprudelt das Wasser im oberen Behälter recht stark. Sobald die Bläschen kleiner werden, können Sie mit dem Brühen beginnen. Geben Sie Kaffeepulver in das Wasser und rühren Sie es unter. Starten Sie einen Timer **(A)**.

9 Es bildet sich eine Kruste an der Oberfläche. Nach 30 Sekunden rührt man sie behutsam unter, damit der Kaffee wieder im Wasser verteilt wird **(B)**.

10 Nach weiteren 30 Sekunden wird die Wärmequelle abgedreht. Sobald der Kaffee in den unteren Behälter gesaugt zu werden beginnt, rührt man ihn leicht zunächst im Uhrzeigersinn und danach gegen den Uhrzeigersinn um, damit er nicht an der Wand kleben bleibt. Nicht zu stark rühren, sonst verteilt er sich ungleichmäßig.

D

11 Der Kaffee muss komplett nach unten gesaugt werden. Im oberen Behälter bleibt ein Häufchen Satz übrig. Gießen Sie den Kaffee in eine Kanne, da er durch die Hitze im unteren Behälter einen gekochten Geschmack bekommen kann **(C)**.

12 Lassen Sie ihn kühlen. Diese Methode ergibt sehr heißen Kaffee **(D)**.

USA
TURCO
BAR
TYPE

Kaffee wurde im 9. Jahrhundert in Äthiopien entdeckt. Die Rösterei Tomoca in Addis Abeba ist die älteste im Land. An den schlanken Espressomaschinen erkennt man den späteren Einfluss italienischer Kaffeekultur.

ESPRESSO

In den letzten 50 Jahren ist Espresso für viele zum Kaffeegenuss schlechthin avanciert – zu Unrecht, denn es gibt keine »bessere« oder »schlechtere« Brühmethode. Trotzdem steht Espresso inzwischen auf Platz eins der beliebtesten Kaffeegetränke, die außerhalb der eigenen vier Wände konsumiert werden. Cafés verlangen für ihn oft sogar mehr als für Filterkaffee.

Zweifellos ist Espresso zum Wachstumsmotor der Kaffeebranche geworden – ob als Baustein der heute so beliebten italienischen Kaffeekultur oder Bestandteil der amerikanisierten Fast-Food-Welle, die mit den Coffee-Shop-Ketten den ganzen Globus überschwemmt hat.

Espresso zuzubereiten ist so frustrierend wie faszinierend. Daher an dieser Stelle ein warnendes Wort: Investieren Sie nur in eine eigene Espressomaschine, wenn Sie gerade einen neuen Zeitvertreib brauchen. Wer meint, er könne schnell einmal ein paar köstliche Cappuccino zum Zeitunglesen am Sonntagmorgen zaubern, weiß nicht, wie arbeitsaufwendig das und das anschließende Saubermachen der Ausrüstung sind.

Wenn Sie nur genießen und nicht auch noch dafür arbeiten wollen, sollten Sie wie ich ins nächste Café gehen und anderen den mühsamen Part überlassen. Sollte es jedoch kein gutes Café um die Ecke geben, haben Sie einen handfesten Grund, sich aktiv mit der Kunst des Espressobrühens zu befassen.

DIE ERFINDUNG DES ESPRESSO

Der Mahlgrad ist, wie wir gesehen haben, ein wichtiger Faktor beim Aufbrühen von Kaffee. Je feiner das Pulver, desto leichter wird der Kaffee extrahiert und desto weniger Wasser braucht man dafür. Es lässt sich also ein stärkerer Kaffee zubereiten. Problematisch wird es aber, wenn man die Bohnen so fein mahlen will, dass die Schwerkraft allein nicht mehr ausreicht, um das Wasser durch das Bett aus gemahlenem Kaffee zu drücken. Damit sind der Stärke von Kaffee Grenzen gesetzt.

Das Problem ist seit Langem bekannt. Früher presste man anfangs Wasser mit Dampfdruck durch das Pulver. Die ersten Espressomaschinen wurden von Cafés ursprünglich eingesetzt, um normal starken Kaffee rascher zuzubereiten – daher auch der Name Espresso. Doch Dampf ist nicht nur gefährlich, mit ihm lässt sich auch kein allzu hoher Druck erzeugen. Deshalb versuchte man es mit anderen Methoden wie zum Beispiel Luft oder Wasser aus der Leitung.

Den großen Durchbruch erzielte Achille Gaggia. Seine Erfindung hatte einen großen Hebel zum Spannen einer Feder, die Druck aufbaute und auf diese Weise sehr heißes Wasser durch das Kaffeemehl presste. Mit Gaggias Maschine war fortan ein viel höherer Druck möglich, sodass die Bohnen feiner gemahlen und für das Aufbrühen einer kleineren, stärkeren, aber gut extrahierten Tasse Kaffee verwendet werden konnten.

CREMA

Für die meisten Kaffeeliebhaber ist das Wichtigste am Espresso nicht seine Stärke, sondern der dichte Schaum obenauf, italienisch *crema* genannt.

Diese einer Schaumkrone auf Bier nicht unähnliche Schicht entsteht, weil Wasser unter sehr hohem Druck viel mehr des durch die Röstung entstandenen Kohlendioxids aus den Bohnen löst. Wenn die aufgegossene Flüssigkeit wieder dem normalen atmosphärischen Druck ausgesetzt ist, kann sie das Gas nicht mehr halten und gibt es in Form winziger Bläschen frei. Sie sammeln sich als stabile Schaumschicht obenauf.

Lange Zeit galt die Crema als wichtiges Element, aber eigentlich gibt sie nur über zweierlei Auskunft. Erstens: Wie frisch ist der Kaffee? Je länger die Röstung zurückliegt, desto weniger Kohlendioxid enthalten die Bohnen und desto schwächer fällt die Crema aus. Zweitens: Wie stark ist der Espresso? Je dunkler die Schaumfarbe, desto stärker der Kaffee. Die Crema ist der Schaum der Flüssigkeit und nur deshalb etwas heller, weil die

Bläschen Licht brechen. Ansonsten wird ihre Farbe von der Farbe des Kaffees bestimmt. Ist dieser dunkler geröstet, liefert er auch eine dunklere Crema. Ob der Rohkaffee hochwertig war und gut geröstet wurde oder ob die Maschine sauber war – alles Faktoren, die für einen guten Kaffee unabdingbar sind –, lässt sich aus der Crema dagegen nicht herauslesen.

DIE GRUNDLEGENDE TECHNIK

Um Espresso zu brühen, gibt man gemahlenen Kaffee in ein kleines Metallsieb, das sich wiederum in einem Halter befindet. Das Sieb hat winzige Löcher, die die Flüssigkeit passieren lassen, das Kaffeepulver aber mit Ausnahme der allerfeinsten Partikel zurückhalten.

Anschließend wird der Kaffee im Sieb flach zusammengepresst. Nun kommt der Halter in die Espressomaschine und die Pumpe wird aktiviert. Sie pumpt das fast kochende Wasser aus dem Wasserbehälter durch das Pulver. Darunter tropft der fertige Kaffee in die Tasse. Bei manchen Maschinen entscheidet die betätigende Person anhand der Menge des Espresso in der Tasse oder durch sein Wiegen, wann sie die Pumpe abschaltet und den Brühvorgang beendet. Andere

Die 1905 patentierte La Pavoni Ideale Gruppi Due war die erste Espressomaschine auf dem Markt. Sie brachte Europa – und später auch dem Rest der Welt – Kaffee im Espressostil näher.

Ein guter Barista liefert die gewünschte Menge Kaffee innerhalb einer bestimmten Zeit. Selbst bei Einsatz einer Maschine wie der San Marco von 1956 muss man vorab prüfen, ob die gemahlene Menge stimmt.

Maschinen geben nur eine bestimmte Menge Wasser frei und schalten automatisch ab.

Gute Röstereien werden Sie mit reichlich Informationen darüber versorgen, wie Sie den Kaffee brühen müssen, um ausgezeichneten Espresso zu erhalten. Eine wichtige Rolle spielen dabei die passenden Mengen, insbesondere

- das Gewicht des gemahlenen Kaffees in Gramm
- die Menge an Flüssigkeit, die man durch das Aufbrühen dieses Kaffees gewinnt; sie wird in der Regel in Gramm oder Milliliter angegeben
- die Dauer des Brühvorgangs
- die Temperatur des Brühwassers.

Statt nur mit ein paar Basics aufzuwarten, werde ich Ihnen ausführliche Infos darüber liefern, wie Sie zu Hause ausgezeichneten Espresso aufgießen. Es sind Techniken, die ich Barista in aller Welt seit Jahren beibringe und die meiner Ansicht nach entscheidend für die Bereitung von Espresso sind.

DRUCK UND WIDERSTAND

Beim Brühen von Espresso geht es darum, dass die eingesetzte Maschine die gewünschte Menge Kaffee in einer bestimmten Zeit herstellt. Nehmen wir als Beispiel 18 Gramm gemahlenen Kaffee, mit dem etwa 36 Milliliter Flüssigkeit in 27 bis 29 Sekunden zu produzieren sind. Dazu müssen wir die Geschwindigkeit regeln, mit der das Wasser durch das Pulver läuft. Sie entscheidet über die Geschmacksextraktion. Läuft es zu langsam durch, holen wir zu viel Extrakt aus dem Kaffee heraus: Er ist dann überextrahiert und schmeckt bitter, aschig sowie ausgesprochen rau. Passiert das Wasser den gemahlenen Kaffee andererseits zu schnell, extrahieren wir nicht genug und bekommen einen sehr sauren, adstringierenden und schwachen Espresso.

Wie aber kontrolliert man den Durchfluss von Wasser durch den gemahlenen Kaffee? Indem man es dem Wasser leicht oder schwer macht. Zwei Faktoren sind hier von Bedeutung: die eingesetzte Pulvermenge (kommt mehr in das Metallsieb, dauert es länger, bis das Wasser hindurch ist) und die Größe der Kaffeepartikel.

Je feiner der Kaffee gemahlen wird, desto besser fügen sich die Partikel zusammen und desto schwieriger wird es für das Wasser, dieses Hindernis zu überwinden. Nehmen Sie eine Hand voll Sand und eine Hand voll Kiesel: Durch die Kiesel fließt Wasser wesentlich schneller als durch den Sand. Genauso verhält es sich auch mit Kaffee: Je gröber wir mahlen, desto schneller kann die Maschine das Wasser hindurchpressen.

Ein tägliches Problem für viele Kaffeetrinker und Tausende von Barista in aller Welt ist, dass bei falscher Durchflussrate und misslungenem Geschmack nicht sofort klar ist, ob es nun an der Korngröße oder der Dosierung lag. Deshalb empfehle ich, für den Hausgebrauch immer mit festen, abgewogenen Mengen zu arbeiten. Das verringert die Fehlerquote und vermeidet Ärgernis und Verschwendung. Wer den Kaffee passend abgewogen und trotzdem nicht das gewünschte Ergebnis erzielt hat, weiß, dass es am Mahlgrad liegen muss.

Es gibt vermutlich keine Zubereitungsart für Essen oder auch Getränke, die Fehler weniger verzeiht als die Erzeugung von Espresso. Ein paar Sekunden zu lang oder zu kurz gebrüht, ein Gramm Kaffeemehl zu wenig im Metallsieb, ein paar Milliliter zu wenig Flüssigkeit in der Tasse ... all das hat erstaunlich große Auswirkungen auf den Geschmack und kann den Unterschied zwischen einer köstlichen und einer langwierig zubereiteten, aber schlussendlich trotzdem in den Ausguss geschütteten Tasse Kaffee ausmachen.

Halten Sie daher so viele Faktoren wie möglich konstant und variieren Sie nur immer einen davon. Wer enttäuschende Ergebnisse erzielt, muss als Erstes den Mahlgrad verändern. Denn wenn der nicht stimmt, wird man vergeblich an allen anderen Faktoren herumbasteln und trotzdem keinen Erfolg haben.

DAS TAMPERN

Das Verdichten des gemahlenen Kaffees vor dem Aufbrühen wird als Tampern bezeichnet. Nötig ist dieser Arbeitsschritt, weil Kaffeepulver sehr locker ist. Kommt es in einem solchen unverdichteten Zustand in die Maschine, findet das unter hohem Druck durchströmende Wasser problemlos Luftkanäle, durch die es das Pulver viel zu schnell passiert – Kaffeeprofis nennen das »Channelling«. Wenn Wasser gemahlenen Kaffee nicht gleichmäßig extrahiert, fällt der Espresso sehr sauer und unangenehm aus.

Viele messen dem Tampern große Bedeutung bei, doch ich halte es nicht für so wichtig. Es geht einfach darum, vor dem Brühen des Kaffees die Luft aus dem Kaffeebett zu drücken und dafür zu sorgen, dass es eben und gleichmäßig ist. Wie fest man das Pulver verdichtet, ist nicht so ausschlaggebend für die Durchflussgeschwindigkeit des Wassers. Sobald man die Luft herausgepresst hat, bringt ein noch stärkeres Zusammendrücken so gut wie nichts mehr. Eine Espressomaschine drückt das Wasser mit neun Bar auf den Kaffee und damit wesentlich stärker, als es mit reiner Muskelkraft möglich ist. Ziel des Tamperns ist es also lediglich, ein ebenes Kaffeebett ohne Einschlüsse zu schaffen.

Mitunter bleibt etwas Kaffeepulver an den Rändern des Metallsiebs haften. Manche klopfen dann mit einem Tamper auf die Halterung, um es zu lösen. Tun Sie es nicht. Durch das Klopfen auf die Halterung löst man die gesamte Lage Kaffee von der Wand, sodass für das Wasser ein Schlupfloch geschaffen wird. Außerdem kann man den Tamper beschädigen – manche sind recht dekorative, wertvolle Objekte.

Und schließlich noch ein letzter Rat: Halten Sie den Tamper korrekt. Nehmen Sie ihn wie eine Taschenlampe mit dem Daumen nach unten in die Hand. Wenn Sie auf den Kaffee drücken, sollte der Ellbogen sich direkt über dem Tamper befinden und das Handgelenk gerade sein. Stellen Sie sich dabei vor, Sie würden einen Schraubenzieher in der Hand halten und müssten eine Schraube, die senkrecht aus einer Arbeitsfläche ragt, in sie hineinschrauben: Genau so sollten Hand und Arm positioniert sein (siehe auch Seite 98). Schon unzählige professionelle Barista, die täglich etliche Male tampern müssen, haben wegen falscher Armhaltung Probleme mit dem Handgelenk bekommen.

ESPRESSO BRÜHEN

Wir bereiten in diesem Beispiel zwei Tassen Espresso zu. Sie können auf zwei Tassen aufgeteilt oder als doppelter Espresso in einer Tasse serviert werden.

A

B

C

1 Füllen Sie den Wasserbehälter der Espressomaschine mit mineralienarmem, für das Brühen von Kaffee geeignetem Wasser. Schalten Sie die Maschine ein, um das Wasser zu erhitzen.

2 Wiegen Sie den Kaffee, aber mahlen Sie ihn erst kurz vor dem Aufgießen **(A)**.

3 Nachdem Sie den Kaffeesatz vom letzten Mal herausgeklopft haben, muss das Sieb sauber werden. Wischen Sie es mit einem kleinen, trockenen Tuch aus und entfernen Sie wenn nötig Pulverreste. Mit dem Tuch können Sie auch die öligen Überbleibsel vom letzten Aufguss entfernen.

4 Sie können den gesamten Siebträger zum Wiegen des Kaffees auf die Waage stellen. Ist das nicht möglich, holen Sie das Sieb aus dem Träger und stellen es auf die Waage **(B)**.

5 Falls Ihre Waage das zulässt, wiegen Sie den gemahlenen Kaffee auf 0,1 Gramm genau ab, ganz gleich, ob es sich um Ihr eigenes, bewährtes Rezept oder eine Empfehlung der Rösterei handelt. Ein solcher Aufwand mag übertrieben erscheinen, doch sind Digitalwaagen heute relativ preiswert – und ich verspreche Ihnen, Sie bekommen häufiger besseren Kaffee, wenn Sie exakt arbeiten.

6 Nehmen Sie den Siebträger von der Waage und tampern Sie das Kaffeepulver im Sieb. Halten Sie den Arm dabei gerade. Das Pulverbett muss eben sein. Sie können das prüfen, indem Sie den Tamper auf dem Kaffee stehen lassen – am Griff lässt sich ablesen, ob die Oberfläche des Pulvers exakt eben ist **(C)**.

7 Wiegen Sie anschließend die Tasse(n), in die der fertige Kaffee kommen soll.

8 Setzen Sie die Maschine in Gang, sodass sie etwas Wasser durch die Leitungen pumpt. Das stabilisiert die Temperatur des Brühwassers und spült Kaffeereste fort, die noch vom letzten Mal in der Maschine hängen geblieben sind.

9 Stecken Sie den Siebträger in die Maschine und platzieren Sie die Tasse(n) unter dem Auslass.

10 Stellen Sie den Timer ein. Hat die Maschine kein Display, das die Brühzeit anzeigt, arbeiten Sie mit der Stoppfunktion Ihres Smartphones oder einem Küchentimer.

11 Beginnen Sie nun so bald wie möglich mit dem Brühen. Starten Sie die Stoppuhr mit dem Einsetzen des Brühvorgangs. Brühen Sie den Kaffee in der vom Röster empfohlenen Zeit. Gibt er keine Empfehlung, probieren Sie es zunächst mit 27 bis 29 Sekunden.

12 Stoppen Sie die Maschine nach Ablauf der Brühzeit. Sobald der Siebträger nicht mehr tropft (nach einigen Sekunden), stellen Sie die Tasse(n) wieder auf die Waage, um zu prüfen, wie viel Kaffee Sie zubereitet haben.

Domenica si va in campagna
La SMA ha il menù che fa per

JUSTIERUNG

Idealerweise sollte das Gewicht nicht mehr als ein paar Gramm von den Empfehlungen der Rösterei abweichen. Andernfalls probiert man es beim nächsten Mal mit einfachen Veränderungen:

- Ist zu viel Flüssigkeit in der Tasse? Dann war der Durchfluss zu schnell und er muss gedrosselt werden, indem man den Kaffee etwas feiner mahlt.
- Ist nicht genügend Flüssigkeit in der Tasse? Das Wasser hat den Kaffee zu langsam passiert. Ein etwas gröberer Mahlgrad beschleunigt den Vorgang beim nächsten Mal.

Manchen mag diese Präzision übertrieben erscheinen; zudem gibt es Kaffeetrinker, die nach Augenmaß arbeiten und eine bestimmte Menge mit der Tasse abmessen, anstatt sie abzuwiegen. Das funktioniert auch, ist aber nicht ganz so genau.

Ist eine Mahlmaschine einmal auf eine bestimmte Menge eingestellt, muss man nicht mehr groß nachbessern, sofern in Ihrer Wohnung tagsüber keine übermäßigen Temperaturschwankungen auftreten.

MAHLGRAD

Kaffee für Espresso muss mit einer Scheiben- oder Kegelmühle gemahlen werden, bei der sich der Feinheitsgrad gut einstellen lässt. Wenn Sie einen neuen Beutel Kaffee beginnen, müssen Sie die Mühle anpassen – Fachleute nennen das »Dialling-in«.

In so ziemlich jeder Mühle bleibt nach dem Mahlen etwas Kaffee übrig. Wenn man also den Mahlgrad verändert, hat der erste Kaffee, der die Mühle verlässt, noch die alte Korngröße. Man kann die Mühle nun reinigen, indem man ein paar zusätzliche Gramm mit der neuen Einstellung mahlt und das Ergebnis wegwirft. Wer den Mahlgrad justiert, aber keine Veränderung feststellt, hat die Mühle wahrscheinlich nicht gut genug gereinigt.

Ich empfehle bei der Anpassung einer Mühle immer eine Mahlpolitik der kleinen Schritte. Wenn Sie sich ein neues Modell anschaffen, kaufen Sie sich am besten einen preiswerten, idealerweise frischen Kaffee, mit dem Sie ein bisschen experimentieren können. So bekommen Sie ein Gefühl dafür, wie sehr sich eine Veränderung des Mahlgrads im Geschmack niederschlägt. Die meisten Mühlen haben durchnummerierte Abstufungen. Der Wert dieser Zahlen ist unwichtig und sagt nichts über die tatsächliche Korngröße aus. Wenn man feiner mahlen will, muss man eine Nummer kleiner einstellen.

BRÜHVERHÄLTNIS

Wie stark Espresso sein soll, hängt vom Espressostil und den persönlichen Vorlieben der Espressotrinker ab. Fachleute sprechen anstelle der Stärke vom Brühverhältnis: Wie viel Kaffee soll man durch Brühen einer festen Menge gemahlener Bohnen gewinnen? Ich bevorzuge – und empfehle – als Ausgangswert ein Teil gemahlenen Kaffee auf zwei Teile Flüssigkeit. Wenn ich also beispielsweise 18 Gramm gemahlene Bohnen habe, soll der fertige Espresso 36 (2 x 18) Gramm wiegen. In Italien bevorzugt man Espresso generell kleiner, für einen doppelten Espresso müsste ich also 28 Gramm Flüssigkeit auf 14 Gramm Pulver loslassen.

Will ich einen stärkeren Espresso, kann ich das Brühverhältnis verändern. Statt auf ein Verhältnis von 1:2 arbeite ich auf 1:1,5 hin. 18 Gramm gemahlener Kaffee ergeben dann nur noch 27 (1,5 x 18) Gramm Flüssigkeit. Dieser kürzere Espresso wäre sehr stark und ich müsste einen feineren Mahlgrad einstellen, damit der Brühvorgang ähnlich lang dauert. Lasse ich hingegen eine kleinere Menge Wasser mit derselben Durchflussrate passieren wie zuvor, ist die Brühzeit kürzer und ich habe nicht alle guten Geschmacksstoffe extrahiert.

BRÜHTEMPERATUR

Die Kaffeebranche erholt sich derzeit noch von einer fast besessenen Fixierung auf eine gleichbleibende Brühtemperatur beim Aufgießen von Espresso. Eine Veränderung der Wassertemperatur hat zwar tatsächlich Auswirkungen auf den Extraktionsgrad und Geschmack, doch nicht in dem Maße, wie viele uns glauben machen wollen. Je heißer das Brühwasser, desto besser werden die Geschmacksstoffe extrahiert. Bei helleren Röstungen empfehle ich eine höhere Temperatur als bei dunkleren, die ihre Nuancen bereitwilliger freigeben.

Es heißt, schon eine Temperaturveränderung von 0,1 Grad Celsius verändere den Geschmack von Kaffee.

Die Heimat des Espresso ist das Caffè Florian auf dem Markusplatz in Venedig. Hier wird seit 1720 Kaffee serviert.

Ich halte das für Unsinn. Ein Grad Celsius ist meiner Ansicht nach die kleinste Veränderung, die die meisten von uns noch erschmecken. Bekomme ich einen schlechten Espresso serviert, ist eine nicht ganz optimale Brühtemperatur in den seltensten Fällen der Grund.

Wenn Sie die Temperatur an Ihrer Espressomaschine einstellen können, empfehle ich Ihnen zwischen 90 und 94 Grad Celsius. Schmeckt der Espresso nicht so, wie er sollte, versuchen Sie zuerst andere Faktoren zu justieren. Erst wenn ein negativer Einschlag wie zum Beispiel ein ständiger säuerlicher Zug bestehen bleibt, können Sie es mit einer Erhöhung der Temperatur versuchen. Bei einer hartnäckigen Bitternote dagegen gehen Sie mit der Temperatur etwas herunter – aber erst, wenn Sie nachgesehen haben, ob Ihre Ausrüstung auch sauber ist.

BRÜHDRUCK

In den ersten Espressomaschinen wurde der Druck mit einer Feder erzeugt, die das Wasser durch den Kaffee presste. Da der Druck aber von der Federspannung abhing, war er wegen der straff gespannten Feder am Anfang hoch und zum Schluss relativ gering. Später kamen elektrische Pumpen auf, die mit einem konstanten Druck arbeiteten. Die heute gängigen neun Bar, so heißt es oft,

Das Coffee-House in der College Street unweit der Universität von Kalkutta in Indien hat in der Kulturgeschichte der Stadt eine wichtige Rolle gespielt.

seien nur gewählt worden, weil das dem Durchschnittsdruck der Federn älterer Maschinen entsprach.

Zum Glück scheint das tatsächlich der Druck zu sein, bei dem die Durchflussrate optimal ist. Unterhalb von neun Bar bietet das Kaffeemehl so starken Widerstand, dass sie sinkt, oberhalb von neun Bar wird der Kaffee verdichtet, was die Rate ebenfalls reduziert. Solange Ihre Maschine in etwa den optimalen Druck hat, ist alles in Ordnung. Ist er zu gering, kann dem Espresso Körper und Cremigkeit fehlen, ist er zu hoch, bricht sich oft eine unangenehm holzige Bitternote Bahn. Inzwischen gibt es Profimaschinen mit regulierbarem Druck. Noch fehlen allerdings Untersuchungen, ob sich die Einführung auch bei Geräten für den privaten Gebrauch lohnt.

REINIGUNG UND WARTUNG

Schätzungsweise 95 Prozent der gewerblichen Kaffeemaschinen in aller Welt sind falsch gereinigt. Das ist einer der Gründe, warum Kunden tagtäglich enttäuschenden, bitteren, unangenehm schmeckenden Kaffee

RÖSTUNGEN FÜR ESPRESSO

Das Brühen von Espresso unterscheidet sich beträchtlich von den übrigen Aufgussmethoden für Kaffee. Weil relativ geringe Mengen Wasser benötigt werden, ist eine volle Extraktion des Kaffees oft nicht einfach. Hinzu kommt, dass die Konzentration ziemlich hoch – und der Kaffee stark – ist, weshalb der Ausgewogenheit im Geschmack besondere Bedeutung zukommt. Ein schwacher Kaffee kann köstlich und ausgewogen schmecken, aber von übermächtiger Säure dominiert werden, wenn man ihn stärker aufbrüht.

Aus diesem Grund rösten viele Röstereien Kaffee für Espresso anders als für andere Kaffeezubereitungen. Und tatsächlich ist eine geringfügig langsamere, etwas dunklere Röstung als bei Filterkaffee ratsam.

Allerdings sind sich Röster in aller Welt völlig uneins, wie stark Kaffee für Espresso geröstet werden sollte – die Bandbreite ist groß und reicht von relativ hell bis sehr dunkel. Ich bevorzuge hellere Röstungen, da mit ihnen die Eigenheiten des jeweiligen Rohkaffees besser zur Geltung kommen. Dunklere Röstungen dagegen haben oft einen generellen »Röstkaffee«-Geschmack und sind bitterer, was mir nicht so zusagt. Das ist allerdings ganz klar eine Frage des persönlichen Geschmacks.

Je dunkler die Röstung, desto leichter lässt sich der Kaffee extrahieren. Das liegt daran, dass die Bohne immer poröser und brüchiger wird, je länger die Röstung andauert. Deshalb wird für eine ordentliche Extraktion beim Brühen auch weniger Wasser gebraucht als bei Filterkaffee. Wenn Sie viel Wert auf Körper und Mundgefühl legen, bevorzugen Sie möglicherweise etwas dunklere Röstungen, die mit einem Brühverhältnis von 1:1,5 aufgegossen werden. Stehen für Sie hingegen die Süße und Klarheit im Geschmack an erster Stelle, empfehle ich eine hellere Röstung und ein Brühverhältnis von 1:2.

vorgesetzt bekommen. Zu sauber kann ein Gerät gar nicht sein. Zwar erfordert es einen gewissen Arbeitsaufwand, eine Maschine nach Gebrauch wieder auf Vordermann zu bringen, dafür liefert sie dann zuverlässig süßen und sauberen Kaffee.

- Holen Sie nach Gebrauch das Sieb aus dem Siebträger heraus und reinigen Sie es mit einem Scheuerschwamm und Spülmittel. Andernfalls bildet sich ein unangenehmer Belag aus getrocknetem Kaffee, der fürchterlich riecht und schmeckt.
- Espressomaschinen haben einen Wasserverteiler mit Duschsieb. Das Duschsieb lässt sich gut herausnehmen und reinigen. Bei dieser Gelegenheit kann auch der Wasserverteiler gesäubert werden.
- Wenn Sie das Duschsieb herausgenommen haben, können Sie gleich die Gummidichtung reinigen. Setzen sich auf ihr Ablagerungen fest, dringt beim Brühen Wasser heraus und läuft über die Seiten des Siebträgers in die Tasse.
- Holen Sie das Sieb aus dem Siebträger und setzen Sie an seiner Stelle das Blindsieb ein. Blindsiebe werden normalerweise mit einer Maschine mitgeliefert.
- Ich empfehle zum Ende jedes Dauereinsatzes die Verwendung eines Espressomaschinenreinigers. Er entfernt die flüssigen Kaffeereste, die mit der Zeit ranzig werden. Wie Sie das Reinigungspulver verwenden, wird in der Gebrauchsanleitung erklärt.
- Auch die Dampflanze muss gesäubert werden, sofern sie zum Einsatz gekommen ist.

Eine Maschine könne auch zu sauber schmecken, behaupten manche. Man müsse nach dem Säubern zuerst wieder einen oder zwei Espresso brühen, um sie »einlaufen zu lassen« und den metallischen Geschmack herauszubekommen. Ich fand das nie notwendig. Solange die Maschine gut aufgewärmt wird (mindestens 10 bis 15 Minuten länger, als der Hersteller empfiehlt), sollte sie sofort wieder ausgezeichneten Kaffee liefern.

Ratsam ist ein Abschalten der Maschine nach dem Gebrauch, denn Espressoautomaten verbrauchen eine Menge Strom. Statt sie die ganze Zeit laufen zu lassen, verwenden Sie den Timer, wenn Sie Wert darauf legen, dass sie Ihnen auf den Punkt zur Verfügung steht.

Damit die Maschine in gutem Zustand bleibt, sollte man geeignetes Wasser verwenden. Ist es zu hart, bilden sich rasch Kalkablagerungen – selbst in Gegenden mit weichem Wasser ist man nicht davor gefeit, nur dauert es dort länger. Viele Hersteller geben Empfehlungen, wie ihre Fabrikate zu entkalken sind. Entkalken Sie lieber einmal zu oft, denn wenn ein Gerät völlig verkalkt ist, kann häufig nur noch ein (teurer) Profi helfen.

Nach einiger Zeit ist eventuell auch der Austausch der Gummidichtung erforderlich. Wenn Sie den Siebträger festdrehen, ragt er in einem 90-Grad-Winkel aus der Maschine heraus. Lässt er sich weiter drehen als normal, hat sich der Gummi abgenutzt und sollte ersetzt werden.

Kunden scharen sich um die Barista in Londons erster Espressobar in der Frith Street Nummer 29. Das Café wurde 1953 gegründet und von der italienischen Schauspielerin Gina Lollobrigida eröffnet.

MILCH AUFSCHÄUMEN

Gut aufgeschäumte Milch in Kombination mit einem perfekt gebrühten Espresso ist ein Erlebnis für die Sinne. Der Milchschaum legt sich wie weiche Mousse auf die Zunge. Beim Aufschäumen geht es darum, so feine Bläschen zu bekommen, dass sie fast nicht mehr zu sehen sind – oft nennt man das Produkt deshalb »Mikroschaum«. Er ist elastisch und flüssig und verleiht der Textur von Getränken wie Cappuccino und Caffè Latte viel Schwung!

Wichtig ist, zum Aufschäumen frische Milch zu verwenden. Selbst wenn sie noch problemlos trinkbar ist und auch gut schmeckt, verliert sie mit der Zeit ihre Fähigkeit, stabilen Schaum zu bilden. Sie schäumt zunächst ganz normal auf, doch fallen die Bläschen bald in sich zusammen. Wenn Sie den Behälter mit aufgeschäumter Milch an Ihr Ohr legen, hören Sie ein feines Geräusch wie bei frisch eingegossenem Sprudelwasser.

Beim Aufschäumen von Milch sind zwei Dinge zu beachten: Es muss Luft in die Milch geschlagen werden, damit Bläschen entstehen, und die Milch muss erhitzt werden. Bei den meisten Dampflanzen ist es am besten, beides in getrennten Durchgängen zu erledigen, also konzentriert man sich als Erstes auf die Bläschenbildung. Wenn die Milch dann mit genug Luft angereichert ist und das gewünschte Volumen erreicht hat, kann man mit dem Erhitzen beginnen.

VOLL- ODER MAGERMILCH?

Wichtig für die Bläschen in der Milch ist das Eiweiß. Milch schäumt daher ungeachtet des Fettgehalts. Trotzdem spielt das Milchfett eine Rolle: Es bereichert das Getränk um eine angenehme Textur, beeinflusst aber auch die Art und Weise, wie die Geschmacksstoffe freigegeben werden. Ein Cappuccino mit Magermilch hat einen direkten, intensiven Kaffeegeschmack, der aber rasch versiegt. Wurde er dagegen mit Vollmilch gemacht, ist der Geschmack nicht so intensiv, hält jedoch länger an. Ich empfehle, stets Vollmilch zu verwenden, ziehe aber auch relativ kleine Kaffee-Milch-Getränke vor. Ein kleiner, reichhaltiger Cappuccino ist einfach ein Erlebnis.

DIE PASSENDE TEMPERATUR

Die Idealtemperatur von Milch im Kaffee ist ein häufiger Streitpunkt zwischen Kaffeehäusern und ihren Kunden. Ab 68 Grad Celsius setzt bei Milch ein irreversibler Geschmacks- und Texturverfall ein, da die Hitze das Eiweiß verändert und denaturiert, wodurch neue Geschmacksstoffe entstehen – leider nicht immer angenehme. Der Geruch von gekochter Milch erinnert mich bestenfalls an Eier und schlimmstenfalls an Erbrochenes von Babys.

Einem sehr heißen Cappuccino fehlen die Textur, der Geschmack und die Süße einer Version mit Milch, die nur auf 60 Grad Celsius erhitzt wurde. Mikroschaum zu erzeugen ist unmöglich, wenn die Milch bis zum Siedepunkt gebracht wurde. Leider liegt die Hitzeempfindlichkeit in der Natur der Milch; wir können uns entscheiden zwischen einem sehr heißen und einem sehr köstlichen Getränk – beides geht nicht. Das heißt nicht, dass jeder Cappuccino lauwarm serviert werden muss, aber man sollte ihn so rasch wie möglich genießen.

WIE MAN MILCH AUFSCHÄUMT

Diese Methode eignet sich für traditionelle Dampflanzen. Verfügt eine Maschine über verschiedene Zusatzgeräte oder automatische Aufschäumfunktionen, hält man sich an die Vorgaben des Herstellers.

1 Halten Sie die Dampflanze über die Auffangschale oder ein Tuch und öffnen Sie das Ventil kurz. Dadurch wird Kondenswasser aus dem Inneren geblasen (**A**).

2 Gießen Sie frische kalte Milch in ein sauberes Aufschäumkännchen aus Edelstahl. Es sollte dabei zu nicht mehr als 60 Prozent gefüllt werden.

3 Nehmen Sie das Kännchen in die Hand und tauchen Sie die Dampflanze so weit in die Milch, dass nur der Kopf untergetaucht ist.

4 Öffnen Sie den Dampfhahn auf volle Kraft und senken Sie das Kännchen, bis die Lanze fast völlig aus der Milch herausgerutscht ist. Achten Sie auf das Geräusch: Sie müssen eine Art Schlürfen hören, da die Lanze Luft in die Milch zu pumpen beginnt. Wenn das Volumen der Milch zunimmt, aber noch Luft hinein soll, senken Sie das Kännchen etwas, sodass wieder nur der Kopf in die Milch getaucht ist.

5 Sobald genug Schaum vorhanden ist (idealerweise bevor die Milch warm wird), tauchen Sie den Lanzenkopf wieder tiefer ein, um den Schaum zu erhitzen. Legen Sie die Lanze leicht schräg, damit Sie sehen, wie die Milch zu wirbeln beginnt. Inzwischen sollte das Ganze relativ geräuschlos ablaufen.

6 Wenn Sie prüfen wollen, ob die Milch warm ist, legen Sie eine Hand an den Boden des Kännchens. Die Milch wird so lange erhitzt, bis der Kännchenboden unangenehm heiß wird – die Milch dürfte nun um die 55 Grad Celsius haben. Nehmen Sie die Hand vom Kännchenboden und schäumen Sie die Milch noch 3–5 Sekunden lang auf – je nachdem, wie heiß Sie sie haben möchten (**B**).

7 Schließen Sie nun den Dampfhahn und stellen Sie das Kännchen ab. Wischen Sie die Lanze mit einem sauberen, feuchten Tuch ab und blasen Sie sie in das Tuch aus, um Milchreste aus dem Inneren zu entfernen.

8 Wenn der Schaum ein paar große, hässliche Bläschen enthält, ist das kein Grund zur Sorge. Nach ein paar Sekunden platzen sie. Sie können nachhelfen, indem Sie das Kännchen ein paar Mal sanft auf die Tischfläche klopfen.

9 Wenn Sie eine Kombination aus Milch und Schaum in Ihren Kaffee gießen wollen, was ich sehr empfehle, müssen diese gut durchmischt sein. Schwenken Sie den Inhalt des Kännchens ähnlich wie ein Glas Wein. Das kann schon ein etwas kräftigeres Schwenken sein. Fahren Sie so lange damit fort, bis der Milchschaum eine glänzende Oberfläche hat. Gießen Sie die aufgeschäumte Milch nun in Ihren Kaffee (**C**).

B

C

ESPRESSOAUSRÜSTUNG

Espressomaschinen gibt es für jeden Geldbeutel: Man bekommt erschwingliche Geräte für den Einstieg ebenso wie ausgefeilte Vollautomaten, die so viel kosten wie ein Kleinwagen. Können aber müssen sie alle dasselbe: Wasser erhitzen und unter hohem Druck durch den Kaffee pumpen.

Je mehr Geld man investiert, desto hochwertiger werden die Geräte: Teure sind besser verarbeitet, haben mehr Einstellmöglichkeiten und liefern konstantere Kaffeequalität. Der letztgenannte Aspekt hängt zu einem Großteil davon ab, wie die Maschine das Wasser erhitzt und auf welche Weise sie den Wasserdruck erzeugt.

THERMOBLOCKMASCHINEN

In dieser Kategorie finden sich die preiswertesten Espressomaschinen. Sie arbeiten mit einem einzigen Block im Inneren, in dem das Wasser erhitzt wird. Die meisten Thermoblockmaschinen haben zwei Einstellungen – eine zum Erhitzen des Wassers auf eine für Kaffee geeignete Brühtemperatur und eine andere zum Aufkochen des Wassers für die Dampfgewinnung. Die Maschinen können also nur jeweils eine Funktion erfüllen. Ich empfehle daher, zuerst Kaffee aufzubrühen und das Gerät dann zum Aufschäumen von Milch zu erhitzen.

Thermoblockmaschinen haben keine besonders konstante Wassertemperatur. Weil sie zudem nicht gleichzeitig brühen und Dampf bilden, ist die Zahl der Portionen beschränkt, die sie innerhalb einer gewissen Zeit liefern, was für den Nutzer zum Ärgernis werden kann. In Kombination mit einer guten Mühle allerdings ist sicherlich ordentlicher Espresso möglich.

Druck erzeugen Thermoblockmaschinen meistens mit einer Vibrationspumpe. Diese hat zwei Nachteile: Sie ist recht laut und nur selten passend eingestellt. Der optimale Druck für Espresso liegt bei etwa neun Bar. Viele Hersteller brüsten sich, dass ihre Maschinen 15 Bar Druck schaffen – als sei mehr auch besser.

Die Maschinen haben ein Überdruckventil, das sich bei etwa neun Bar öffnet. Auch sie sind meist nur ungenau kalibriert und müssen mit der Zeit justiert werden. An den Geräten selbst herumzuschrauben ist jedoch nicht ratsam, denn dadurch geht die Garantie verloren.

Thermoblockmaschinen sind zweifellos die beliebtesten und verbreitetsten Geräte zum Brühen von

Ein Barista in eleganter Kleidung bedient in diesem römischen Café der 1950er-Jahre seine Klientel. So schön eine glänzende Maschine anzusehen sein mag – wichtiger ist eine hochwertige Mühle.

Espresso. Wer diese Art Kaffee aber schätzt, ist mit ihren beschränkten Möglichkeiten bald nicht mehr zufrieden und beginnt über etwas Besseres nachzudenken.

WÄRMETAUSCHER

Obwohl Wärmetauscher insbesondere in gewerblichen Espressomaschinen vorkommen, gibt es sie auch in Geräten für den privaten Gebrauch. Sie haben einen einzelnen Kessel, der aber Wasser auf etwa 120 Grad Celsius erhitzt. Dadurch entsteht reichlich Dampf, der zum Aufschäumen von Milch zur Verfügung steht. Weil das Wasser im Kessel aber zu heiß zum Aufbrühen von Kaffee ist, pumpt die Maschine frisches kaltes Wasser durch einen Wärmetauscher. Dabei handelt es sich meist um ein Rohr, das durch den Kessel führt. So bleiben das Brühwasser und das Wasser im Kessel zwar getrennt, doch erwärmt Letzteres das Brühwasser rasch auf die gewünschte Temperatur.

Diese Art von Espressomaschinen werden oft semiprofessionelle Apparate oder Prosumentengeräte genannt. Sie füllen die Lücke zwischen Fabrikaten für den Hausgebrauch und Profimaschinen. Der Nachteil von Wärmetauschern: Veränderungen der Kesseltemperatur haben auch Einfluss auf das Brühwasser. Wenn man mehr Dampf braucht, muss man die Kesseltemperatur erhöhen, was auch die Brühtemperatur steigen lässt. Will man umgekehrt die Brühtemperatur senken, leidet die Dampferzeugung.

Viele Wärmetauschermaschinen sind mit Thermostaten ausgestattet, die die Kesseltemperatur regeln, aber nicht immer genau sind. Bessere Fabrikate haben verlässlichere Regelungen.

Wärmetauschermaschinen lassen sich mit einer Vibrationspumpe (siehe linke Seite) oder einer Kreiselpumpe ausstatten. Kreiselpumpen kommen in gewerblichen Anlagen zum Einsatz. Sie sind leiser und leichter zu justieren, ansonsten aber gibt es keinen großen Leistungsunterschied zwischen den verschiedenen Pumpentypen, wenn sie auf denselben Druck eingestellt sind.

DUALBOILERMASCHINEN

Bei Dualboilermaschinen sind Brühwasser und Dampfwasser vollständig voneinander getrennt. Wie der Name schon andeutet, wird dies durch den Einsatz von zwei Boilern erreicht – einem Element für das Brühwasser und einem kleinen zweiten Dampfboiler, der Wasser stärker erhitzt, damit es als Dampfquelle für Tee oder Americano verwendet werden kann.

Die Temperatur im Kaffeeboiler lässt sich meist sehr fein digital einstellen, was auch für größere Temperaturstabilität sorgt. Die Maschinen liefern zweifellos Kaffee, der denen gewerblicher Anlagen nicht nachsteht – was leider aber oft auch für die Preise gilt.

EIN GUTER RAT

Edle Espressomaschinen sind oft großartig anzusehen, mit Genuss zu bedienen und technische Wunderwerke. Sie wären jedoch reine Geldverschwendung, wenn man sich nicht gleichzeitig eine ausgezeichnete Kaffeemühle anschaffen würde.

Ich empfehle, grundsätzlich zuerst die Mühle und dann die Maschine zu kaufen. Eine gute Mühle und eine Thermoblockmaschine liefern besseren Kaffee als eine billige Mühle und eine Dualboilermaschine der High-End-Klasse. Mit anderen Worten: Wenn Sie zu Hause guten Kaffee genießen wollen, liefert eine Mühle eine bessere geschmackliche Dividende als die Maschine selbst.

ESPRESSOMÜHLEN

Eine Mühle für Espressomaschinen braucht zweierlei: Sie muss Bohnen fein genug mahlen können, damit sie guten Espresso liefern, und gut regelbar sein, sodass sich der Mahlgrad exakt justieren lässt.

Hochpreisigere Mühlen haben in der Regel bessere Einstellmöglichkeiten und leistungsstärkere, oft auch leisere Motoren. Am oberen Ende der Preisskala stehen die Scheiben- und Kegelmühlen mit Mahlscheiben (siehe Seite 68). Sie erzeugen nicht so viel extrafeines Mahlgut, das dem Kaffee eine Bitternote geben kann.

Viele begeisterte Espressotrinker bleiben bei einer kleinen gewerblichen Mühle anstelle einer High-End-Anlage für den privaten Gebrauch. Trotzdem gibt es auch gute Maschinen für den nichtgewerblichen Einsatz. Versuchen Sie einen sogenannten Direktmahler aufzutreiben. Er hat keinen Behälter für die Lagerung großer Mengen Kaffeemehl, sondern ist so ausgelegt, dass er das Mahlgut direkt in das Sieb mahlt.

ESPRESSO-VARIATIONEN

Es gibt eine Vielzahl von Kaffeegetränken auf der Grundlage von reinem Espresso. Sie können lang oder kurz, milchig oder schwarz sein.

ESPRESSO

Es sind zahlreiche Definitionen von Espresso im Umlauf, manche äußerst genau, andere eher allgemein gehalten. Ich definiere Espresso als kleines, kräftiges Getränk, das unter hohem Druck aus fein gemahlenem Kaffee zubereitet wird und eine Crema hat. Wenn ich noch genauer werden müsste, würde ich sagen, dass das Gewicht des gemahlenen Kaffees und das des fertigen Getränks in einem Verhältnis von etwa 1:2 stehen sollten. Ansonsten würde ich die Definition eher weit gefasst halten, als zu sehr vorzugeben, was richtig und was falsch ist.

RISTRETTO

Ein Ristretto sollte noch kleiner und stärker sein als ein Espresso. Das erreicht man, indem man weniger Brühwasser für dieselbe Menge Kaffee verwendet. Zudem sollten die Bohnen feiner gemahlen werden, damit die Brühzeit lang genug ist, um alle gewünschten Aromastoffe zu extrahieren.

LUNGO

Der Lungo, ein »langer« Espresso, war bis vor Kurzem in der Spezialitätenbranche ein absolutes Tabu. In der Regel entstand er zwar in einer Espressomaschine, allerdings mit zwei- bis dreimal so viel Wasser auf dasselbe Kaffeegewicht wie bei einem regulären Espresso. Die Tasse war also wesentlich schwächer, und auch wenn der Verbraucher sie länger genießen konnte, so galt sie wegen des geringeren Körpers und Mundgefühls als minderwertig. Die meisten auf diese Weise gebrühten Kaffees waren ehrlich gesagt schrecklich und schmeckten sehr bitter und aschig.

In letzter Zeit hat sich in der Spezialitätenszene jedoch ein Trend entwickelt, auch heller geröstete Kaffees nach dieser Methode aufzugießen. Dabei entstehen komplexe, ausgewogene Getränke, die meiner Meinung nach ausgezeichnet schmecken können. Sollten Sie einmal Schwierigkeiten haben, die Säure in einer Espressomischung ins rechte Gleichgewicht zu bringen, versuchen Sie den Kaffee mit mehr Wasser zu verlängern. Die Bohnen müssen allerdings ein bisschen gröber gemahlen werden, um den Durchfluss zu beschleunigen und eine Überextraktion zu verhindern.

MACCHIATO

Das Getränk hat seinen Namen bekommen, weil es sich um einen mit Milchschaum »markierten« Espresso handelt. In Italien sieht man häufig geschäftige Barista, die an der Bar mehrere Espresso für ihre Klientel aufreihen. Mag ein Kunde lediglich einen Tropfen Milch in seinem Kaffee, wird ein kleiner Schlag Milchschaum hinzugefügt. Das hat zusätzlich den Vorteil, dass man damit die Tasse »markiert«. Gibt man nur etwas Milch in einen frisch bereiteten Espresso, verschwindet sie unter der Crema, sodass man den Kaffee nicht mehr von anderen unterscheiden kann.

In den letzten zehn bis zwanzig Jahren haben viele qualitätsbewusste Kaffeehäuser einen ganz anderen Weg eingeschlagen: Sie verwandelten einen Macchiato in einen Espresso mit geschäumter Milch obenauf. Oft geschieht dies auf Verlangen der Kunden, die längere, schwächere und süßere Getränke bevorzugen. Gelegentlich aber passiert es auch nur deshalb, weil der Barista ein bisschen zeigen möchte, was er kann, und sehr kleine Tassen mit Latte Art dekoriert.

Und um das Ganze noch ein wenig komplizierter zu machen, hat Starbucks ein Getränk namens Caramel Macchiato ins Leben gerufen. Das ist jedoch ein gänzlich anderes Getränk und ähnelt einem Caffè Latte, der mit Karamellsirup »markiert« wird. Das führte beim Verbraucher zu einiger Verwirrung, vor allem in Nordamerika, weshalb man inzwischen viele Kaffeehäuser sieht, die normalen Latte Macchiato als »traditionellen Macchiato« feilbieten.

CAPPUCCINO

Um Cappuccino ranken sich zahlreiche Legenden. Ein Mythos, mit dem ich gleich als Erstes aufräumen möchte, ist der Irrglaube, dass der Name etwas mit den Kapuzen von Mönchskutten oder gar der Tonsur zu tun hätte. Der Name ist vom Kapuziner abgeleitet, einer Wiener Kaffeespezialität aus dem 19. Jahrhundert, bei der ein kleiner Kaffee mit Milch oder Sahne gemischt wurde, bis er die Farbe der Kutten von Kapuzinermönchen hatte.

Ebenfalls ins Reich der Legenden gehört die Dreierregel. Ihr zufolge besteht ein traditioneller Cappuccino aus je einem Drittel Espresso, Milch und Milchschaum. Man hat mir diesen Bären schon zu Anfang meiner Laufbahn in der Kaffeewelt aufgebunden, doch richtiger wird er dadurch nicht. Ich habe etliche Bücher über Kaffee gewälzt, und die erste Erwähnung dieser ominösen Regel, die ich finden konnte, stammt aus einem in den 1950er-Jahren verfassten Buch. »Espresso mit gleichen Mengen Milch und Milchschaum«, heißt es dort gleich mehrmals fast völlig gleichlautend. Der Satz ist nicht ganz eindeutig, schließlich könnte er bedeuten, dass entweder nur die Milch und der Schaum in gleichen Mengen oder alle drei Ingredienzen in gleichen Anteilen vorhanden sind. Statt 1:1:1 könnte der Autor also auch 1:2:2 gemeint haben. Der 150 bis 175 Gramm schwere Cappuccino mit einem Schuss Espresso und einem Verhältnis von 1:2:2 hat eine lange Tradition und ist in Italien sowie jenen europäischen Ländern, die sich noch nicht der Fast-Food-Mode mit großzügigeren Kaffeeanteilen gebeugt haben, nach wie vor stark verbreitet.

Guter Cappuccino ist meines Erachtens die beste aller Espressovariationen mit Milchanteil. Eine Lage aus dichtem, cremigem Schaum zusammen mit wärmender Milch und den Geschmacksnuancen eines guten Espresso sind einfach himmlisch. Je lauwärmer man Cappuccino genießen kann, desto süßer schmeckt er. Ich gebe zu, dass die besten Versionen, die ich je getrunken habe, in wenigen Schlucken gierig hinuntergegossen waren – was unmöglich ist, wenn der Cappuccino noch zu warm ist.

EIN CAPPUCCINO AM TAG

In Italien hat es Tradition, morgens einen Cappuccino zu trinken und den Rest des Tages nur noch Espresso zu sich zu nehmen. Meiner Ansicht nach ist das ein faszinierendes Beispiel für eine Kultur, in der sich Nahrungsmittelunverträglichkeiten widerspiegeln. Wie die meisten Südeuropäer haben Italiener eine Laktoseintoleranz. Eine geringe Menge Milch können sie ohne Probleme konsumieren – daher der tägliche Cappuccino. Eine zweite oder dritte Tasse kann jedoch böse Verdauungsbeschwerden verursachen. Also verhindern die Italiener übermäßigen Genuss von Milch mit einem simplen kulturellen Trick, der da lautet: nur ein Cappuccino am Tag!

CAFFÈ LATTE

Diese Variante hat ihren Ursprung nicht in Italien. Als Espresso sich in aller Welt ausbreitete, war er bitter und intensiv. Manche hatten Probleme mit der Bitternote, also fügten sie heiße Milch hinzu, um den Kaffee süßer und weniger bitter zu machen. Caffè Latte entstand also aus dem Wunsch heraus, einen weniger intensiven Kaffee zu bekommen.

Im Caffè Latte ist mehr flüssige Milch enthalten als im Cappuccino. Dadurch wird der Kaffeegeschmack etwas gedämpft. Traditionell fällt auch der Schaumanteil geringer aus. Ich achte stets darauf, Caffè Latte tatsächlich so zu nennen und nicht salopp zu »Latte« zu verkürzen, denn viele reisen irgendwann nach Italien, bestellen »Latte« und blamieren sich, weil sie schlicht und einfach ein Glas Milch serviert bekommen.

FLAT WHITE

Die vielen Kaffeekulturen rund um den Globus haben unterschiedlichste Varianten hervorgebracht. Zwar ist nach wie vor strittig, ob der Flat White nun in Australien oder Neuseeland erfunden wurde, doch stammt er auf jeden Fall aus Australasien und wurde von Geschäftsreisenden, die nach Europa und Nordamerika flogen, dort verbreitet. In Großbritannien avancierte der Name zu einem Synonym für hochwertige Kreationen qualitätsbewusster

LUNGO
MACCHIATO
AMERICANO
FLAT WHITE

RISTRETTO
CAPPUCCINO
CAFFÈ LATTE
ESPRESSO

Cie des ANTILLES
TOURS
CAFÉ COLLAS
PERLES DES INDES
Le Meilleur de Tous les Cafés
IMP. LA SEMEUSE . ETAMPES . 1927.

Cafés und wurde daher bald von großen Ketten auf die Angebotsliste gesetzt. Seine Ursprünge dürften jedoch weniger edel sein. Bis in die 1990er-Jahre hinein war es fast überall außerhalb Italiens Usus, einen Cappuccino mit Unmengen von trockenem, Baiser-artigem Schaum zu servieren. Er ragte bisweilen wie ein Berg aus der Tasse und war sorgsam mit Schokopulver bestäubt. Viele ärgerte es, für eine Tasse bezahlen zu müssen, die überwiegend aus Luft bestand. Also begannen sie nach einem »flachen«, weißen Kaffee ohne Schaum, nur mit Kaffee und Milch, zu fragen. Bald war er Teil der Kaffeekultur geworden. Als man sich immer mehr um Qualität und bessere Milchtextur sowie Latte Art bemühte, mutierte der Flat White zu etwas besonders Köstlichem.

Aber was ist denn nun ein Flat White? Eine Art kleiner, kräftiger Caffè Latte. Er sollte einen intensiven Kaffeegeschmack mitbringen, 150 bis 175 Milliliter Volumen haben und üblicherweise aus einem doppelten Ristretto mit heißer, durch ein bisschen Schaum ergänzter Milch obenauf bestehen. Dadurch wird es relativ leicht, ausgefeilte Muster – die Latte Art – darauf zu kreieren.

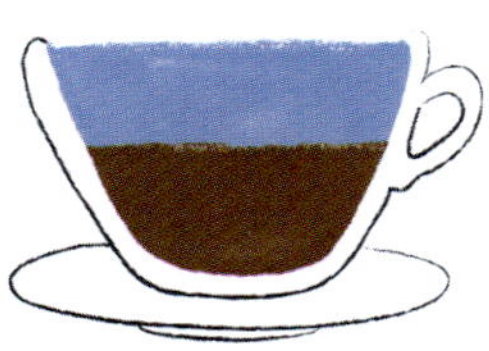

AMERICANO

Es heißt, den nach dem Zweiten Weltkrieg in Italien stationierten GIs sei der Espresso zu stark gewesen. Sie baten deshalb oft darum, ihre Tasse mit etwas heißem Wasser serviert zu bekommen, damit sie ihn so weit verdünnen konnten, dass er wie der Kaffee schmeckte, den sie zu Hause gewohnt waren. Damit war auch schon der Name für diese Variante geboren: Caffè americano.

Er ähnelt zwar einem Filterkaffee, ist meines Erachtens aber diesem nicht ganz ebenbürtig. Allerdings erfreut er sich bei vielen Cafébesitzern weiter großer Beliebtheit, weil sie dank ihm filterkaffeestarke Angebote auf der Karte führen können, ohne sich dafür zusätzliche Ausrüstung zulegen zu müssen.

Und so sollte ein Americano gemixt werden: Gießen Sie etwas frisches, sauberes heißes Wasser in eine Tasse und anschließend einen doppelten Espresso darauf.

Ein Werbeplakat für das 1905 von René Honoré gegründete Unternehmen Perles des Indes. Als größter französischer Kaffeeimporteur röstete das Haus mehr als zwei Tonnen Bohnen täglich.

Hat Ihre Espressomaschine einen Dampfboiler, sollte sie das heiße Wasser liefern können. Manche finden, dass man einem Espresso nie sehr heißes Wasser hinzufügen, sondern umgekehrt den Espresso immer auf das heiße Wasser gießen sollte. Ich finde, der Kaffee ist sauberer und sieht besser aus, wenn man mit dem Wasser in der Tasse beginnt und erst dann den Espresso dazugibt.

Das Verdünnen von Espresso hat aber einen Nachteil: Es erhöht die Bitternote etwas. Sobald Sie den Americano aufgebrüht haben, würde ich daher die Crema abschöpfen und entsorgen. Sie sieht zwar schön aus, enthält aber viele winzige Stücke aus dem Kaffeemehl, die das Getränk bitterer machen. Der Geschmack wird definitiv besser, wenn man sie vor dem Umrühren entfernt. (Holen Sie einmal die Crema von einem Espresso und probieren Sie ihn – der Geschmacksunterschied ist frappierend.) Obwohl ich Espresso ohne Crema bevorzuge, lasse ich sie meistens darauf, denn es ist mir zu umständlich, sie zu entfernen. Bei einem Americano allerdings lohnt sich meines Erachtens die Mühe.

CORTADO

Der Cortado ist eines der wenigen Kaffeegetränke, die nicht italienischen Ursprungs sind. Er stammt aus Spanien und dort aller Wahrscheinlichkeit nach aus Madrid, wo er häufig serviert wird. Die Spanier brühen ihren Espresso etwas länger und schwächer als die Italiener. Für einen Cortado werden rund 30 Milliliter Espresso mit einer gleichen Menge aufgeschäumter Milch kombiniert und traditionell aus einem Glas getrunken. Dies ist die klassische Version, wenngleich die Variante inzwischen in die Welt hinausgezogen ist und so manche Neuinterpretation erfahren hat.

KAFFEE SELBST RÖSTEN

Früher war es nicht ungewöhnlich, Rohkaffee zu kaufen und im eigenen Haushalt zu rösten. Seit dem Zweiten Weltkrieg allerdings herrschen vorgefertigte Produkte aus dem Handel ganz klar vor. Trotzdem macht das Rösten zu Hause Spaß und kostet relativ wenig. Dieselbe Qualität zu erzielen wie in den besten gewerblichen Röstereien ist jedoch schwer.

Wer zu Hause röstet, kann kleinere Posten Rohkaffee verwerten, als sie geröstet zu kaufen sind. Dadurch lässt sich eine größere Zahl von Rohkaffees ausprobieren. Wie bei jedem Hobby bleiben vermutlich Fehlschläge ebenso wenig aus wie Überraschungserfolge.

HEIMRÖSTMASCHINEN

Rohkaffee lässt sich mit so gut wie jedem Utensil rösten, das ausreichend Hitze produziert. Man kann ihn sogar auf ein Backblech geben und im Ofen lassen, bis die Bohnen braun sind – die Qualität ist allerdings entsprechend. Viele Kaffeefreunde steigen schon mit Besserem in die Kunst des Röstens ein, etwa einer Heißluftpistole, mit der sie die Bohnen rösten, während sie sie regelmäßig wenden, oder einer modifizierten Popcornmaschine. Letztere sind gebraucht preiswert zu haben und rösten Kaffee ganz ordentlich: Ein kleiner Posten ist meistens in vier bis fünf Minuten fertig. Bei helleren Röstungen fällt das Ergebnis aber etwas ungleichmäßig aus.

Wer wirklich erfolgreich selbst rösten will, braucht eine spezielle Maschine. Fangen Sie klein an; wenn Ihnen das Ritual zusagt und der Zeitaufwand kein Problem ist, können Sie dabei bleiben. Sollten Sie irgendwann doch entscheiden, diesen Teil der Kaffeebereitung Profis zu überlassen, hatten Sie wenigstens keine großen Nachteile.

Zwei Arten von Maschinen gibt es für den Hausgebrauch: Heißluftröster und Trommelröster.

DIE PERFEKTE RÖSTUNG

Ein Röstvorgang mit dem Heißluftröster dauert normalerweise acht bis zwölf Minuten. Trommelröster sind etwas langsamer, sodass man je nach Umfang des Postens mit zehn bis fünfzehn Minuten rechnen muss. Schmeckt der Kaffee sehr bitter, haben Sie ihn vielleicht zu dunkel geröstet. Fehlen ihm Geschmack und Süße, lief der Röstvorgang eventuell zu langsam ab. Schmeckt er sehr sauer, adstringierend und grasig, ging es vermutlich zu schnell. Zum Lernprozess gehören viele Verkostungen und auch ein bisschen Versuch und Irrtum. Irgendwann aber lernen Sie dabei Ihre eigenen Vorlieben besser verstehen.

HEISSLUFTRÖSTER

Sie sind eine Miniversion der industriellen Heißluftröster (siehe Seite 56) und wälzen die Bohnen mit Heißluft um, damit sie gleichmäßig geröstet werden. Man bekommt sie für weniger Geld als Trommelröster, sodass sie der ideale Einstieg für jemanden sind, der seine ersten Gehversuche mit Selbströstungen macht.

Natürlich gibt es verschiedene Modelle. Bei manchen bleibt die beim Rösten unvermeidliche Rauch- und Geruchsentwicklung gering, doch empfehle ich trotzdem ein Rösten an gut durchlüfteten Orten. Wer allerdings bei größerer Kälte draußen röstet, muss damit rechnen, dass die Röstzeiten etwas länger ausfallen.

TROMMELRÖSTER

Sie ähneln den industriell eingesetzten Maschinen, haben aber nicht dieselbe Qualität und ein wesentlich geringeres Gewicht. Der Kaffee wird in einer Trommel umgewälzt und gleichzeitig erhitzt.

Einige Fabrikate haben Programmierfunktionen, mit denen Sie Ihr eigenes Röstprofil erstellen können. Dabei lässt sich die Hitzeintensität für den gesamten Röstvorgang vorab festlegen, sodass die Maschine jedes Mal Ihre bevorzugten Röstungen liefert.

Wie bei jedem Hobby muss man auch beim Selbströsten mit Misserfolgen und Zufallstreffern rechnen. Wer aber gern mit verschiedensten Rohkaffees und Geschmacksrichtungen experimentiert, sollte es auf jeden Fall probieren.

TEIL 3

HERKUNFT DES KAFFEES

AFRIKA

Äthiopien gilt zwar als Geburtsstätte des braunen Goldes, doch wird Kaffee auch noch in anderen Ländern Zentral- und Ostafrikas angebaut. Größere Exportmärkte sind Kenia, Burundi, Malawi, Ruanda, Tansania und Sambia. Jedes dieser Länder hat seine eigenen Gepflogenheiten und Sorten; entsprechend groß und vielfältig ist das Angebot. In diesem Buchteil werden die wichtigsten Kaffeeanbaugebiete in jedem Land vorgestellt. Besonderes Augenmerk wird dabei auf die typischen Erntemethoden, das Geschmacksprofil und die Rückverfolgbarkeit der Bohnen gerichtet.

BURUNDI

Kaffee kam in den 1920er-Jahren während der belgischen Herrschaft nach Burundi. Ab 1933 musste jeder Bauer mindestens 50 Kaffeebäume kultivieren. Als das Land 1962 unabhängig wurde, ging die Kaffeeproduktion in private Hände über. Das änderte sich 1972 mit dem politischen Klima, ab 1991 aber ging es mit der privaten Kaffeewirtschaft wieder aufwärts.

Der Bürgerkrieg von 1993 brachte einen drastischen Rückgang der Produktion mit sich. Seither wurde jedoch einiges getan, um den Anbau anzukurbeln und die Qualität des Kaffees zu verbessern. Unerlässlich sind Investitionen, denn die Wirtschaft des Landes war durch die zahlreichen Konflikte schwer in Mitleidenschaft gezogen worden. 2011 hatte Burundi eines der niedrigsten Pro-Kopf-Einkommen der Welt – 90 Prozent der Bevölkerung leben von der Subsistenzwirtschaft. Neun Zehntel der Deviseneinnahmen werden durch die Ausfuhr von Kaffee und Tee erzielt. Die Kaffeeproduktion erholt sich allmählich, hat aber noch nicht das Niveau der frühen 1980er-Jahre erreicht. Gleichwohl gibt es Hoffnung für den Sektor. Da allein 650 000 Familien vom Kaffeeanbau leben, sind höhere Preise infolge von Qualitätsverbesserungen nur zu begrüßen. Immer noch aber schwebt das Damoklesschwert politischer Instabilität über dem Wirtschaftszweig.

Die natürlichen Gegebenheiten Burundis eignen sich gut für den Kaffeeanbau. In den Bergregionen findet man günstige Höhenlagen und Klimazonen. Größere Plantagen sucht man vergebens, für die Produktion zeichnet eine Vielzahl von Kleinbauern verantwortlich. Sie haben sich in den letzten Jahren etwas besser organisiert und sind meist in der Nähe einer der 160 Waschstationen zu finden. Etwa zwei Drittel dieser Anlagen befinden sich in staatlicher Hand, der Rest ist in Privatbesitz. Die einzelnen Stationen werden von mehreren Hundert bis zu 2000 Erzeugern beliefert.

In jeder Region sind die Stationen zu Verwaltungsgemeinschaften, den SOGESTALs (Sociétés de Gestion des Stations de Lavage), zusammengeschlossen. Von ihnen gingen in den letzten Jahren Qualitätsverbesserungen aus, die in erster Linie durch eine Aufwertung der Infrastruktur erreicht wurden.

Die besten Kaffees aus Burundi sind vollständig gewaschen. Angebaut wird meist Bourbon, doch findet man auch andere Sorten. Zwischen Burundi und dem Nachbarn Ruanda gibt es mehrere Gemeinsamkeiten: Beide Länder haben ähnliche geografische Gegebenheiten, kultivieren fast dieselben Sorten und sind Binnenstaaten, was dem bei Rohkaffee qualitätsentscheidenden raschen Export nicht gerade förderlich ist. Wie in Ruanda beeinträchtigt auch in Burundi der sogenannte Kartoffeldefekt (siehe Seite 143) die Qualität der Bohnen.

RÜCKVERFOLGBARKEIT

Bis vor Kurzem wurden die Bohnen aller Waschstationen innerhalb einer SOGESTAL einfach zusammengeworfen. Kaffee aus Burundi konnte also nur bis zur SOGESTAL zurückverfolgt werden, die damit mit der Herkunftsregion gleichzusetzen war.

2008 begann man jedoch den Spezialitätensektor ins Auge zu fassen und ermöglichte einen besser rückverfolgbaren Direkteinkauf. 2011 fand ein Qualitätswettbewerb, der Prestige Cup, statt, ein Vorläufer des inzwischen besser etablierten Cup of Excellence. Die Posten einzelner Waschstationen wurden getrennt gelagert, bewertet und mit lückenloser Rückverfolgbarkeit über Auktionen verkauft. Es steht daher zu erwarten, dass in Zukunft mit mehr charaktervollen, interessanten Kaffees aus Burundi zu rechnen ist. Das Qualitätspotenzial ist jedenfalls enorm.

GESCHMACKSPROFIL

Gute Kaffees aus Burundi offenbaren komplexe Beerenfrucht im Geschmack und sind herrlich saftig.

BURUNDI COFFEE COMPAN
BCC

ANBAUGEBIETE

Bevölkerung: 8749000
Produktion 2013:
167000 Säcke à 60 Kilogramm

Burundi ist ein sehr kleines Land und hat daher keine klar unterscheidbaren Anbauregionen. Kaffee wird überall dort kultiviert, wo Boden und Höhenlage es zulassen. Das Land ist in Provinzen unterteilt, die Kaffeefarmen konzentrieren sich in der Umgebung der Waschstationen, wie die Nassmühlen genannt werden.

BUBANZA

Region im Nordwesten des Landes.

Höhe: durchschnittlich 1350 Meter
Ernte: April–Juli
Sorten: Bourbon, Jackson, Mibrizi und einige SL-Sorten

BUJUMBURA (LÄNDLICHER TEIL)

In West-Burundi gelegen.

Höhe: durchschnittlich 1400 Meter
Ernte: April–Juli
Sorten: Bourbon, Jackson, Mibrizi und einige SL-Sorten

BURURI

Zu dieser Provinz im Südwesten gehören auch drei Nationalparks.

Höhe: durchschnittlich 1550 Meter
Ernte: April–Juli
Sorten: Bourbon, Jackson, Mibrizi und einige SL-Sorten

CIBITOKE

Provinz im äußersten Nordwesten des Landes an der Grenze zur Demokratischen Republik Kongo.

Höhe: durchschnittlich 1450 Meter
Ernte: April–Juli
Sorten: Bourbon, Jackson, Mibrizi und einige SL-Sorten

GITEGA

In diesem zentral gelegenen Gebiet befindet sich eine der zwei staatlichen Trockenmühlen. Sie wird für die letzten Phasen der Aufbereitung und Qualitätskontrolle vor dem Export eingesetzt.

Höhe: durchschnittlich 1450 Meter
Ernte: April–Juli
Sorten: Bourbon, Jackson, Mibrizi und einige SL-Sorten

KARUZI

Eine Region im mittleren Westen von Burundi.

Höhe: durchschnittlich 1600 Meter
Ernte: April–Juli
Sorten: Bourbon, Jackson, Mibrizi und einige SL-Sorten

KAYANZA

Die Region im Norden nahe der Grenze zu Ruanda besitzt die zweithöchste Anzahl Waschstationen.

Höhe: durchschnittlich 1700 Meter
Ernte: April–Juli
Sorten: Bourbon, Jackson, Mibrizi und einige SL-Sorten

KIRUNDO

Region im nordöstlichsten Teil des Landes.

Höhe: durchschnittlich 1500 Meter
Ernte: April–Juli
Sorten: Bourbon, Jackson, Mibrizi und einige SL-Sorten

MAKAMBA

Eine der südlichsten Provinzen von Burundi.

Höhe: durchschnittlich 1550 Meter
Ernte: April–Juli
Sorten: Bourbon, Jackson, Mibrizi und einige SL-Sorten

MURAMVYA

Kleines Gebiet in der Landesmitte.

Höhe: durchschnittlich 1800 Meter
Ernte: April–Juli
Sorten: Bourbon, Jackson, Mibrizi und einige SL-Sorten

MUYINGA

Die Region im Nordosten des Landes grenzt an Tansania.

Höhe: durchschnittlich 1600 Meter
Ernte: April–Juli
Sorten: Bourbon, Jackson, Mibrizi und einige SL-Sorten

MWARO

Eine weitere kleine Region im zentralen Burundi.

Höhe: durchschnittlich 1700 Meter
Ernte: April–Juli
Sorten: Bourbon, Jackson, Mibrizi und einige SL-Sorten

NGOZI

In dieser Region im Norden ist die Kaffeeproduktion am intensivsten: 25 Prozent der Waschstationen sind hier in Betrieb.

Höhe: durchschnittlich 1650 Meter
Ernte: April–Juli
Sorten: Bourbon, Jackson, Mibrizi und einige SL-Sorten

RUTANA

Region im südlichen Burundi mit einer einzigen Waschstation.

Höhe: durchschnittlich 1550 Meter
Ernte: April–Juli
Sorten: Bourbon, Jackson, Mibrizi und einige SL-Sorten

Oben: Erntehelfer bringen ihre gefüllten Säcke in eine Waschstation in Kayanza.

ÄTHIOPIEN

Äthiopien ist das vielleicht faszinierendste aller Anbauländer – nicht nur, weil es ungewöhnlichen Kaffee zuwege bringt, sondern auch wegen der geheimnisvollen Aura der Produkte. Mit seinen überwältigend blumigen und fruchtigen Erzeugnissen hat Äthiopien vielen überhaupt erst gezeigt, welchen geschmacklichen Facettenreichtum Kaffee haben kann.

Gemeinhin gilt Äthiopien als Wiege des Kaffees – allerdings mit Vorbehalt. Ihren Ursprung hat die Pflanze *Coffea arabica* wohl im südlichen Sudan, den Siegeszug aber trat sie erst an, als sie nach Äthiopien kam. Hier wurde Kaffee zum ersten Mal von Menschen konsumiert – zunächst nur als Frucht und nicht als Getränk. Als Nutzpflanze begann man ihn zwar erstmals im Jemen zu kultivieren, doch als Wildfrucht war er zuvor schon in Äthiopien gesammelt worden.

Der erste Kaffee wurde vermutlich im 17. Jahrhundert aus Äthiopien exportiert. In etwa zur selben Zeit eröffneten im Jemen und in anderen Ländern des Nahen Ostens die ersten Kaffeehäuser. Europäische Händler versuchten Äthiopien als Ausfuhrland zu gewinnen, doch wurden sie oft abgewiesen. Als erste Plantagen im Jemen, auf Java und schließlich in der Neuen Welt angelegt wurden, begann das Interesse an Kaffee aus Äthiopien zu sinken. Zu jener Zeit wurde er dort auch noch nicht gewerblich angebaut, sondern in der Provinz Kaffa und um die Stadt Buno wild gesammelt.

Aus dem frühen 19. Jahrhundert existieren Aufzeichnungen über die Ausfuhr von 100 Doppelzentnern Kaffee aus der Gegend von Enerea. In den nächsten 100 Jahren kamen zwei äthiopische Sorten auf den Markt: Harrar oder Harari, angebaut um die Stadt Harrar, und Abyssinia, der im übrigen Land wild gesammelt wurde. Harrar wird noch heute als hochwertiger Kaffee geschätzt, obgleich er diesen Ruf nicht immer verdient.

In den 1950er-Jahren bekam die Kaffeeindustrie allmählich feste Konturen. Sogar ein neues Grading-System wurde eingeführt. 1957 richtete man eine nationale Kaffeebehörde ein. Viele Veränderungen brachte der Sturz von Kaiser Haile Selassie in den 1970er-Jahren mit sich. Initiiert wurde er nicht von der bäuerlichen Bevölkerung, sondern von einer Oberschicht, die genug hatte von Hungersnöten und gewaltsamen Auseinandersetzungen. Das Machtvakuum wurde vom Militär gefüllt, das stark von sozialistischen Idealen beeinflusst war und Schluss machte mit dem feudalähnlichen Herrschaftssystem. Zu den neuen Idealen gehörte die Umverteilung von Land, weshalb die Regierung bald mit Verstaatlichungen begann. Nach Auffassung mancher profitierte die Bevölkerung enorm von diesen Veränderungen, die sich in einem Anstieg des Einkom-

PRODUKTIONSSYSTEME

Äthiopischer Kaffee lässt sich je nach Produktionsmethode in drei Hauptkategorien unterteilen.

WALDKAFFEE

Er stammt meist von wild wachsenden Kaffeebäumen unterschiedlichster Sorten im Südwesten des Landes. Sie werden zum Teil von umstehenden Pflanzen natürlich beschattet. Der Ertrag ist verglichen mit intensiver kultivierten Beständen gering.

GARTENKAFFEE

Die Bäume wachsen meist in der Nähe von Siedlungen bzw. Behausungen. Die natürliche Beschattung durch andere Pflanzen ist geringer als bei Waldkaffee, die Bäume werden stärker gepflegt, etwa durch einen Rückschnitt der Vegetation um sie herum, damit sie mehr Licht bekommen. Viele Erzeuger verwenden Dünger. Das Gros der äthiopischen Produktion stammt von Gartenkaffeebäumen.

PLANTAGENKAFFEE

Er wird von intensiv auf großen Farmen angebauten Bäumen geerntet. Dabei kommen herkömmliche landwirtschaftliche Verfahren wie Schnitt, Mulchen, Düngen sowie die Auswahl krankheitsresistenter Sorten zur Anwendung.

Äthiopien gilt gemeinhin als Geburtsstätte des Kaffees. Diese äthiopische Frau in Lalibela in der einstigen Provinz Wollo ist versunken in eine uralte Kaffeezeremonie.

mens der armen Landbewohner um bis zu 50 Prozent niederschlugen. Die streng marxistische Ausrichtung der Militärdiktatur allerdings machte privaten Landbesitz und fest angestellte Arbeitskräfte unmöglich. Große landwirtschaftliche Betriebe wurden abgeschafft und das Land kehrte zur Ernte wild wachsender Kaffeekirschen zurück. Die 1980er-Jahre waren geprägt von Hungersnöten, denen eine Million Menschen zum Opfer fiel.

AUF DEM WEG ZUR DEMOKRATIE

1991 stürzte die Revolutionäre Demokratische Front der Äthiopischen Völker die Militärjunta. Damit begann ein Liberalisierungsprozess, der das Land in die Demokratie führte. Internationale Märkte öffneten sich für Äthiopien, das damit aber auch anfällig für schwankende Marktpreise wurde. Vor allem den Kaffeebauern machten die enormen, unkontrollierbaren Preissprünge zu schaffen. So entstanden Genossenschaften, die ihren Mitgliedern Unterstützung in Form von Finanzierungen, Marktinformationen und Transportmöglichkeiten boten.

DIE ÄTHIOPISCHE ROHSTOFFBÖRSE

Die tiefgreifendste Änderung im äthiopischen Kaffeehandel der jüngeren Zeit – und eine, die Spezialitätenkäufern viel Kopfzerbrechen bereitet – war die Einführung der Rohstoffbörse ECX im Jahr 2008. Ihr Ziel war die Einrichtung eines Handelssystems, das Verkäufer und Käufer gleichermaßen schützte. Wer aber ein klar

In einer Fabrik sortieren Frauen Kaffeebohnen von Hand. Die Bandbreite der Geschmacksnuancen von äthiopischem Kaffee ist groß, was auf die unterschiedlichen Klimazonen in den Regionen zurückzuführen ist.

ausgewiesenes, rückverfolgbares Produkt und keine Massenware erstehen wollte, hatte mit dem System seine liebe Not. Die Kaffees wurden fortan in ECX-Lagerhäuser gebracht, wo man ihnen eine Identifikationsnummer von 1 bis 10 für gewaschenen Kaffee zuwies. Alle trocken aufbereiteten Posten bekamen die Nummer 11. Anschließend wurde der Kaffee qualitativ bewertet und bekam eine weitere Nummer zwischen 1 und 9 oder wurde als UG für ungraded, »nicht bewertet«, etikettiert. Einerseits war damit eine exakte Rückverfolgbarkeit nicht mehr möglich, andererseits kamen die Bauern nun schneller zu ihrem Geld.

Inzwischen gibt es zunehmend Möglichkeiten, die Beschränkungen des ECX-Modells zu umgehen, sodass immer mehr hochwertige, rückverfolgbare Kaffees zu den Verbrauchern im Ausland gelangen.

Einst war äthiopischer Kaffee schwer zurückzuverfolgen. Heute kann man beim Kauf wesentlich leichter Informationen darüber einholen, wo und wie der Kaffee geerntet wurde.

ANBAUGEBIETE

Bevölkerung: 93 877 000
Produktion 2013:
6 600 000 Säcke à 60 Kilogramm

Die Anbauregionen des Landes gehören zu den bekanntesten der Kaffeewelt. Mit ihnen wird explizit geworben, was sich in absehbarer Zeit wohl nicht ändern wird. Dank des genetischen Potenzials der einheimischen Wildsorten von Arabica-Kaffee hat äthiopischer Kaffee eine große Zukunft vor sich.

SIDAMO

Sidamo gehört neben Harrar und Yirgacheffe zu den vom äthiopischen Staat 2004 als Herkunftsbezeichnung ausgewiesenen Anbauregionen. Mit dieser Maßnahme versuchte man Kaffees mit hohem Erkennungswert zu fördern. In Sidamo entstehen trocken und nass aufbereitete Kaffees. Sie sind äußerst beliebt bei Abnehmern, die eine fruchtige, intensiv aromatische Tasse Kaffee schätzen.

Die Region entstand nach der Befreiung des Landes von den italienischen Besatzern im Jahr 1942. Benannt wurde sie nach den Sidama, einem Stamm in dem ausgewiesenen Gebiet. Deshalb kann Kaffee aus der Region als »Sidama« oder »Sidamo« etikettiert sein. In Sidamo finden sich einige der höchsten Kaffeelagen Äthiopiens.

Höhe: 1400–2200 Meter
Ernte: Oktober–Januar
Sorten: alte Sorten

LIMU

Limu genießt nicht denselben Ruf wie Sidamo und Yirgacheffe, bereichert die Kaffeewelt aber ebenfalls um erstaunliche Erzeugnisse. Die meisten Lieferanten sind Kleinbauern, doch findet man hier auch einige staatliche Plantagen.

Höhe: 1400–2200 Meter
Ernte: November–Januar
Sorten: alte Sorten

JIMA

Die Region im Südwesten des Landes produziert einen nicht unwesentlichen Teil des äthiopischen Kaffees. Sie stand zwar in letzter Zeit etwas im Schatten anderer Anbaugebiete, doch lohnt es sich auf jeden Fall, ihre Erzeugnisse zu ergründen. Für die Region kursieren mehrere Schreibweisen, etwa Jimmah, Jimma und Djimmah.

Höhe: 1400–2000 Meter
Ernte: November–Januar
Sorten: alte Sorten

RÜCKVERFOLGBARKEIT

Äthiopischer Kaffee von einem bestimmten Erzeuger ist selten, lässt sich aber auftreiben. Normalerweise landet man bei Genossenschaften, wenn man einen Posten zurückverfolgt. Dennoch kann ein von einer Rösterei über das ECX erstandener Kaffee trotz mangelnder Transparenz erstaunlich gut ausfallen. Solche Erzeugnisse sind ein echter Genuss; wer eine Rösterei seines Vertrauens hat, kann sich von ihr gern in die Geheimnisse äthiopischer Kaffees einführen lassen.

GESCHMACKSPROFIL

Die Bandbreite ist groß und reicht von Zitrus- und Bergamottenoten über blumige Töne bis hin zu kandiertem Obst oder Tropenfrucht. Die besten Washed-Produkte können außergewöhnlich elegant, komplex und köstlich sein, während sich ihre trocken aufbereiteten Pendants oft wildfruchtig und herrlich ausgefallen geben.

GHIMBI/LEKEMPTI

Die beiden Regionen um die Städte Ghimbi und Lekempti werden oft in einen Topf geworfen – ein Röster nimmt den einen Namen, ein zweiter den anderen und der dritte alle beide. Die Hauptstadt ist Lekempti, ein Kaffee mit dieser Herkunftsbezeichnung kann aber genauso gut aus Ghimbi in mehr als 100 Kilometer Entfernung kommen.

Höhe: 1500–2100 Meter
Ernte: Februar–April
Sorten: alte Sorten

HARRAR

Eines der ältesten Anbaugebiete mit der Kleinstadt Harrar als Zentrum. Die Kaffees werden oft in Lagen angebaut, die bewässert werden müssen. Harrar hat seit vielen Jahren einen guten Ruf, doch die trocken aufbereiteten Kaffees oszillieren zwischen einer unsauberen, holzigen Erdigkeit und expliziteren Heidelbeernoten. Sie haben einen so eigenen Charakter, dass viele aus der Kaffeebranche sie als die Kaffees in Erinnerung haben, die ihnen die Augen für die Vielfalt der möglichen Geschmacksnuancen in einer einzigen Tasse geöffnet haben.

Höhe: 1500–2100 Meter
Ernte: Oktober–Februar
Sorten: alte Sorten

YIRGACHEFFE

Die Kaffees aus dieser Region sind in vielerlei Hinsicht einzigartig. Etliche der großartigen gewaschenen Varianten trumpfen mit einer explosiven Aromatik auf und geben reichlich Zitrus- und Blumennoten frei, während ihr Körper durch Leichtigkeit und Eleganz besticht. Zweifellos ist Yirgacheffe eines der großartigsten und interessantesten Kaffeeanbaugebiete überhaupt. Die besten Kaffees aus der Region erzielen zu Recht hohe Preise. Viele fühlen sich zwar von ihnen eher an Earl-Grey-Tee als an Kaffee erinnert, doch lohnt es sich auf jeden Fall, sie aufzuspüren. Neben den gewaschenen gibt es trocken aufbereitete Versionen, die ebenfalls außergewöhnlich interessant und genussreich ausfallen können.

Höhe: 1750–2200 Meter
Ernte: Oktober–Januar
Sorten: alte Sorten

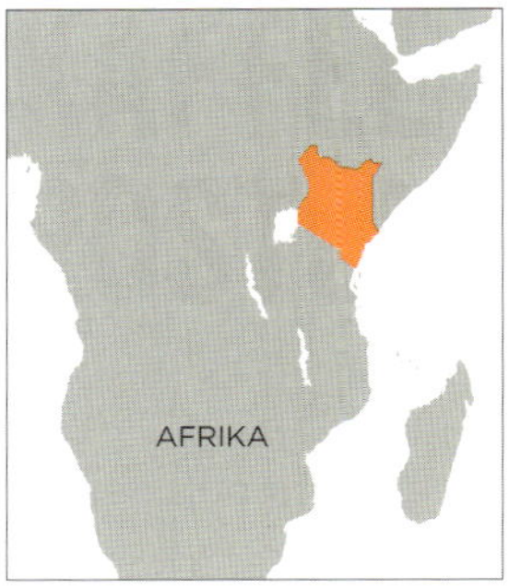

KENIA

Obwohl Nachbar Äthiopien als Wiege des Kaffees gilt, stieg Kenia erst spät in die Produktion ein. Die frühesten Hinweise auf einen Import stammen aus dem Jahr 1893, als französische Missionare Kaffeebäume von der Insel Réunion mitbrachten. Nach Ansicht der meisten Fachleute handelte es sich dabei um die Sorte Bourbon. Die erste Ernte fiel ins Jahr 1896.

Anfangs wurde Kaffee unter britischer Kolonialherrschaft angebaut, weshalb die ersten Posten auf dem Londoner Markt feilgeboten wurden. Mit dem Erlass eines Kaffeegesetzes 1933 bekam Kenia eine Kaffeebehörde und verkaufte fortan im eigenen Land. 1934 führte man das noch heute gültige Auktionssystem ein. Schon ein Jahr später wurde ein offizielles Grading-System mit dem Ziel einer Qualitätsverbesserung erarbeitet.

Kurz nach dem Aufstand der Mau Mau in den frühen 1950er-Jahren wurde ein Landwirtschaftsgesetz verabschiedet, um Familienbetriebe zu schaffen, die traditionelle Subsistenzwirtschaft mit gewerblichem Landbau verbanden. Mit diesem nach einem Beamten im Landwirtschaftsministerium Swynnerton Plan benannten Gesetz begann die Verlagerung der Kaffeeerzeugung von britischer in kenianische Hand. Daraufhin ging die Produktion der Kleinbetriebe stark in die Höhe: Die Gesamt-

einnahmen stiegen von 5,2 Millionen britische Pfund im Jahr 1955 auf 14 Millionen im Jahr 1964. 55 Prozent davon wurden durch den Kaffeeanbau erzielt.

1963 erlangte Kenia die Unabhängigkeit. Heute produziert das Land außergewöhnlich hochwertigen Kaffee aus verschiedensten Quellen. Die Forschungs- und Entwicklungsbemühungen im Land gelten als vorbildlich; viele Kaffeebauern sind hoch qualifiziert. Das kenianische Auktionssystem sollte eigentlich qualitätsbewusste Erzeuger durch bessere Einnahmen fördern, doch obwohl Käufer hohe Preise für Spitzenkaffees zahlen, verhindert Korruption, dass dieser Mehrwert zu den Bauern kommt.

GRADING

Kenia hat für seinen gesamten Exportkaffee, ob rückverfolgbar oder nicht, ein Grading-System eingeführt. Wie in vielen anderen Ländern basiert es auf einer Kombination aus Bohnengröße und -qualität. Als Bewertungsfaktor dient die Größe, die man bis zu einem gewissen Grad als Qualitätsindikator sieht. Das trifft zwar oft zu – die AA-Erträge erweisen sich tatsächlich in vielen Fällen als die besten –, doch sind mir in letzter Zeit AB-Posten untergekommen, die mir komplexer und hochwertiger erschienen als viele der AA-Chargen.

E – Als Elefantenbohnen werden nur die allergrößten Bohnen deklariert; entsprechend gering sind die Erträge.

AA – Unter diese Kategorie fallen Bohnen mit einer Korngröße von 18 (siehe Seite 40), was 7,22 Millimeter Durchmesser entspricht. Sie erzielen die höchsten Preise.

AB – Dieses Grading ist eine Kombination aus A (Korngröße 16 bzw. 6,8 Millimeter) und B (Korngröße 15 bzw. 6,2 Millimeter). 30 Prozent der kenianischen Produktion fallen in diese Kategorie.

PB – Perlbohnen sind Bohnen aus Kirschen, die statt der üblichen zwei nur einen Samen enthalten haben.

C – Ein Grading unterhalb der AB-Kategorie. C-Posten dienen nur selten als Rohstoff für hochwertigen Kaffee.

Kenianerinnen tragen Eimer mit frisch geernteten, reifen Kaffeebohnen zu den Sortier- und Verarbeitungsstationen.

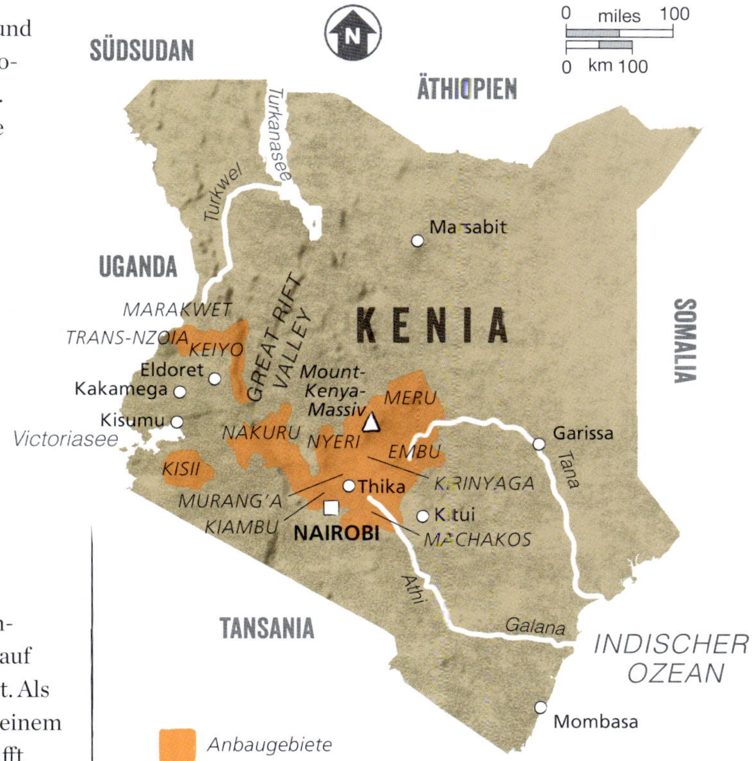

TT – Ein noch kleineres Grading. Meist handelt es sich um Bohnen, die aus den AA-, AB- und E-Posten entfernt wurden. Bei der Sortierung nach Dichte werden die leichtesten Bohnen in der Regel als TT eingestuft.

T – Dies ist das kleinste Grading. T-Posten setzen sich oft aus Bruch zusammen.

MH/ML – Diese Abkürzungen stehen für Mbuni Heavy und Mbuni Light. »Mbuni« bedeutet trockene Aufbereitung. Solche Posten gelten als minderwertig und enthalten oft über- und unreife Bohnen, weshalb sie nur sehr geringe Preise erzielen. Sieben Prozent der Jahresproduktion werden als MH/ML klassifiziert.

RÜCKVERFOLGBARKEIT

Kaffee wird in Kenia sowohl von großen Plantagen als auch von Kleinbauern angebaut, die ihre Ernte zu den örtlichen Waschstationen bringen. Man kann also bis ins Detail rückverfolgbare Kaffees einzelner Güter

Eine kenianische Kaffeeplantage aus der Vogelperspektive. Das Land exportiert Kaffee von beständig hoher Qualität. Die Bandbreite der Erzeuger reicht von Großgütern bis hin zu Kleinfarmern.

ANBAUGEBIETE

Bevölkerung: 44 354 000
Produktion 2013:
850 000 Säcke à 60 Kilogramm

Das Gros der Produktion und auch die besten Kaffees stammen aus Zentralkenia, doch wächst das Interesse an Kaffees aus den westlichen Bezirken Kisii, Trans-Nzoia, Keiyo und Marakwet.

NYERI

Im Bezirk Nyeri (Zentralkenia) befindet sich das vulkanische Mount-Kenya-Massiv. Auf der roten Erde der Gegend gedeihen einige der besten Kaffees. Die Landwirtschaft hat einen sehr hohen Stellenwert. Kaffee gehört zu den Hauptagrarprodukten. Kleinbauerngenossenschaften sind häufiger als große Plantagen. Die Kaffeebäume in Nyeri tragen zweimal im Jahr, doch liefert die Haupternte tendenziell bessere Qualität.

Höhe: 1200–2300 Meter
Ernte: Oktober–Dezember (Haupternte)
Juni–August (Nebenernte)
Sorten: SL-28, SL-34, Ruiru 11, Batian

MURANG'A

Rund 100 000 Erzeuger, meist Kleinbauern, kultivieren im Bezirk Murang'a (Zentralprovinz) Kaffee. Diese Gegend war die erste, die von Missionaren besiedelt wurde. Wie ihre Kollegen anderswo profitieren die Kaffeefarmer von Murang'a von den vulkanischen Böden.

Höhe: 1350–1950 Meter
Ernte: Oktober–Dezember (Haupternte)
Juni–August (Nebenernte)
Sorten: SL-28, SL-34, Ruiru 11, Batian

KIRINYAGA

Vulkanische Böden prägen den östlichen Nachbardistrikt von Nyeri. Kleine Familienbetriebe herrschen vor. Die Waschstationen verschicken vorzügliche Posten, die zu probieren sich lohnt.

Höhe: 1300–1900 Meter
Ernte: Oktober–Dezember (Haupternte)
Juni–August (Nebenernte)
Sorten: SL-28, SL-34, Ruiru 11, Batian

EMBU

Etwa 70 Prozent der Bevölkerung im Bezirk Embu am Mount-Kenya-Massiv sind Kleinbauern – von ihnen stammt auch fast der gesamte Kaffee. Am häufigsten für die Ausfuhr kultiviert werden Kaffee und Tee. Der Anteil des Bezirks an der Gesamtproduktion des Landes ist relativ niedrig.

Höhe: 1300–1900 Meter
Ernte: Oktober–Dezember (Haupternte)
Juni–August (Nebenernte)
Sorten: SL-28, SL-34, Ruiru 11, Batian, K7

MERU

Benannt wurde der Bezirk nach den Meru, die auch das Gros der Bevölkerung stellen. Sie gehörten in den 1930er-Jahren zu den ersten Kaffeebauern Kenias. Heute wird Kaffee an den Vulkanhängen des Mount-Kenya-Massivs und in den Nyambene-Bergen kultiviert, die Erzeuger sind überwiegend Kleinbauern.

bekommen. In den letzten Jahren aber stammen immer mehr hochwertige Kaffees von Kleinbauern. Oft findet man einen bestimmten Posten aus Waschstationen, der ein Größen-Grading trägt (etwa AA), sich aber aus den Erträgen von mehreren Hundert Farmern zusammensetzt. Die Waschstationen haben Einfluss auf die Qualität des Endprodukts, weshalb es sich durchaus lohnt, nach diesen Kaffees zu suchen.

GESCHMACKSPROFIL

Kenia-Kaffee ist berühmt für seine klaren, komplexen Beeren- und Fruchtwelten sowie eine schöne Süße bei gleichzeitig intensiver Säure.

Frauen sortieren in einer Kaffeefabrik in Komothai bei Ruiru Bohnen nach Größe und Qualität.

KENIANISCHE SORTEN

Besonders zwei Sorten haben das Interesse der Spezialitätenszene geweckt. Sie heißen SL-28 und SL-34 und gehören zu den 40 experimentellen Züchtungen, die aus Projekten unter der Leitung von Guy Gibson in den Scott Laboratories hervorgegangen sind. Die meisten hochwertigen Kaffees aus Kenia sind einer dieser beiden Sorten zuzuordnen. Beide sind allerdings anfällig für Kaffeerost.

Kenia hat sich sehr um die Züchtung von Sorten bemüht, die widerstandsfähig gegen Kaffeerost sind. Als erste erfolgreiche Entwicklung propagierte die Kaffeebehörde des Landes Ruiru 11, doch Spezialitätenkäufer waren von der Sorte nicht begeistert. Seit einiger Zeit ist eine weitere Neuzüchtung namens Batian auf dem Markt. Nach der Enttäuschung mit Ruiru 11 war man zunächst skeptisch, doch scheint die Qualität besser zu werden, sodass man inzwischen durchaus ein Potenzial sieht.

Höhe: 1300–1950 Meter
Ernte: Oktober–Dezember (Haupternte)
Juni–August (Nebenernte)
Sorten: SL-28, SL-34, Ruiru 11, Batian, K7

KIAMBU

Großplantagen dominieren die Produktion in diesem Bezirk der Zentralprovinz. Die Zahl der Güter ist jedoch wegen der Verstädterung rückläufig: Für Landbesitzer ist es lukrativer, Grund als Bauland zu verkaufen. Kaffee von hier wird oft nach Städten benannt, etwa Thika, Ruiru und Limuru. Viele Güter sind im Besitz internationaler Multis, weshalb die Landwirtschaft oft mechanisiert ist und hohe Erträge Vorrang vor Qualität haben. Gleichwohl gibt es eine erkleckliche Zahl von Kleinbauern.

Höhe: 1500–2200 Meter
Ernte: Oktober–Dezember (Haupternte)
Juni–August (Nebenernte)
Sorten: SL-28, SL-34, Ruiru 11, Batian

MACHAKOS

Ein relativ kleiner Bezirk in der Landesmitte. Kaffee wird von Kleinbauern und Plantagen gleichermaßen produziert.

Höhe: 1400–1850 Meter
Ernte: Oktober–Dezember (Haupternte)
Juni–August (Nebenernte)
Sorten: SL-28, SL-34

NAKURU

Die Region in Zentralkenia hat einige der höchstgelegenen Anbauflächen des Landes. Allerdings tragen Kaffeebäume in so großen Höhenlagen oft keine Früchte mehr oder gehen sogar ein. Der Kaffeeanbau ist in der Hand von Großgütern und Kleinbauern, die produzierte Menge aber relativ gering.

Höhe: 1850–2200 Meter
Ernte: Oktober–Dezember (Haupternte)
Juni–August (Nebenernte)
Sorten: SL-28, SL-34, Ruiru 11, Batian

KISII

Genossenschaften aus Kleinerzeugern dominieren in diesem relativ kleinen Bezirk im Südwesten des Landes.

Höhe: 1450–1800 Meter
Ernte: Oktober–Dezember (Haupternte)
Juni–August (Nebenernte)
Sorten: SL-28, SL-34, K7, Blue Mountain

TRANS-NZOIA, KEIYO, MARAKWET

Das relativ kleine Anbaugebiet in Westkenia ist in den letzten Jahren etwas gewachsen. Größere Höhenlagen sind an den Hängen des Elgon möglich. Der Kaffee stammt überwiegend von Gütern und wird oft von Farmen gepflanzt, die zuvor vor allem auf Mais und Milchwirtschaft gesetzt haben.

Höhe: 1500–1900 Meter
Ernte: Oktober–Dezember (Haupternte)
Juni–August (Nebenernte)
Sorten: Ruiru 11, Batian, SL-28, SL-34

MALAWI

Kaffee fand wohl Ende des 19. Jahrhunderts Eingang in die Landwirtschaft von Malawi. Ein schottischer Missionar namens John Buchnan brachte angeblich 1878 einen einzigen Baum aus dem botanischen Garten von Edinburgh ins Land und pflanzte ihn im südlichen Distrikt Blantyre. 1900 belief sich die Jahresproduktion auf 1000 Tonnen.

Trotz einer vielversprechenden Anfangsphase brach der Kaffeeanbau nach kurzer Zeit wieder zusammen – den Garaus machten ihm schlechte Bodenpflege, Schädlinge, Krankheiten und der Wettbewerbsdruck, der von Brasilien mit seiner immer stärker dominierenden Produktion ausging.

Nur wenige Afrikaner besaßen in der ersten Hälfte des 20. Jahrhunderts große Kaffeefarmen, da das Land unter britischer Herrschaft stand. 1946 war das Jahr, in dem die Genossenschaftsbewegung ihren Anfang nahm, woraufhin die Kaffeeerzeugung in den 1950er-Jahren steil anstieg. 1971 allerdings wurden alle Genossenschaften aufgelöst. Einen Höchstwert erreichte die Produktion in den 1990er-Jahren mit 7000 Tonnen jährlich, seither ist sie auf 1500 Tonnen zurückgegangen.

Obwohl Malawi als Binnenstaat keinen direkten Zugang zum Meer hat, baute es sich eine tragfähige Ausfuhrwirtschaft für landwirtschaftliche Güter auf. Seinen Erfolg auf dem Kaffeesektor verdankt das Land nach Ansicht mancher Experten der Tatsache, dass der Staat kaum in das Exportgeschäft eingriff und dadurch direkte Handelsbeziehungen zwischen Verkäufern und Käufern möglich wurden. Qualität war lange Zeit zweitrangig. Das sehr simple Grading-System kannte jedoch nur zwei Stufen: Grade 1 und Grade 2. In den letzten Jahren allerdings bemühte man sich um eine Annäherung an das in ganz Afrika übliche AA-System.

GESCHMACKSPROFIL

Der Kaffee kann recht süß und sauber ausfallen, ist aber selten so explosiv fruchtig und komplex wie in anderen ostafrikanischen Ländern.

Mit den angebauten Varietäten deckt man die Extreme des Sortenspektrums ab: Geisha, die in Mittelamerika so sehr in den Mittelpunkt des Interesses rückte, ist recht verbreitet, aber auch Catimor, eine krankheitsresistente Sorte von viel geringerer Qualität.

RÜCKVERFOLGBARKEIT

Im Süden des Landes zeichnen meist große Plantagen für die Kaffeeproduktion verantwortlich, während in der Mitte und im Norden Kleinbauern die Haupterzeuger sind. Es ist daher durchaus möglich, Kaffee zu einzelnen Kleinfarmen oder großen Erzeugergruppen zurückzuverfolgen. Zu exzellentem Kaffee sind beide imstande.

Bevölkerung: 16 363 000
Produktion 2013:
30 000 Säcke à 60 Kilogramm

Kaffee aus Malawi wird lediglich selten nach Herkunftsgebieten unterschieden. Es bestehen zwar ausgewiesene Anbaubereiche, allerdings besitzen sie keinen vom Terroir und Mikroklima geprägten Charakter.

CHITIPA

Der Distrikt steht im Ruf, einige der besten Kaffees des Landes hervorzubringen. Er liegt unweit des Songwe-Flusses, der eine natürliche Grenze zwischen Malawi und Tansania im Norden bildet. Im Bergland von Misuki ist eine große Genossenschaft aktiv.

Höhe: 1700–2000 Meter
Ernte: April–September
Sorten: Agaro, Geisha, Catimor, Mundo Novo, Caturra

RUMPHI

Der Distrikt im Norden des Landes erstreckt sich am Malawisee im östlichen Teil des Nyika-Nationalparks. Mehrere Anbaubereiche mit Erzeugergruppen sind hier ausgewiesen, zum Beispiel Chakak, Mphachi, Salawe, Junji und VunguVungu. In Rumphi befinden sich die Kooperativen Phoka Hills und Viphya North.

Höhe: 1200–2500 Meter
Ernte: April–September
Sorten: Agaro, Geisha, Catimor, Mundo Novo, Caturra

NORD-VIPHYA

Das Gebiet nimmt einen Teil des Nord-Viphya-Plateaus ein, das durch das Tal des Flusses Lizunkhumi vom Nkhata-Bay-Hochland getrennt ist.

Höhe: 1200–1500 Meter
Ernte: April–September
Sorten: Agaro, Geisha, Catimor, Mundo Novo, Caturra

SÜDOST-MZIMBA

Das Gebiet ist nach der Stadt Mzimba benannt und wird von mehreren Tälern und Flusssystemen durchzogen.

Höhe: 1200–1700 Meter
Ernte: April–September
Sorten: Agaro, Geisha, Catimor, Mundo Novo, Caturra

NKHATA-BAY-HOCHLAND

Ein Anbaubereich östlich der Regionalhauptstadt Mzuzu.

Höhe: 1000–2000 Meter
Ernte: April–September
Sorten: Agaro, Geisha, Catimor, Mundo Novo, Caturra

Kaffeeplantagen in Malawi sind in eine starke Exportwirtschaft für landwirtschaftliche Produkte eingebunden. Kaffee lässt sich meist zu einzelnen Farmen zurückverfolgen.

Diese Frauen arbeiten in einer der großen Plantagen im Norden und in der Mitte Malawis als Erntehelferinnen. Auf ihren Köpfen tragen sie prall mit frisch gepflückten Kaffeekirschen gefüllte 60-Kilo-Säcke.

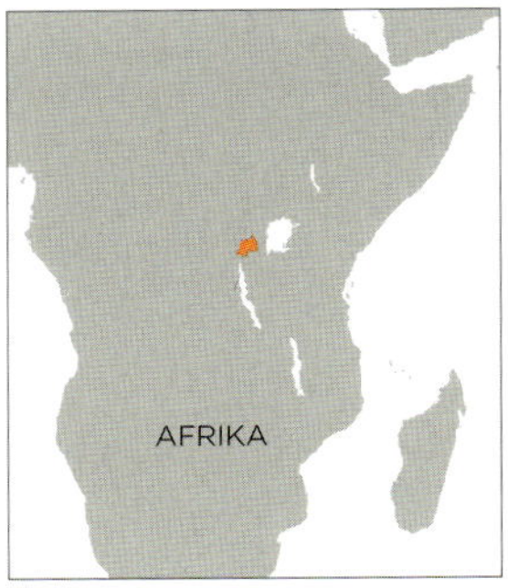

RUANDA

Deutsche Missionare brachten 1904 Kaffee nach Ruanda, doch erst 1917 war die produzierte Menge umfangreich genug für den Export. Nach dem Ersten Weltkrieg beendete der Völkerbund die deutsche Kolonialherrschaft und sprach das Land Belgien zu, das in der Folge zu einem Hauptabnehmer von ruandischem Kaffee wurde.

Die ersten Kaffeebäume Ruandas wurden in der Mission von Mibirizi gepflanzt. Nach dem Ort benannte man später die erste ruandische Kaffeesorte, eine natürliche Mutation von Bourbon (siehe Kasten Seite 144). Von Mibirizi aus breitete sich der Kaffeeanbau über die Region Kivu und schließlich das ganze Land aus. In den 1930er-Jahren mussten viele Bauern wie im benachbarten Burundi zwangsweise auf Kaffee umsatteln – belgische Kolonialpolitik wollte es so.

Die Belgier kontrollierten die Ausfuhren streng und erlegten den Erzeugern hohe Steuern auf. Das förderte den Anbau von hohen Mengen minderwertigen Kaffees, der für entsprechend niedrige Preise veräußert wurde. Zudem existierte kaum Infrastruktur für die Produktion besserer Qualität – im ganzen Land gab es keine einzige Waschstation. Weil Ruanda aber so wenig exportierte, bekam Kaffee in den Augen der Bauern eine unangemessen hohe Bedeutung.

Um 1990 war das braune Agrarprodukt das wertvollste Exportgut, die Ereignisse in den folgenden Jahren aber brachten den Anbau fast zum Erliegen. 1994 forderte der Völkermord fast eine Million Todesopfer, was sich massiv auf den Kaffeesektor auswirkte. Hinzu kam ein weltweiter drastischer Preisverfall für Kaffee.

KAFFEE ALS MOTOR DES AUFSCHWUNGS

Als Ruanda nach dem Völkermord langsam wieder auf die Beine kam, wurde Kaffee zu einem Symbol seiner Genesung. Ausländische Hilfe strömte ins Land und Investoren begannen die Wirtschaft ins Auge zu fassen, wobei das Interesse vor allem dem Kaffeesektor galt. Es entstanden Waschstationen; gleichzeitig zeichnete sich ein klarer Wille ab, höhere Qualität zu erzeugen. Die Regierung nahm eine offenere Haltung gegenüber der Kaffeewirtschaft ein. Seither zeigen Spezialitätenkäufer aus aller Welt ein starkes Interesse an den Produkten des Landes. Ruanda veranstaltet als einziges afrikanisches Land Cup-of-Excellence-Wettbewerbe, um die besten Posten zu ermitteln und sie über Online-Auktionssysteme zu vermarkten.

Die erste Waschstation wurde 2004 mit Unterstützung der US-Behörde für internationale Entwicklung (USAID) errichtet; viele weitere folgten. In den letzten Jahren vervielfachte sich ihre Zahl – derzeit sind rund 300 Stationen in Betrieb. Mithilfe des Förderprogramms PEARL wurde Know-how verbreitet und ein Heer von Jungbauern ausgebildet. Inzwischen ist das Programm im SPREAD-Projekt aufgegangen, das wie schon zuvor

Waschstation in Butare: Ein Arbeiter hält die Kaffeekirschen in Bewegung, während ein Entpulper das Fruchtfleisch von den Samen trennt.

PEARL die ehemalige Provinz Butare in das Zentrum seiner Bemühungen gerückt hat.

Ruanda wird gern als »Land der tausend Hügel« bezeichnet und verfügt sicher über die passenden Höhenlagen und Witterungsbedingungen, um großen Kaffee hervorzubringen. Allerdings sind die Böden erschöpft und die Transportmöglichkeiten stark eingeschränkt, was die Produktionskosten in die Höhe treibt.

Als um 2010 die weltweiten Kaffeepreise anzogen, stand man in Ruanda wie überall vor dem Problem, geeignete Anreize zu schaffen, um die Qualität hoch zu halten. Werden gute Preise gezahlt, gibt es wenig Gründe, in Qualitätsverbesserungen zu investieren, da selbst Ware minderer Qualität genug Gewinn abwirft. Seit Kurzem aber ist ruandischer Kaffee von hoher Güte. Das Land kultiviert und exportiert geringe Mengen Robusta, das Gros indes besteht aus vollständig gewaschenem Arabica.

DER KARTOFFELDEFEKT

Dieser ungewöhnliche Defekt ist ausschließlich an Kaffees aus Burundi und Ruanda zu finden. Verursacht wird er durch Bakterien, die in die Haut der Kirschen eindringen und eine unerwünschte Substanz produzieren. Befallene Bohnen entwickeln beim Rösten und Mahlen einen charakteristischen, beißenden Geruch wie beim Schälen einer Kartoffel. Betroffen sind nur vereinzelte Bohnen. Wird der Kartoffeldefekt entdeckt, heißt das nicht, dass der gesamte Beutel verdorben ist, sofern er nicht bereits gemahlen wurde.

Der Defekt lässt sich allerdings kaum verhindern. Sobald die Aufbereitung nach der Ernte abgeschlossen ist, kann man befallene Bohnen nicht mehr aufspüren – Röstereien haben also keine Chance, sie auszusortieren. Erst beim Mahlen tritt der Fehler zutage. Während der Aufbereitung kann man nach Kirschen mit verletzten Schalen und Verfärbungen suchen. Sowohl bei der Verarbeitung der Ernte vor Ort als auch im Labor wird derzeit nach Möglichkeiten zur Bekämpfung des Defekts gesucht.

RÜCKVERFOLGBARKEIT

Kaffee aus Ruanda lässt sich in der Regel einer Waschstation und den vielen Bauerngenossenschaften zuordnen, die sie beliefern. Weil jeder Erzeuger im Durchschnitt nur 183 Bäume kultiviert, ist eine Rückverfolgbarkeit zu einzelnen Erzeugern aber nicht möglich.

GESCHMACKSPROFIL

Kaffees aus Ruanda verschaffen sich oft mit einer Frucht und Frische Aufmerksamkeit, die an rote Äpfel oder Rotweintrauben erinnert. Ebenfalls häufig anzutreffen sind Beeren- und Blütennuancen.

EINHEIMISCHE SORTEN

MIBIRIZI

Diese Sorte wurde nach einer Mission in Ruanda benannt, die einige Bourbon-Bäume aus Guatemala bekam. Mibirizi ist eine natürliche Mutation von Bourbon-Pflanzen der Mission. Anfangs kultivierte man sie nur in Ruanda, später auch in Burundi.

JACKSON

Eine weitere Bourbon-Mutation, die aus Ruanda stammt, aber den Weg nach Burundi gefunden hat.

ANBAUGEBIETE

Bevölkerung: 10 537 000
Produktion 2013:
300 000 Säcke à 60 Kilogramm

Kaffee wächst in ganz Ruanda, doch spezielle geografische Anbaugebiete sind nicht ausgewiesen. Röster nennen bisweilen den Namen des Distrikts zusammen mit der Bezeichnung der Waschstation oder der Erzeugergruppe.

Oben: Arbeiter breiten den Kaffee auf Trockentischen aus. Hier wird er fünf Tage lang röst- bzw. exporttauglich gemacht.

SÜDEN UND WESTEN

Aus diesen Provinzen kommen einige erstaunliche Kaffees. Zentren der Produktion scheinen drei Distrikte zu sein: das bergige Huye, Nyamagabe und Nyamasheke am Ufer des Kivusees.

Höhe: 1700–2200 Meter
Ernte: März–Juni
Sorten: Bourbon, Mibirizi

OSTEN

Diese Provinz liegt nicht so hoch wie die anderen beiden, trotzdem entstehen in den Distrikten Ngoma und Nyagatare im äußersten Nordosten großartige Kaffees.

Höhe: 1300–1900 Meter
Ernte: März–Juni
Sorten: Bourbon, Mibirizi

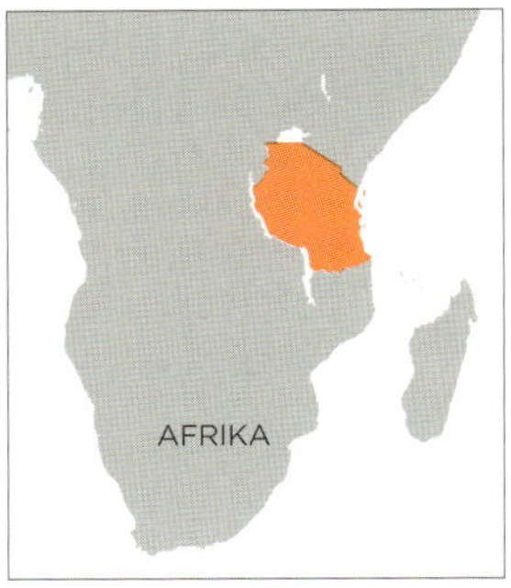

TANSANIA

Mündlicher Überlieferung zufolge brachte das Volk der Haya den Kaffee im 16. Jahrhundert von Äthiopien nach Tansania. Der »Haya-Kaffee« oder *amwani* – vermutlich handelte es sich um Robusta – wurde fester Bestandteil der tansanischen Kultur. Seine reifen Kirschen wurden gekocht, anschließend tagelang geräuchert und schließlich gekaut.

Als Exportgut erstmals genutzt wurde Kaffee in Tansania, dem früheren Tanganjika, unter den deutschen Kolonialherren. 1911 ließen sie in der Gegend um Bukoba Arabica-Bäume anpflanzen. Ihre Methoden unterschieden sich grundlegend von den traditionellen Anbaumethoden der Haya, die zudem nur widerwillig ihre Feldfrüchte durch Kaffeepflanzen ersetzten. Mit der Zeit aber wurde immer mehr Kaffee in der Region erzeugt. In anderen Landesteilen war die Pflanze weniger bekannt, weshalb man ihrem Anbau dort nicht so viel Widerstand entgegensetzte. Der Stamm der Chagga am Kilimandscharo stellte sogar vollständig auf Kaffeekultur um, als Deutschland dem Sklavenhandel ein Ende bereitete.

Nach dem Ersten Weltkrieg übernahm Großbritannien die Region und ließ über zehn Millionen Setzlinge um Bukoba anpflanzen. Zwischen den Engländern und den Haya kam es jedoch zu Konflikten, was oft eine Rodung der Bäume nach sich zog. Deshalb etablierte sich anders als im Gebiet der Chagga keine größere Produktion. 1925 wurde allerdings mit der Kilimanjaro Native Planters' Association (KNPA) die erste Genossenschaft gegründet, der weitere folgten. Die Bauern nutzten die neue Freiheit, direkteren Handel mit London zu betreiben und bessere Preise zu erzielen. Nach der Unabhängigkeit 1961 wandte sich die tansanische Regierung dem Kaffeeanbau in der Hoffnung zu, die Erzeugung bis 1970 verdoppeln zu können, was ihr aber nicht gelang. Nach einem schwachen industriellen Wachstum, hoher Inflation und sinkender Wirtschaftsleistung etablierte sich in Tansania eine Mehrparteiendemokratie.

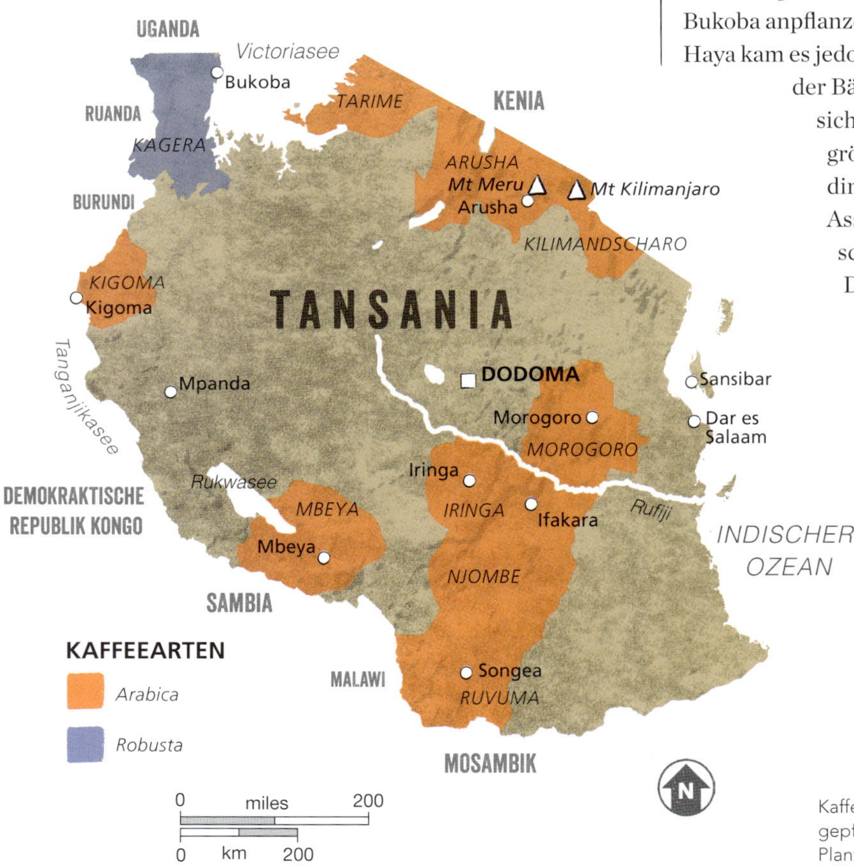

Kaffeeanbau am Fuß des Kilimandscharo: Diese frisch gepflanzten Bäume gehören zu einer neu angelegten Plantage im tansanischen Mwika.

Ein Arbeiter sortiert in einer Fabrik am Ngorongoro-Krater in Tansania getrocknete Bohnen. Der Kaffee im Land wird fast ausschließlich von Kleinbauern angebaut.

In den ersten Jahren nach 1990 wurde die Kaffeeindustrie reformiert, um den Direktverkauf vom Erzeuger zum Käufer zu erleichtern, statt alles über die staatliche Kaffeebehörde laufen zu lassen. Am Ende des Jahrzehnts erlitt der Sektor jedoch einen herben Rückschlag, als sich die Kaffeewelke im Land ausbreitete und vor allem im Norden unweit der Grenze zu Uganda beträchtliche Schäden verursachte. Heute macht Arabica etwa 70 Prozent und Robusta rund 30 Prozent der Kaffeeproduktion aus.

RÜCKVERFOLGBARKEIT

Etwa 90 Prozent des tansanischen Kaffees wird von den 450 000 Kleinbauern erzeugt, für die restlichen zehn Prozent zeichnen größere Güter verantwortlich. Einzelne Posten lassen sich zu einer Erzeugergenossenschaft und ihrer Waschstation zurückverfolgen. Die besseren Kaffees, die ich in den letzten Jahren in die Tasse bekommen habe, stammten von den großen Plantagen, weshalb ich empfehle, zunächst sie auszuprobieren.

GRADING

Tansania verwendet die sogenannte britische Nomenklatur, die der in Kenia gebräuchlichen ähnelt (siehe Seite 133). Abstufungen sind AA, A, B, PB, C, E, F, AF, TT, UG und TEX.

GESCHMACKSPROFIL

Kaffee aus Tansania kann saftig, interessant und köstlich sein. Er bringt Komplexität sowie eine aufgeweckte, lebendige Säure mit, zu der sich oft Beeren- und andere Fruchtaromen gesellen.

Bevölkerung: 44 929 000
Produktion 2013:
750 000 60-Kilogramm-Säcke

Tansania erzeugt erkleckliche Mengen Robusta, der allerdings vor allem im Westen am Victoriasee verbreitet ist. Die übrigen Anbaugebiete sind eher von der großen Höhenlage geprägt.

KILIMANDSCHARO

Das älteste Arabica-Anbaugebiet des Landes. Es hatte also am meisten Zeit, sich internationale Anerkennung und einen Ruf zu erarbeiten. Dank der langen Kaffeetradition sind die Infrastruktur und die Verarbeitungsanlagen besser, allerdings haben viele Bäume mittlerweile ein hohes Alter erreicht und werfen vergleichsweise geringe Erträge ab. Zudem bekommt Kaffee immer häufiger Konkurrenz durch andere landwirtschaftliche Produkte.

Höhe: 1050–2500 Meter
Ernte: Juli–Dezember
Sorten: Kent, Bourbon, Typica, Typica/Nyara

ARUSHA

Arusha mit dem aktiven, jedoch seit 1910 nicht mehr ausgebrochenen Vulkan Mount Meru im Zentrum grenzt an das Anbaugebiet um den Kilimandscharo und ähnelt ihm in vielerlei Hinsicht sehr stark.

Höhe: 1100–1800 Meter
Ernte: Juli–Dezember
Sorten: Kent, Bourbon, Typica, Typica/Nyara

RUVUMA

Das Anbaugebiet im äußersten Süden des Landes hat seinen Namen vom gleichnamigen Fluss. Zentrum der Kaffeeerzeugung ist die Gegend um den Distrikt Mbinga. Das Potenzial von Ruvuma wird als sehr hoch erachtet, konnte in der Vergangenheit aufgrund fehlender finanzieller Mittel aber noch nicht genutzt werden.

Höhe: 1200–1800 Meter
Ernte: Juni–Oktober
Sorten: Kent, Bourbon und Bourbon-Derivate wie N5 und N39

MBEYA

Die Gegend um die Stadt Mbeya im Süden ist eine wichtige Quelle von hochwertigen landwirtschaftlichen Exportgütern wie Kaffee, Tee, Kakao und Gewürzen. In letzter Zeit hat das Gebiet das Interesse von Zertifizierungsgruppen und nichtstaatlichen Organisationen auf sich gezogen. Sie bemühen sich nun um eine Verbesserung der Kaffeequalität, die nicht immer hoch war.

Höhe: 1200–2000 Meter
Ernte: Juni–Oktober
Sorten: Kent, Bourbon, Typica

TARIME

Ein kleines Gebiet im äußersten Norden des Landes an der Grenze zu Kenia. Das internationale Profil ist begrenzt, doch hat man begonnen, etwas höherwertigen Kaffee zu erzeugen, und bekommt nun die Gelegenheit zur Ausweitung des Sektors. Der Ausstoß ist relativ gering und die Infrastruktur für die Aufbereitung von Kaffee schlecht, doch die gestiegene Aufmerksamkeit für das Gebiet hat dazu geführt, dass sich die Kaffeeproduktion während der letzten zehn Jahre verdreifachte.

Höhe: 1500–1800 Meter
Ernte: Juli–Dezember
Sorten: Kent, Bourbon, Typica, Robusta-Varianten

KIGOMA

Benannt ist das Anbaugebiet nach der Regionalhauptstadt Kigoma. Sie erstreckt sich über ein Plateau sanft geschwungener Hügel im Nordosten Tansanias nahe der Grenze zu Burundi. Kigoma hat einige erstaunliche Kaffees hervorgebracht, doch steckt die Produktion verglichen mit den übrigen Anbaugebieten des Landes noch in den Kinderschuhen.

Höhe: 1100–1700 Meter
Ernte: Juli–Dezember
Sorten: Kent, Bourbon, Typica

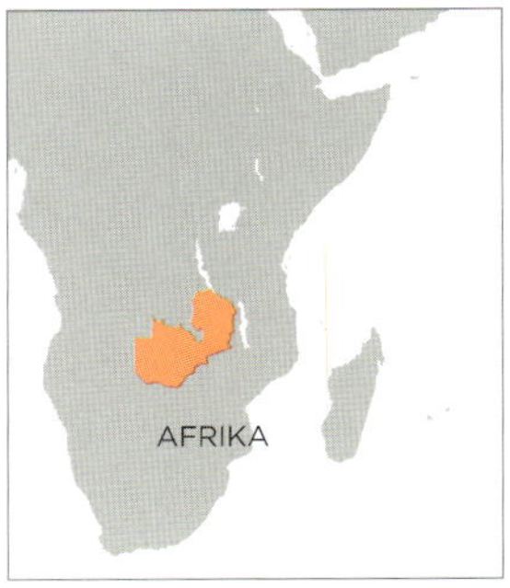

SAMBIA

Lange Zeit wurde Sambia vom Spezialitätensektor größtenteils ignoriert. Das beruhte in gewisser Weise auf Gegenseitigkeit, denn auch das Land selbst hat wenig unternommen, um seinen Kaffee besser zu machen. Wer aber kaum in Qualität investiert, braucht auch nicht mit dem Interesse von Spezialitätenkäufern zu rechnen.

Mit Kaffee kam Sambia in den 1950er-Jahren in Berührung, als Missionare Bourbon-Material aus Tansania und Kenia importierten. Erst um 1980 allerdings nahm die Produktion etwas Fahrt auf, wobei auch Zuschüsse der Weltbank eine Rolle spielten. Weil Schädlinge und Krankheiten die Kaffeebäume plagten, stiegen Erzeuger auf Catimor-Hybriden um, die aber nicht so guten Kaffee liefern wie Bourbon. Deshalb begannen die staatlichen Stellen nach einiger Zeit wieder Bourbon zu empfehlen. Trotzdem ist der Catimor-Anteil noch relativ hoch. Einen Spitzenwert erreichte die Ausfuhr von Kaffee in den Jahren 2005 und

Auf den Plantagen von Sambia lesen Erntehelfer die reifen Kaffeekirschen. Bei den meisten Plantagen handelt es sich um gut geführte Güter mit Zugang zu modernen Gerätschaften.

2006 mit 6500 Tonnen, doch war seither ein drastischer Rückgang zu verzeichnen. Manche schieben die Schuld auf niedrige Preise und den Mangel an langfristigen Finanzierungsmodellen. Hinzu kommt, dass der größte Erzeuger des Landes 2008 Insolvenz anmelden musste, nachdem er seine Kredite nicht mehr bedienen konnte. Die Northern Coffee Corp. zeichnete zum Zeitpunkt der Schließung für ein Drittel des nationalen Ausstoßes von 6000 Tonnen verantwortlich. 2012 belief sich die Gesamtproduktion auf gerade mal 300 Tonnen, inzwischen ist jedoch wieder ein leichter Aufwärtstrend erkennbar.

Den Löwenanteil erzeugen größere Güter, die meist gut geführt sind und moderne Ausrüstung nutzen; manche gehören internationalen Konzernen. Inzwischen sind einige Kleinbauern auf den Plan getreten, doch haben sie es nicht leicht. Düngemittel und Gerätschaften sind schwer zu bekommen, die Qualität ihres Kaffees ist nicht sonderlich hoch. Auch schlechte Wasserversorgung und mangelhafte Aufbereitung nach der Ernte erschweren die Produktion sauberer, süßer Kaffees.

GESCHMACKSPROFIL

Die seltenen ausgezeichneten Kaffees glänzen durch klare, blumige Töne und eine saubere, von Frucht getragene Komplexität.

RÜCKVERFOLGBARKEIT

Die besten Kaffees aus Sambia sind das Werk einzelner Güter, man muss aber danach suchen. Die Gesamtproduktion ist gering, Hochwertiges rar. Das Potenzial zur Erzeugung herausragender Exponenten ist allerdings zweifellos vorhanden.

ANBAUGEBIETE

Bevölkerung: 14 580 000
Produktion 2013:
10 000 Säcke à 60 Kilogramm

Die Anbaugebiete in Sambia sind nicht klar ausgewiesen – meist werden nur der Süden, die Mitte, der Copperbelt und der Norden unterschieden. Kaffee wird überwiegend im Muchinga-Gebirge mit den Distrikten Isoka, Nakonde und Kasama sowie in der Umgebung der Hauptstadt Lusaka angebaut.

Höhe: 900–2000 Meter
Ernte: April–September
Sorten: Bourbon, Catimor

ASIEN

Mythos und Geschichte haben die Kaffeekultur Asiens geprägt. Den Anfang machten von einem Pilger aus dem Jemen mitgebrachte Robusta-Bohnen und der lukrative Export von indonesischem Kaffee der Niederländischen Ostindien-Kompanie im 17. Jahrhundert. Inzwischen stammt ein beträchtlicher Teil der Massenware aus Asien. Einzige Ausnahme ist vielleicht der Jemen: Seine relativ geringen Ausfuhrmengen vorzüglicher Bohnen sind unter Kennern weltweit sehr gefragt.

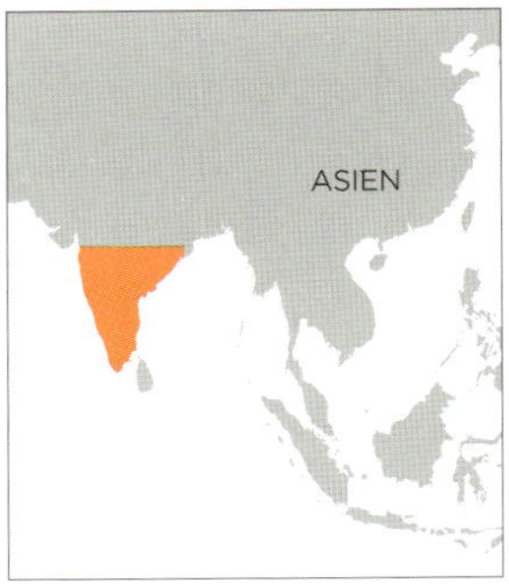

INDIEN

Eine Legende umrankt den Ursprung des indischen Kaffeeanbaus. Es heißt, ein Pilger namens Baba Budan sei 1670 bei seiner Rückkehr aus Mekka durch den Jemen gereist und habe von dort sieben Kaffeesamen mitgenommen, obwohl die Ausfuhr streng kontrolliert worden sei. Weil die Sieben im Islam eine heilige Zahl ist, wurde es als religiöser Akt gewertet.

Budan pflanzte diese ersten Samen auf dem Gebiet des heutigen Chikmagalur im Bundesstaat Karnataka, wo sie bestens gediehen. Die dortige Bergregion Bababudangiri ist nach ihm benannt. Inzwischen erstreckt sich hier ein wichtiges Anbaugebiet. Erst im 19. Jahrhundert begann der Anbau unter britischer Kolonialherrschaft zu florieren, doch nur kurze Zeit später sank die Popularität von Kaffee wieder. In den 1870er-Jahren durchlebte der Sektor wegen der steigenden Nachfrage nach Tee schwere Zeiten. Hinzu kamen Probleme mit dem Kaffeerost. Etliche Plantagen stiegen auf den Anbau von Tee um – ironischerweise dieselben, die ihren Kaffee zuvor erfolgreich exportiert hatten. Dennoch war dies nicht das Ende des Kaffeeanbaus, vielmehr versuchte man verstärkt, widerstandsfähige Sorten zu züchten. Mit Erfolg, denn es kamen tatsächlich einige neue Varianten auf den Markt – allerdings noch bevor man begann, dem Geschmack des fertigen Getränks große Bedeutung beizumessen.

1942 richtete Indien eine Kaffeebehörde ein, die sich an die Regulierung des Sektors machte. Sie ließ jedoch die Produktion vieler Erzeuger wahllos mischen, sodass es nur noch wenig Anreize zur Verbesserung der Qualität gab. Die Produktionsmenge aber stieg – bis in die 1990er-Jahre hinein immerhin um 30 Prozent.

Im selben Jahrzehnt deregulierte der Staat die Kaffeeindustrie und ließ den Erzeugern mehr Freiheit zu entscheiden, wie und wo sie ihren Kaffee verkaufen wollten. Der Inlandsmarkt wuchs rasch. Obwohl der Pro-Kopf-Verbrauch in Indien sehr gering und Tee eine wesentlich preiswertere Alternative ist, liegt die Gesamtmenge an konsumiertem Kaffee wegen der riesigen Bevölkerung recht hoch. So kommen trotz eines Jahresverbrauchs von lediglich 100 Gramm pro Kopf immer noch zwei Millionen Säcke für den Eigenbedarf zusammen. Insgesamt erzeugt Indien jedoch etwas mehr als fünf Millionen Säcke, das Gros davon Robusta.

Robusta eignet sich in vielerlei Hinsicht besser für Indien als Arabica. Dank der geringen Höhenlagen und dem vorherrschenden Klima liegt der Robusta-Ertrag hoch. Auch geht man bei der Produktion im Land sorgfäl-

Tee ist in Indien zwar beliebter als Kaffee, dennoch verbraucht das Land zwei Millionen seiner insgesamt fünf Millionen Säcke Kaffee selbst. Den Löwenanteil hat die Sorte Robusta.

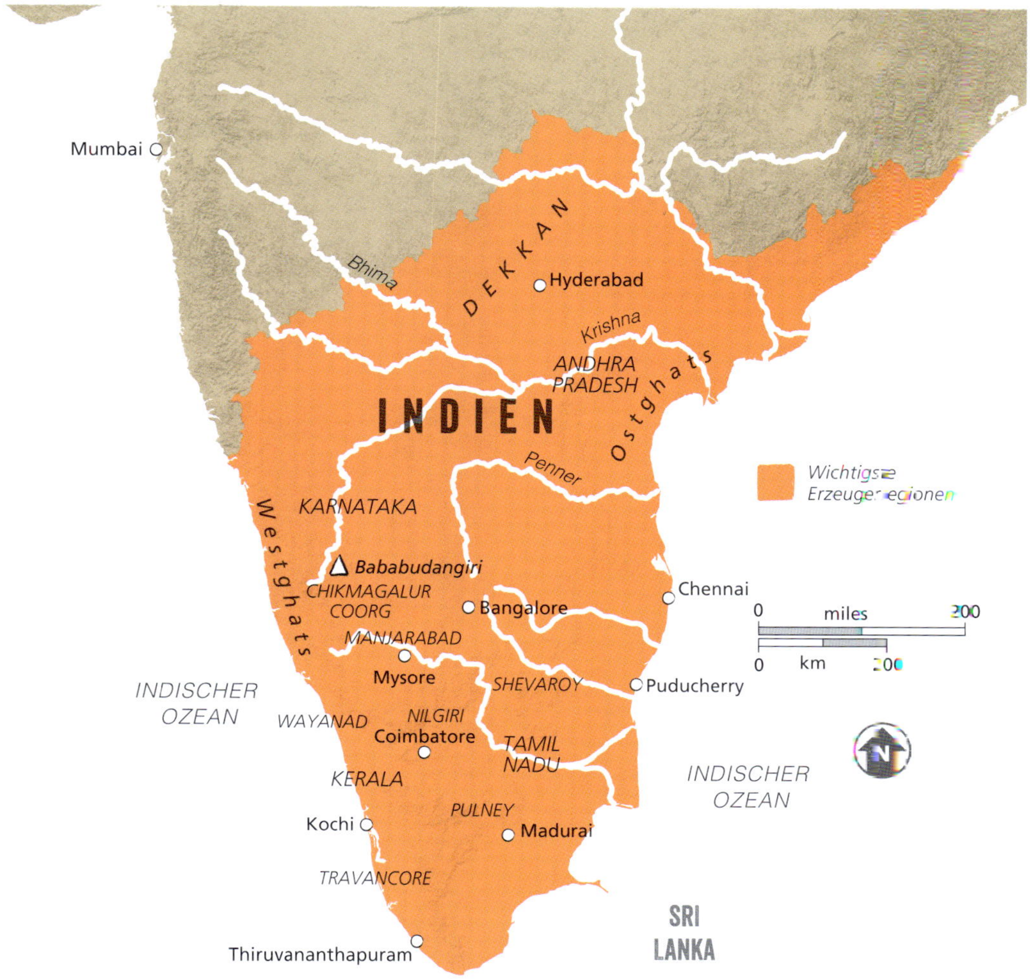

tiger und aufmerksamer vor als in den meisten anderen Erzeugerstaaten, weshalb man sich im Premiummarkt etabliert hat. Zwar lassen selbst die besten Robusta-Posten den typischen Holzgeschmack erkennen, weil ansonsten aber unsaubere Nuancen weitgehend fehlen, ist indischer Robusta bei Espresso-Röstern beliebt.

MONSOONING

Zu den bekanntesten indischen Kaffees gehört der Monsooned Malabar. Er wird nach einem ungewöhnlichen Verfahren namens »Monsooning« hergestellt. Die heute offizielle Methode entstand durch reinen Zufall. Zu britischen Kronkoloniezeiten wurde Rohkaffee in Holzkisten von Indien nach Europa exportiert und war dadurch den Niederschlägen während der Monsunmonate ausgesetzt. Er nahm viel Feuchtigkeit auf, was sich sehr stark auf die Tassenqualität auswirkte. Auch wenn sich später die Ausfuhrbedingungen verbesserten, blieb die Nachfrage nach dem ungewöhnlichen Kaffee bestehen, weshalb man ihn in Fabriken an der Westküste unter kontrollierten Bedingungen wieder produzierte.

Nur trocken aufbereitete Bohnen werden dem Monsooning unterzogen; der Rohkaffee ist danach sehr hell und etwas brüchig. Eine gleichmäßige Röstung gestaltet sich deshalb schwierig und ein Sack gerösteter Bohnen enthält oft viele beschädigte Bohnen. Das ist aber nicht zu vergleichen mit dem Bruch bei minderwertigem Kaffee, von dem man die Finger lassen sollte.

Beim Monsooning verliert Kaffee in der Regel seine Säure, nimmt aber oft einen scharfen Wildgeschmack an. Einige mögen seine Reichhaltigkeit und Intensität, andere halten sie für das Ergebnis einer fehlerhaften Verarbeitung und stufen sie als sehr unangenehm ein.

RÜCKVERFOLGBARKEIT

Weil 98 Prozent der 250 000 indischen Erzeuger Kleinbauern sind, lässt sich Kaffee oft nur schwer zu einem einzigen Gut zurückverfolgen, wenngleich es sich lohnen würde. So verliert sich die Spur meist bei einer Verarbeitungsanlage oder schon in einer bestimmten Region.

GESCHMACKSPROFIL

Die besten indischen Produkte sind schwer, cremig und säurearm, aber selten besonders komplex.

ANBAUGEBIETE

Bevölkerung: 1 210 193 000
Produktion 2012:
5 303 000 Säcke à 60 Kilogramm

Das Gros des indischen Kaffees wird in vier Bundesstaaten erzeugt. Jeder dieser Staaten ist wieder in eine Reihe kleinerer Anbaugebiete unterteilt.

TAMIL NADU

Tamil Nadu (dt. »Land der Tamilen«) ist der südlichste der 28 indischen Bundesstaaten und berühmt für seine monumentalen Hindi-Tempel. Die Hauptstadt ist Chennai, das frühere Madras.

PULNEY

Das größte Anbaugebiet im Bundesstaat. Die Kaffeekultur ist hier nicht unproblematisch. Gründe dafür sind unter anderem das gehäufte Auftreten von Kaffeerost, was sich auf die verwendeten Sorten auswirkt, ein Mangel an Arbeitskräften, die Abwesenheit der Landbesitzer, die ihren Grund von Pächtern bewirtschaften lassen, ohne sich selbst um die Verwaltung zu kümmern, und der Mangel an Wasser für die Aufbereitung nach der Ernte.

Höhe: 600–2000 Meter
Ernte: Oktober–Februar
Sorten: S795, Selection 5B, Selection 9, Selection 10, Cauvery

NILGIRI

Viele Erzeuger in dieser gebirgigen Region leben in Dörfern, haben nur wenig Land und kaum Mittel. Hier entsteht doppelt so viel Robusta wie Arabica. Ein Problem sind die starken Niederschläge und das erhöhte Risiko eines Befalls von Schädlingen wie dem Kaffeebohrer. Nilgiri ist das westlichste Anbaugebiet an der Grenze zu Karnataka und Kerala.

Höhe: 900–1400 Meter
Ernte: Oktober–Februar
Sorten: S795, Kent, Cauvery, Robusta-Varianten

SHEVAROY

Es wird hier fast nur Arabica produziert. Die meisten Erzeuger sind Kleinbauern, die Anbaufläche aber ist zu einem beträchtlichen Teil in der Hand von Großgütern: Nur fünf Prozent der Farmen bewirtschaften etwa 75 Prozent der Kaffeeplantagen. Eines der Probleme ist die mit der industriellen Landwirtschaft einhergehende Monokultur bei den Beschattungsgehölzen, wobei vor allem die Australische Silbereiche zum Einsatz kommt. Nach Ansicht vieler ist es für die Biodiversität und eine nachhaltige Erzeugung wichtig, verschiedene Arten von Beschattungsgehölzen zu verwenden.

Höhe: 900–1500 Meter
Ernte: Oktober–Februar
Sorten: S795, Cauvery, Selection 9

KARNATAKA

Der Bundesstaat zeichnet für den Löwenanteil der Kaffeeproduktion verantwortlich. Er hieß früher Mysore, wurde aber 1973 in Karnataka umbenannt. Über die Bedeutung des Namens ist man sich uneins – manche übersetzen ihn als »hoch gelegenes Land«, andere wegen der dunklen Vertisolböden als »schwarze Region«.

BABABUDANGIRI

Das Gebiet gilt als die Heimat des indischen Kaffees: Hier pflanzte Baba Budan die ersten aus dem Jemen ins Land geschmuggelten Samen.

Höhe: 1000–1500 Meter
Ernte: Oktober–Februar
Sorten: S795, Selection 9, Cauvery

GRADING

Indien hat zwei Grading-Systeme. Das erste stuft gewaschenen Kaffee als »Plantation Coffee«, trocken aufbereiteten als »Cherry« und gewaschenen Robusta als »Parchment Coffee« ein.

Daneben ist aber auch das auf der Bohnengröße basierende System üblich, das von AAA (den größten Bohnen) über AA und A bis PB (Peaberry) reicht. Wie in anderen Ländern geht man von einem Zusammenhang zwischen Bohnengröße und Qualität aus, was aber nicht unbedingt zutrifft.

Kaffeekirschen trocknen in Coorg in der Sonne. Die Region gehört zu Tamil Nadu, einem der vier Hauptanbaustaaten Indiens.

CHIKMAGALUR

Ein Distrikt, zu dem auch Bababudangiri gehört. Er ist nach dem Hauptort Chikmagalur benannt. Hier wird etwas mehr Robusta als Arabica angebaut.

Höhe: 700–1200 Meter
Ernte: Oktober–Februar
Sorten: S795, Selection 5B, Selection 9, Cauvery, Robusta-Varianten

COORG

Viele Plantagen in diesem Landstrich wurden im 19. Jahrhundert von den Briten angelegt und nach der Entlassung Indiens in die Unabhängigkeit 1947 an Einheimische verkauft. Robusta wächst auf einer doppelt so großen Fläche wie Arabica, hat aber wegen der generell höheren Erträge bei der Robusta-Kultur mengenmäßig den dreifachen Anteil.

Höhe: 750–1100 Meter
Ernte: Oktober–Februar
Sorten: S795, Selection 6, Selection 9, Robusta-Varianten

MANJARABAD

Hier konzentriert man sich eher auf Arabica, obwohl mehrere Güter in Wettbewerben der indischen Kaffeebehörde für die Qualität ihrer Robusta-Produktion ausgezeichnet wurden.

Höhe: 900–1100 Meter
Ernte: Oktober–Februar
Sorten: S795, Selection 6, Selection 9, Cauvery

KERALA

Der Bundesstaat im Südwesten zeichnet für knapp ein Drittel der indischen Kaffeeproduktion verantwortlich. Er umfasst die Malabar-Küste und ist damit Heimat des Monsooned Malabar (siehe Seite 155). Biokaffee hat hier einen höheren Anteil als in anderen Anbaugebieten. Mit der Ausfuhr von Gewürzen wurde bereits im 16. Jahrhundert begonnen, was die Portugiesen auf den Plan rief und zur Einrichtung einer Handelsroute führte, die letztendlich der europäischen Kolonialisierung Indiens den Weg bereitete.

TRAVANCORE

Das Anbaugebiet widmet sich überwiegend der Robusta-Herstellung, doch findet man in einigen höheren Lagen auch Arabica.

Höhe: 400–1600 Meter
Ernte: Oktober–Februar
Sorten: S274, Robusta-Varianten

WAYANAD

Der Distrikt eignet sich wegen der geringen Höhenlage ausschließlich für den Anbau von Robusta.

Höhe: 600–900 Meter
Ernte: Oktober–Februar
Sorten: Robusta, S274

ANDHRA PRADESH

Die Ostghats sind eine Gebirgskette entlang der indischen Ostküste und haben die geeigneten Höhenlagen für den Kaffeeanbau. Zwar entsteht hier nur ein kleiner Anteil des indischen Kaffees, dafür überwiegt Arabica.

Höhe: 900–1100 Meter
Ernte: Oktober–Februar
Sorten: S795, Selection 4, Selection 5, Cauvery

Eine Kaffeeplantage in einem Wald unweit der Bergstadt Madikeri. Das Anbaugebiet befindet sich im Distrikt Chikmagalur, der als Geburtsstätte des indischen Kaffees gilt.

INDONESIEN

Der erste Versuch, auf dem indonesischen Archipel Kaffee anzusiedeln, schlug fehl: 1696 bekam der Gouverneur von Batavia, dem heutigen Jakarta, vom niederländischen Gouverneur von Malabar in Indien einige Kaffeesetzlinge als Geschenk überreicht. Sie gingen aber bei einer Überschwemmung verloren, also verschickte man 1699 eine zweite Ladung.

Diesmal wurden die Bäume mit Erfolg gepflanzt. Bereits 1711 begann man mit der Ausfuhr von Kaffee. Kontrolliert wurde der Handel von der Niederländischen Ostindien-Kompanie, die meist unter ihrer Abkürzung VOC (für Vereenigde Oostindische Compagnie) firmierte. In Amsterdam erzielte Kaffee damals Höchstpreise: Ein Kilogramm kostete fast so viel, wie der Bevölkerungsdurchschnitt damals in einem Jahr verdiente. Im 18. Jahrhundert gingen die Preise zwar allmählich zurück, doch blieb Kaffee für die VOC ein profitables Geschäft. Das galt freilich nicht für die Bauern in dem unter fremder Herrschaft stehenden Land. 1860 prangerte ein Kolonialbeamter in dem Roman *Max Havelaar oder die Kaffee-Versteigerungen der Niederländischen Handels-Gesellschaft* das Kolonialsystem an. Das Buch hatte nachhaltigen Einfluss auf die niederländische Gesellschaft. Es veränderte die öffentliche Wahrnehmung des Kaffeehandels im Besonderen und des kolonialen Systems im Allgemeinen. Heute wird der Name Max Havelaar für ethische Zertifizierungen in der Kaffeeindustrie verwendet.

Anfangs baute Indonesien ausschließlich Arabica an, doch der Kaffeerost vernichtete 1876 einen Großteil der Ernte. Es wurde zwar anschließend versucht, die Sorte Liberica einzuführen, doch auch sie war vor der Krankheit nicht gefeit, weshalb man letztendlich auf die resistente Robusta umstieg. Sie ist bis heute die meistangebaute Sorte in Indonesien.

GESCHMACKSPROFIL

Halbtrocken aufbereiteter Kaffee ist oft sehr körperreich, erdig, holzig und würzig bei geringer Säure.

GILING BASAH

Eine der Besonderheiten indonesischer Erzeugnisse und zugleich der Grund für ihren kontrovers diskutierten Geschmack ist das *giling basah*, ein Hybridverfahren, das Elemente der Nass- und Trockenaufbereitung in sich vereint und auf Seite 37 beschrieben wird. Auf die Tassenqualität hat diese halbtrockene Methode enorme Auswirkungen: Sie reduziert den Säuregehalt von Kaffee drastisch und scheint ihm außerdem mehr Körper zu verleihen, sodass schließlich ein weicherer, runderer, schwererer Charakter entsteht.

Allerdings gibt es ihm auch allerlei zusätzliche Noten mit auf den Weg – manche vegetabil und krautig, andere holzig und muffig oder sogar erdig. Das heißt nicht, dass jeder halbtrocken aufbereitete Kaffee gleich schmeckt und eine Art Geschmacksvereinheitlichung durchlaufen hat. Obendrein ist die Qualitätsbandbreite riesig.

Besonders umstritten ist das halbtrockene Verfahren in der Kaffeeindustrie. Ein geschmacklich vergleichbares Erzeugnis aus Afrika oder Mittelamerika würde als defekt eingestuft und von potenziellen Käufern sofort abgelehnt werden. Weil aber vielen die Intensität und der schwere Körper der indonesischen Sonderlinge gefällt, nimmt die Industrie sie weiter ab.

In den letzten Jahren haben Spezialitätenkäufer die Erzeuger in Indonesien dazu angehalten, mehr mit Nassaufbereitung (siehe Seite 33) zu experimentieren, um das Potenzial zu ergründen. Man wird sehen, ob die Nachfrage nach dieser Variante groß genug wird oder ob »Semi-washed«-Erzeugnisse weiter populär bleiben.

Eine Indonesierin erntet einen großen Kaffeebaum ab. Kaffee wird von dem Land schon seit dem 18. Jahrhundert ausgeführt, als die Ostindien-Kompanie einen lukrativen Handel etablierte.

KOPI LUWAK

Kopi Luwak ist Kaffee aus Kaffeekirschen, die von Fleckenmusangs gefressen und wieder ausgeschieden wurden. Die halbverdauten Samen stecken in den Exkrementen der Tiere, werden herausgeholt, aufbereitet und getrocknet. In den letzten zehn Jahren hat dieser Kaffee als Kuriosität einen gewissen Bekanntheitsgrad erreicht, doch lässt sich seine hohe Qualität nicht verifizieren. Trotzdem geht er für horrende Verkaufspreise über den Ladentisch. Zwei Probleme sind daraus entstanden:

Erstens sind Fälschungen an der Tagesordnung. Es kommt wesentlich mehr Kopi Luwak in den Handel als erzeugt wird. Oft wird minderwertiger Robusta zu überhöhten Preisen verkauft.

Zweitens sind skrupellose Geschäftemacher auf den Inseln auf den Plan getreten. Sie fangen Musangs, zwingen sie, Kaffeekirschen zu fressen, und halten sie unter fürchterlichen Bedingungen.

Kopi Luwak ist widerwärtig, gleich aus welchem Blickwinkel man ihn betrachtet. Für alle, die an köstlichem Kaffee interessiert sind, ist er fürchterliche Geldverschwendung. Mit einem Viertel des Preises kann man erstklassige Bohnen von den besten Erzeugern der Welt bekommen. Auch sollte man Kaffee meiden, der von Tieren »hergestellt« wird, und unethisches Verhalten nicht mit seinem Geld unterstützen.

RÜCKVERFOLGBARKEIT

Kaffee einzelner Farmen aufzuspüren ist zwar möglich, doch sind solche klar zuzuordnenden Produkte rar. Was sich jedoch zurückverfolgen lässt und nass aufbereitet wurde, lohnt definitiv einen Versuch.

Ansonsten stammen die meisten Erzeugnisse von Kleinbauern mit ein bis zwei Hektar Land. Deshalb kann man sie meistens nur bis zu einer Waschstation oder einem Anbaugebiet zurückverfolgen. Die Qualität dieser regionalen Kaffees schwankt stark. Ihr Einkauf ist deshalb eine Art Glücksspiel.

In Tanggamus werden Robusta-Kirschen körbeweise in der Sonne ausgebreitet. Das Gebiet liegt in der Provinz Lampung, einer der größten Anbauregionen Indonesiens.

ANBAUGEBIETE

Bevölkerung: 237 424 000
Produktion 2013:
11 667 000 Säcke à 60 Kilogramm

Von Java aus breitete sich der Kaffeeanbau langsam auf die anderen Inseln in der Region aus. 1750 gelangte er nach Sulawesi und 1888 nach Nordsumatra, wo er zuerst um den Tobasee angebaut wurde. 1924 schließlich kam er am Tawarsee im Gayo-Bezirk an.

SUMATRA

Die Insel Sumatra hat drei Hauptanbaugebiete: die Provinz Aceh im Norden, einen Bereich am Tobasee etwas weiter südlich und seit Kurzem auch eine Gegend im Süden der Insel um Mangkuraja. Manchmal lässt sich Kaffee in kleinere Zonen innerhalb dieser Anbaugebiete zurückverfolgen, etwa nach Takengon und Bener Mariah in Aceh oder nach Lintong, Sidikalang, Dolok, Sanggul und Seribu Dolok am Tobasee. Eine Rückverfolgbarkeit bis auf diese Ebene wurde jedoch erst in jüngster Zeit möglich.

Früher stieß man öfter auf Kaffee, der als »Sumatra Mandheling« in Umlauf war. Mandheling ist keine geografische Bezeichnung, sondern der Name einer Ethnie auf der Insel. Mandheling-Kaffees bekamen als Grading häufig 1 oder 2. Dieses Qualitätssystem basierte anscheinend auf der Tassenqualität statt auf der Qualität des grünen Kaffees. Ob aber alle Grade-1-Erzeugnisse wirklich empfehlenswert sind, bezweifle ich, da die Beurteilung möglicherweise etwas willkürlich und subjektiv ist.

Die jeweiligen Sorten als getrennte Posten zu verarbeiten ist auf Sumatra unüblich, weshalb Kaffee von dort vermutlich eine Mischung mehrerer unbekannter Sorten ist. Sie werden über den Hafen von Medan exportiert, doch kann sich das heiße, feuchte Klima negativ auf die Qualität auswirken, wenn das Frachtgut zu lange im Hafen liegt.

Höhe: Aceh 1100–1300 Meter, Lake Toba 1100–1600 Meter, Mangkuraja 1100–1300 Meter
Ernte: September–Dezember
Sorten: Typica (einschließlich Bergandal, Sidikalang und Djember), TimTim, Ateng, Onan Ganjang

JAVA

Große Kaffeeplantagen sind hier wegen der Geschichte der Insel als niederländische Kolonie häufiger anzutreffen als in anderen Teilen Indonesiens. Die vier größten, einst in Staatsbesitz befindlichen Farmen bewirtschaften zusammen über 4000 Hektar. Während langer Zeit genoss Kaffee aus Java einen ausgezeichneten Ruf, ich bin mir jedoch sicher, dass man später das Original in der Mocha-Java-Mischung sehr vieler Röstereien still und heimlich durch andere Kaffees ersetzte. Erzeugnisse aus Java erzielten lange hohe Preise, diese sanken jedoch gegen Ende des 20. Jahrhunderts.

Ein beträchtlicher Teil des Kaffees wächst im Osten der Insel um den Vulkan Ijen, doch findet man auch im Westen Erzeuger.

Höhe: 900–1800 Meter
Ernte: Juli–September
Sorten: Typicas, Ateng, USDA

OLD BROWN JAVA

Manche Güter auf Java lassen ihren Kaffee vor dem Export bis zu fünf Jahre lang altern. Dabei verlieren die Rohbohnen ihre typische blaugrüne Farbe und werden schmutzig braun. Nach dem Rösten ist keine Säure mehr im Kaffee enthalten, dafür offenbart er nun eine intensive Schärfe und Holznote, die manchen schmeckt. Wer seinen Kaffee allerdings süß, sauber und lebendig möchte, wird einen großen Bogen um Old Brown Java machen.

SORTENNAMEN

Mit Sortennamen ist es auf Sumatra so eine Sache. Die meisten Arabica-Samen, die ursprünglich auf die Insel gelangten, waren vermutlich von Typica aus dem Jemen abgeleitet. Auf Sumatra nennt man sie oft Djember Typica, doch bezeichnet man auch eine völlig andere, minderwertigere Sorte von Sulawesi als Djember.

Häufig trifft man ferner Varietäten an, die irgendwann einmal mit Robusta gekreuzt wurden. Die bekannteste dieser Hybriden ist die Hybrido de Timor, ein Elternteil der gängigeren Catimor. In Sumatra firmiert sie oft unter dem Namen TimTim.

SULAWESI

Auf Sulawesi wird Kaffee überwiegend von Kleinbauern erzeugt, doch gibt es auch sieben große Güter, die zusammen für rund fünf Prozent der Gesamtproduktion verantwortlich sind. Der meiste Arabica auf der Insel wächst hoch oben um Tana Toraja. Südlich davon liegt die Stadt Kalosi, deren Name zu einer Art Markenzeichen für Kaffee aus der Gegend geworden ist. Mamasa im Westen und Gowa südlich von Kalosi sind zwei weniger bekannte Anbaugebiete. Einige der interessantesten Kaffees von der Insel sind nass aufbereitet und können viel Genuss bereiten – es lohnt sich, sie aufzuspüren, falls sich die Gelegenheit dazu bietet. Allerdings ist auch die halbtrockene Aufbereitung nach wie vor verbreitet. Hinzu kommt eine erkleckliche Menge Robusta. Generell ist die Erzeugung auf der Insel etwas chaotisch, denn viele Kleinbauern kultivieren Kaffee nur im Nebenerwerb und konzentrieren sich ansonsten auf andere Agrarprodukte.

Höhe: Tana Toraja 1100–1800 Meter, Mamasa 1300–1700 Meter, Gowa (durchschnittlich 850 Meter)

Ernte: Mai–November

Sorten: S795, Typica-Varianten, Ateng

FLORES

Flores ist eine kleine Insel etwa 320 Kilometer östlich von Bali. Unter den indonesischen Inseln kam sie eher spät zum Kaffee – entsprechend lange dauerte es, bis sie sich einen Ruf erarbeitet hatte. Früher kam es häufig vor, dass ein großer Anteil der Erzeugnisse nicht als »Flores-Kaffee« exportiert wurde, sondern auf der Insel blieb oder als Ergänzung anderer Kaffees diente. Dank der aktiven und erloschenen Vulkane auf Flores findet man hier gute Böden.

Zu den wichtigsten Anbaugebieten gehört Bajawa. Die halbtrockene Aufbereitung ist nach wie vor sehr stark verbreitet, doch werden auch einige nass aufbereitete Posten in Umlauf gebracht.

Höhe: 1200–1800 Meter

Ernte: Mai–September

Sorten: Ateng, Typica-Varianten, Robusta

BALI

Kaffee kam relativ spät nach Bali. Anfangs wurde er nur auf dem Hochplateau von Kintamani angebaut. 1963 erlitt die Kaffeeindustrie auf der Insel einen herben Rückschlag, als der Vulkan Gunung Agung ausbrach. Er brachte über tausend Menschen den Tod und verwüstete den Osten der Insel. Um 1980 intensivierte die Regierung ihre Bemühungen um Ankurbelung des Kaffeeanbaus und verteilte teilweise sogar Arabica-Setzlinge – mit anscheinend nicht gerade durchschlagendem Erfolg, denn nach wie vor hat Robusta einen Anteil von ungefähr 80 Prozent.

Der Fremdenverkehr ist die größte Einnahmequelle der Insel, die Landwirtschaft jedoch der größte Arbeitgeber. Früher kaufte Japan den größten Teil der Produktion, wenn nicht sogar den Gesamtausstoß.

Höhe: 1250–1700 Meter

Ernte: Mai–Oktober

Sorten: Typica-Varianten, Robusta

Unten: In einer Plantage auf Bali werden Rohkaffeebohnen getrocknet. Viele Menschen in der Region sind in der Kaffeeindustrie beschäftigt. Ein beträchtlicher Teil der Erzeugnisse geht nach Japan.

PAPUA-NEUGUINEA

Viele werfen Kaffee aus Papua-Neuguinea in einen Topf mit seinem indonesischen Pendant, doch tut man dem Land damit unrecht: Die östliche Hälfte von Neuguinea hat in puncto Kaffee verhältnismäßig wenig mit dem indonesischen Westteil der Insel gemein. Begünstigt wird der Kaffeeanbau durch die große landschaftliche Vielfalt des pazifischen Inselstaates.

Der Kaffeeanbau auf der Insel ist relativ jung. Zwar wurde Kaffee schon in den 1890er-Jahren angebaut, doch war er zunächst nicht für den Verkauf bestimmt. 1926 gründete man 18 Güter mit Samen aus den jamaikanischen Blue Mountains, um zwei Jahre später ernsthaft in die Produktion einzusteigen.

Nach 1950 kam etwas Ordnung in die Kaffeeerzeugung. Eine verbesserte Infrastruktur erleichterte den Transport von Kaffee auf der Insel. Weiter aufwärts ging es in den 1970er-Jahren, was vielleicht auch mit dem Produktionsrückgang in Brasilien zu tun hatte. Die Regierung finanzierte eine Reihe von Programmen, um von Genossenschaften geführte Kleinfarmen zu fördern, da verwaltete Güter noch den Sektor dominierten. Ab den 1980er-Jahren begann tatsächlich ein Wandel und Dezentralisierungsprozess, was vermutlich auf den Verfall der Kaffeepreise zurückzuführen war, der viele Plantagen in finanzielle Schwierigkeiten brachte.

Die Kleinbauern sind nicht so abhängig von Marktmechanismen und konnten sich daher halten. Sie machen 95 Prozent der Erzeuger aus, betreiben aber oft

Im östlichen und westlichen Hochland von Papua-Neuguinea entstehen die besten Kaffees. Meist werden sie von Kleinbauern erzeugt.

Obwohl sich Kaffee in Papua-Neuguinea erst im 20. Jahrhundert etablierte, ist er heute ein gut eingeführtes Agrarprodukt. Exportiert wird vor allem Arabica aus den Hochlandregionen.

Subsistenzwirtschaft. Trotzdem produzieren sie rund 90 Prozent des angebauten Kaffees, bei dem es sich fast nur um Arabica handelt. Ein Großteil der Bevölkerung ist in irgendeiner Weise an der Erzeugung beteiligt, vor allem im Hochland. Weil viele Bauern keinen Zugang zu ordentlichen Aufbereitungsanlagen haben, ist es schwierig, erstklassigen Kaffee zu bekommen. Mangelnde Rückverfolgbarkeit steht seiner Erzeugung entgegen.

GESCHMACKSPROFIL

Die besten Kaffees aus Papua-Neuguinea haben oft einen buttrigen Charakter, herrliche Süße und enorme Komplexität.

GRADING

Die Exporte werden nach einem Qualitäts-Grading als AA, A, X, PSC und Y klassifiziert. Die ersten drei Gradings bekommen Gutskaffees, die letzten beiden Kleinbauernerzeugnisse. PSC steht für »Premium Smallholder Coffee«.

RÜCKVERFOLGBARKEIT

Die Rückverfolgbarkeit hat hier keine lange Tradition; manche Bauern kauften früher sogar Posten von anderen ein und gaben sie als ihre eigenen aus. Doch dank des ausgezeichneten Qualitätspotenzials seiner guten Höhenlagen und Böden ist der Spezialitätensektor auf das Land aufmerksam geworden. Halten Sie Ausschau nach Posten, die sich auf ein bestimmtes Gut, von denen nach wie vor mehrere erfolgreich im Geschäft sind, oder eine Erzeugergruppe zurückverfolgen lassen.

ANBAUGEBIETE

Bevölkerung: 7 060 000

Produktion 2013:
1 000 000 Säcke à 60 Kilogramm

Ein Großteil des Kaffees von Papua-Neuguinea entsteht in den Hochlandregionen. Dort ist auch ein enormes Potenzial zu erkennen. Außerhalb dieser Schlüsselanbaugebiete wird nur wenig Kaffee erzeugt.

ÖSTLICHES HOCHLAND

Durch Papua-Neuguinea zieht sich eine Gebirgskette, zu der das östliche Hochland gehört.

Höhe: 400–1900 Meter
Ernte: April–September
Sorten: Bourbon, Typica, Arusha

WESTLICHES HOCHLAND

Ein weiteres Hauptanbaugebiet. Die meisten Kaffees hier entstehen im Umkreis der Regionalhauptstadt Mount Hagen, die nach einem alten, inaktiven Vulkan benannt wurde. Der erzeugte Kaffee wird oft in Goroka gemahlen, weshalb sich eine Rückverfolgbarkeit mancher Posten schwierig gestalten kann. Dank der Kombination aus großer Höhenlage und unglaublich nährstoffreichen Böden hat diese höchst interessante Region ein großes Qualitätspotenzial.

Höhe: 1000–1800 Meter
Ernte: April–September
Sorten: Bourbon, Typica, Arusha

SIMBU

Die Provinz Simbu (offiziell Chimbu) ist das drittgrößte Anbaugebiet, erzeugt aber eine wesentlich geringere Menge als jede der beiden Hochlandprovinzen. Der Name ist dem Dialektwort Sipuuuu nachempfunden und bedeutet »Danke«. Das Gros der Erzeugnisse stammt aus den Kaffeegärten von Kleinbauern. Fast 90 Prozent der Bevölkerung sind in irgendeiner Weise an der Kaffeeproduktion beteiligt; für viele ist Kaffee das einzige Agrarprodukt, das sie verkaufen.

Höhe: 1300–1900 Meter
Ernte: April–September
Sorten: Bourbon, Typica, Arusha

VIETNAM

Vietnam in einem Buch über hochwertigen Spezialitätenkaffee einen Beitrag zu widmen ist eher ungewöhnlich: Das Land konzentriert sich fast ausschließlich auf die Erzeugung von Robusta. Trotzdem verdient es hier eine Erwähnung, denn es hat so ziemlich jedes Kaffeeerzeugerland der Welt beeinflusst.

Kaffee kam 1857 mit den Franzosen nach Vietnam und wurde ursprünglich im Zuge der Plantagenwirtschaft kultiviert. Eine feste Größe als Handelsgut erlangte er erst um 1910. Der Vietnamkrieg unterbrach den Anbau um Buôn Ma Thuột im zentralen Hochland. Nach dem Krieg wurde die Kaffeeindustrie zunehmend kollektiviert, was zu einem Rückgang der Erträge und der Produktion generell führte: 20 000 Hektar lieferten 5000 bis 7000 Tonnen Kaffee. In den nächsten 25 Jahren vervielfachte sich allerdings die Anbaufläche um den Faktor 25 und der Gesamtertrag sogar um das Hundertfache.

Dieses rasante Wachstum war auf die Doi-Moi-Reformen ab dem Jahr 1986 zurückzuführen, die bei der Erzeugung von Massenprodukten private Unternehmen zuließen. In den 1990er-Jahren schossen Neugründungen wie Pilze aus dem Boden. Viele konzentrierten sich auf die gewerbliche Erzeugung von Kaffee. Zwischen 1994 und 1998 erzielte Kaffee relativ hohe Preise, was ein starker Anreiz zur Steigerung des Ausstoßes war. So verdoppelte sich die Produktion zwischen 1996 und 2000 – mit letztendlich verheerenden Auswirkungen auf den Weltmarktpreis.

Durch die massive Produktionssteigerung avancierte Vietnam zum zweitgrößten Kaffeeerzeugerland der Welt. Das führte zu einem globalen Überangebot, das die Preise in den Keller purzeln ließ. Obwohl das Land vor allem

GESCHMACKSPROFIL

In Vietnam ist relativ wenig Qualitätskaffee erhältlich. Die meisten Vertreter schmecken flach und holzig. Es mangelt ihnen an Süße und Charakter.

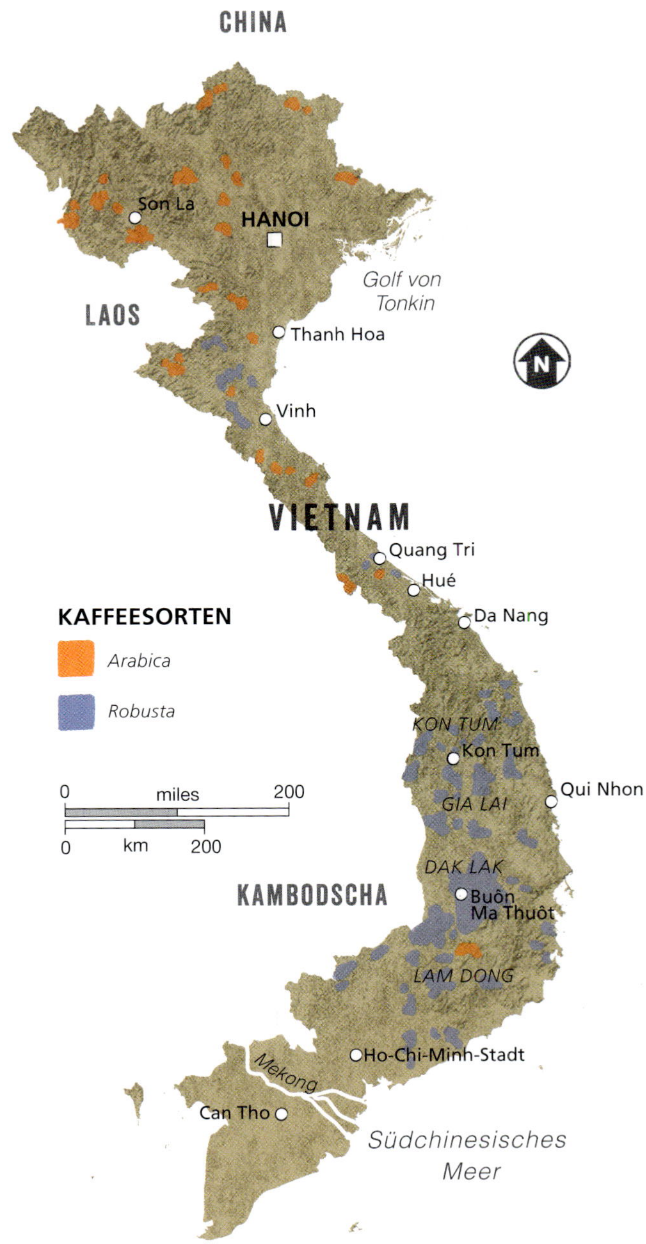

Robusta auf den Markt warf, zog der Abwärtstrend auch Arabica mit ins Verderben, da viele Großeinkäufer Massen- und nicht Qualitätsware brauchten. Die Übersättigung mit minderwertiger Ware brachte ihnen Vorteile.

Im Jahr 2000 wurde mit 900 000 Tonnen ein Allzeithoch erreicht, doch danach sank das Volumen. Als sich nach einiger Zeit die Preise wieder erholten, zog damit auch die vietnamesische Produktion an. Die Ernte 2012/2013 belief sich auf rund 1,3 Millionen Tonnen, was die weltweite Kaffeewirtschaft nachhaltig beeinflusste. Um 2010 wandte sich das Land immer mehr dem Anbau von Arabica zu. Angesichts der geringen Höhenlagen indes ist es schwer, Qualität zu produzieren.

RÜCKVERFOLGBARKEIT

Es gibt mehrere große Güter, von denen nicht wenige in der Hand internationaler Multis sind – entsprechend gut lassen sich einzelne Posten zurückverfolgen. Hochwertiges aufzutreiben dürfte aber extrem schwierig bleiben.

Vietnam ist der zweitgrößte Erzeuger der Welt. Die meisten Kaffees werden von Hand geerntet. Hier klauben Arbeiter auf einer Plantage bei Buôn Ma Thuôt Zweige und Blätter aus einem Posten Kirschen.

ANBAUGEBIETE

Bevölkerung: 89 709 000
Produktion 2013:
27 500 000 Säcke à 60 Kilogramm

Weil die Nachfrage nach rückverfolgbarem Kaffee gering ist, gibt es keine klar abgegrenzten Anbaugebiete, deren Namen von den Röstereien angegeben werden.

ZENTRALES HOCHLAND

Die Region setzt sich aus einer Reihe mehrerer Hochplateaus in den Provinzen Dak Lak, Lam Dong, Gia Lai und Kon Tum zusammen. Erzeugt wird in erster Linie Robusta. Zentrum der Kaffeeindustrie ist die Gegend um die Provinzhauptstadt Buôn Ma Thuôt, Dak Lak und Lam Dong sind die Hauptanbaugebiete: Sie produzieren etwa 70 Prozent des vietnamesischen Robusta-Volumens. Arabica wird im zentralen Hochland, speziell um die Stadt Dalat in der Provinz Lam Dong, seit etwa hundert Jahren angebaut, macht aber nach wie vor nur einen Bruchteil des nationalen Ausstoßes aus.

Höhe: 600–1000 Meter
Ernte: November–März
Sorten: Robusta-Sorten, etwas Arabica (vermutlich Bourbon)

SÜDVIETNAM

Ein geringer Prozentsatz Kaffee – mehrheitlich Robusta – wird nordöstlich von Ho-Chi-Minh-Stadt in der Provinz Dong Nai kultiviert. Das Anbaugebiet hat das Interesse von Multis wie Nestlé auf sich gezogen, die ihre Versorgungskette optimieren möchten.

Höhe: 200–800 Meter
Ernte: November–März
Sorten: Robusta

NORDVIETNAM

Arabica wächst in den Provinzen Son La, Thanh Hoa und Quang Tri im Norden des Landes unweit von Hanoi. Die Höhenlage würde für Arabica reichen, dennoch kommt von hier nur selten hohe Qualität auf den Markt. Obwohl Arabica lediglich einen Anteil von drei bis fünf Prozent am Gesamtvolumen hat, hält Vietnam unter den Arabica-Produzenten der Welt damit immer noch Platz 15.

Höhe: 800–1600 Meter
Ernte: November–März
Sorten: Bourbon, Sparrow (oder Se), Catimor, Robusta

Eine Arbeiterin mit einem von vielen Hundert Säcken im Lager eines kommunistischen Exporteurs in der südlichen Provinz Binh Duong. Vietnamesischer Kaffee wird größtenteils aus Robusta gewonnen.

JEMEN

Der gewerbliche Kaffeeanbau hat im Jemen eine längere Tradition als in jedem anderen Land. Sein Kaffee ist auf jeden Fall ungewöhnlich. Obwohl seit Jahrhunderten eine starke Nachfrage nach ihm herrscht, bediente der Jemen nie den Massenmarkt. Das Land ist einzigartig – von den Sorten über die terrassierten Anbauflächen und die Verarbeitung bis zum Handel.

Kaffee kam aus Äthiopien in den Jemen – entweder über den Handel oder im Gepäck von Pilgern, die sich von Äthiopien aus nach Mekka aufmachten. Schon im 15. und 16. Jahrhundert hatte er sich etabliert. Durch seine Ausfuhr erfuhr die Welt vom Hafen von Mokka, der einem eigenen Kaffeetyp den Namen gab und zum wohl verwirrendsten Begriff in der Kaffeewelt wurde (siehe Kasten auf der nächsten Seite).

Die Landwirtschaft im Jemen ist ein Sonderfall: Nur drei Prozent des Landes eignen sich für den Anbau von Acker- und Feldfrüchten – Wassermangel ist das größte Hindernis. Kaffee wird auf terrassierten Flächen in großer Höhe kultiviert und muss künstlich bewässert werden. Viele Bauern zapfen dafür nicht erneuerbare unterirdische Wasservorkommen an, die möglicherweise eines Tages erschöpft sind. Düngung ist nicht sehr verbreitet, weshalb auch noch mit einer Auslaugung des Bodens zu rechnen ist. Hinzu kommt, dass die Anbaugebiete äußerst entlegen sind. Das erklärt die Unmenge an einheimischen Arabica-Sorten im Land, die zum Teil nur in einer bestimmten Region vorkommen.

Geerntet wird im Jemen von Hand, wobei ein Baum mehrmals pro Saison geleert wird. Trotzdem ist eine selektive Lese nicht sehr verbreitet: Über- wie unreife

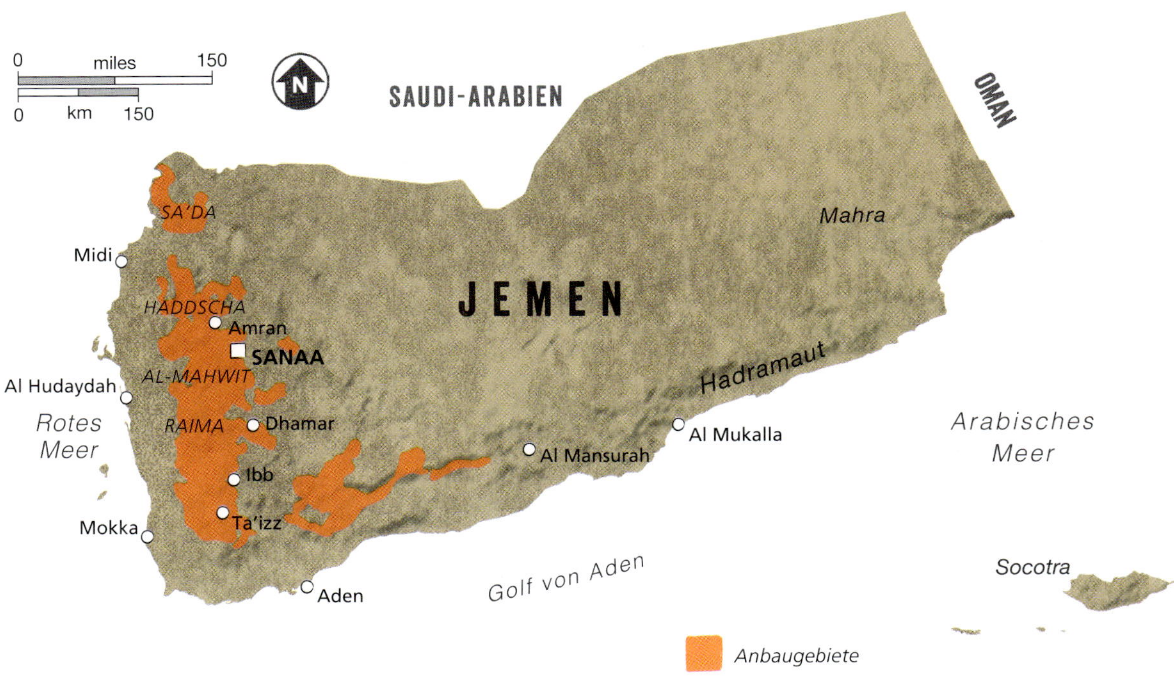

Kirschen werden häufig wahllos mit abgeerntet. Anschließend trocknet man alles in der Sonne – oft auf den Dächern der Bauernhäuser. Dort gibt es selten genügend Platz, weshalb die Lagen viel zu dick und Defekte wie ungleichmäßige Trocknung, Gärung oder Fäulnis an der Tagesordnung sind.

Jeder Erzeuger darf nur sehr wenig Kaffee anbauen. Einer im Jahr 2000 durchgeführten Volkszählung zufolge wurde in etwa 99 000 Haushalten Kaffee angebaut, was unter Berücksichtigung der geschätzten Gesamtmenge einen Durchschnitt von 113 Kilogramm Rohkaffee pro Farm und Jahr ergibt.

Die weltweite Nachfrage nach jemenitischem Kaffee ist sehr groß; etwa die Hälfte der Exporte geht nach Saudi-Arabien. Da das erzeugte Volumen relativ gering und die Produktionskosten vergleichsweise hoch sind, müssen sehr hohe Preise bezahlt werden. Allerdings hat sich die Rückverfolgbarkeit nicht verbessert – mitunter findet ein Posten erst über ein Netz aus Mittelsmännern vom Bauern zum Exporteur. Dort lagert er manchmal jahrelang, bis er endlich in den Export gelangt. Einige Händler verkaufen die ältesten Vorräte zuerst und deponieren frischeres Material in unterirdischen Höhlen.

DER BEGRIFF »MOKKA«

Die jemenitische Hafenstadt Mokka diente als Namensgeberin für den kraftvollen, pikanten Kaffee, der im Land durch Aufgießen von Kaffeepulver zubereitet wurde. Noch heute werden einige trocken aufbereitete Varianten aus anderen Ländern so genannt, etwa der Moka Harrar aus Äthiopien.

Man verschnitt die jemenitischen Kaffees oft mit ihren Pendants aus Java und brachte sie als »Mokka Java« in Umlauf. Der Name war nicht geschützt und wurde von vielen Röstereien benutzt, um den Geschmack einer bestimmten Hausmischung zu beschreiben, anstatt zu erklären, woher die Bestandteile stammten. Verwirrend sind die zahlreichen von Mokka abgeleiteten Bezeichnungen. Als Mocha, Caffè Mocha oder Mocaccino wird oft eine Mischung aus Espresso und heißer Schokolade bezeichnet. In Wien ist ein Mokka schlicht ein schwarzer Kaffee ohne Milch und Zucker.

QISHR

Qishr, auch Q'shr oder Quesher genannt, ist ein Nebenprodukt der Kaffeeerzeugung. Die getrocknete, noch nicht geröstete Hülle des Kaffeesamens wird bei der Aufbereitung entfernt und wie Tee aufgegossen. Im Jemen ist dieses Getränk recht populär. Seit einigen Jahren experimentieren auch Erzeuger in Mittelamerika damit und vermarkten das Getränk inzwischen als Cascara. Sie verwenden dafür allerdings nur das getrocknete Fruchtfleisch und nicht wie bei Qishr das Fleisch und das Pergamenthäutchen.

RÜCKVERFOLGBARKEIT

Eine Spurensuche nach den Ursprüngen jemenitischen Kaffees kann verwirrend sein. Oft ist in der Bezeichnung des Kaffees der Begriff »Mokka« enthalten – ein Hinweis auf den Hafen, von dem aus der Posten ausgeführt wurde. Meist lassen sich die Erzeugnisse nur zu einer Region zurückverfolgen und nicht zur Farm, auf der sie angebaut wurden. Nicht selten tauchen bei ihrer Beschreibung die lokalen Sortennamen auf, etwa Mattari.

In der alten Stadt Al-Masnaah nordwestlich von Sanaa brüht ein Verkäufer Kaffee für seine Kunden auf. Der Kaffeehandel des Landes blickt auf eine jahrhundertealte Tradition zurück.

Eine bessere Rückverfolgbarkeit garantiert aber nicht unbedingt auch bessere Qualität. Oft werden Kaffees verschiedener Regionen vor der Ausfuhr zusammengeworfen und einfach unter dem zugkräftigsten Namen verkauft. Die starke Nachfrage nach jemenitischen Erzeugnissen ist auf ihren ungewöhnlichen, wilden, scharf-pikanten Geschmack zurückzuführen, der zum Teil eine Folge der Defekte bei der Aufbereitung ist. Wer sich für Kaffee aus dem Jemen interessiert, sollte sich einen Lieferanten suchen, zu dem er ein gewisses Vertrauen hat. Ein Röster muss unzählige schreckliche Kaffees verkosten, um einen guten zu finden. Bei einem Blindkauf stehen die Chancen schlecht und man läuft Gefahr, ein Produkt zu erstehen, das schmutzig, faulig und unangenehm schmeckt.

Nur drei Prozent der Fläche im Jemen eignen sich für die Landwirtschaft, da es an Wasser fehlt. Diese terrassierte Pflanzung in einer kleinen Festungsstadt ist typisch für den Kaffeeanbau.

GESCHMACKSPROFIL

Jemenitischer Kaffee ist eine ganz neue Erfahrung. Er schmeckt wild, komplex und scharf und ist ganz anders als alle anderen Kaffees der Welt. Manche empfinden die wilden, leicht vergorenen Fruchtnuancen als abstoßend, andere schätzen sie sehr.

ANBAUGEBIETE

Bevölkerung: 25 235 000
Produktion 2013:
200 000 Säcke à 60 Kilogramm

Die Schreibweise von geografischen jemenitischen Namen ist im Westen alles andere als einheitlich. Der Jemen ist verwaltungstechnisch in 21 Gouvernements und einen Hauptstadtdistrikt unterteilt. Lediglich in zwölf Gouvernements wird Kaffee angebaut und auch davon sind nicht alle als Anbaugebiet von Bedeutung.

SANAA

Das größte Kaffeeanbaugebiet des Landes. Viele Premiumerzeugnisse aus dem Jemen tragen die Namen der kultivierten Sorten. Matari etwa ist ein Gebiet bei Bani Matar und auch der Name einer Sorte. Im Zentrum des Bereichs liegt Sanaa, Hauptstadt des ganzen Landes, die älteste durchgehend bevölkerte Stadt der Welt und mit einer Höhe von 2200 Meter über dem Meeresspiegel zugleich eine der höchstgelegenen.

Höhe: 1500–2200 Meter
Ernte: Oktober–Dezember
Sorten: Alte Sorten wie Matari, Ismaili, Harazi, Dawairi, Dawarani, Sanani und Haimi

RAIMA

Das kleinste Gouvernement wurde 2004 eingerichtet. Hier entsteht ein erklecklicher Anteil des jemenitischen Kaffees. Verschiedene nichtstaatliche Organisationen haben Bewässerungsprojekte realisiert, um die Kaffeeerträge zu erhöhen.

Höhe: durchschnittlich 1850 Meter
Ernte: Oktober–Dezember
Sorten: Alte Sorten wie Raymi, Dwairi, Bura'ae, Kubari, Tufahi oder Udaini

AL-MAHWIT

Die südlich von Sanaa gelegene Stadt At-Tawila war zwischen dem 15. und 18. Jahrhundert als Umschlagplatz für den Kaffeehandel in der Region bekannt. Außerdem wurde hier der Kaffee gesammelt und gelagert, bevor man ihn zu den Exporthäfen brachte.

Höhe: 1500–2100 Meter
Ernte: Oktober–Dezember
Sorten: Alte Sorten wie Mahwaiti, Tufahi, Udaini und Kholani

SA'DA

Das Gouvernement leidet unglücklicherweise seit 2004 unter dem Bürgerkrieg. Der Name hat nichts mit *sada* zu tun, dem arabischen Begriff für einen schwarzen Kaffee, der im ganzen Nahen Osten beliebt ist und oft mit Gewürzen serviert wird.

Höhe: durchschnittlich 1800 Meter
Ernte: Oktober–Dezember
Sorten: Alte Sorten wie Dawairi, Tufahi, Udaini oder Kholani

HADDSCHA

Ein kleines Anbaugebiet rund um die gleichnamige Hauptstadt des Gouvernements.

Höhe: 1600–1800 Meter
Ernte: Oktober–Dezember
Sorten: Alte Sorten wie Shari, Safi, Masrahi, Shami, Bazi, Mathani und Jua'ari

AMERIKA

Der Großteil des weltweit erzeugten Kaffees entsteht in Nord-, Mittel- und Südamerika. Allerdings ist die Bandbreite und Qualität der von dort exportierten Bohnen enorm. Brasilien beschickt zwar ein Drittel des internationalen Kaffeemarkts, doch steigt derzeit das Interesse an kleineren Erzeugern und ungewöhnlichen Sorten wie der Geisha in Panama. Auch der Ökotourismus und ein wachsendes Bewusstsein für nachhaltige, genossenschaftliche Bewirtschaftung verändern die Anbau- und Erntegepflogenheiten in der Neuen Welt.

BOLIVIEN

Bolivien hat das Potenzial, wahrhaft großen Kaffee hervorzubringen – und tut dies auch bereits in geringen Mengen. Die Gesamtproduktion des Landes ist jedoch kleiner als die einer einzigen brasilianischen Großplantage. Und sie schrumpft zu allem Übel auch noch, denn immer mehr Kaffeefarmen verschwinden von der Bildfläche.

Leider ist nur wenig über den Beginn der Kaffeekultur und die Geschichte des Anbaus in dem südamerikanischen Land bekannt. Man weiß nicht sehr viel mehr, als dass es seit etwa 1880 eine gewisse Produktion gab. Das Land ist groß, hat in etwa die Fläche von Äthiopien oder Kolumbien, aber keinen Zugang zum Meer, was die Exportaktivitäten von jeher nicht unbedingt vereinfacht hat, sondern mit einem hohen Zeit- und Kostenaufwand verband.

Bolivien ist relativ dünn besiedelt und hat nur gut zehn Millionen Einwohner. Die Bevölkerung wird oft als sehr arm beschrieben, 25 Prozent sollen sogar in extremer Armut leben. Die tragenden Wirtschaftssäulen des Landes sind der Bergbau, die Erdgasförderung und die Landwirtschaft, in welcher der Kaffeeanbau allerdings keinen hohen Stellenwert hat. Nicht zu übersehen sind die Folgen des Anbaus von Coca für den Drogenhandel. Die Bauern steigen zunehmend von Kaffee auf Coca um, denn der Rohstoff für die Kokainherstellung bietet den Erzeugern wegen der stabileren Preise größere Sicherheit. Während der Hochphase der Kaffeepreise 2010 und 2011 gelang es Bolivien und den Vereinigten Staaten mit Antidrogenprogrammen, Bauern zum Umstieg auf den Kaffeeanbau zu bewegen. Inzwischen sind die Preise jedoch wieder gefallen und die Menschen zur Produktion von Coca zurückgekehrt.

Dabei hat Bolivien in mancherlei Hinsicht ideale Bedingungen für die Kaffeekultur. Die notwendigen Höhenlagen sind vorhanden, das Klima hat klar abgegrenzte feuchte und trockene Jahreszeiten, und die meisten Bohnen stammen von alten Sorten wie Typica und Caturra. In letzter Zeit kamen aus Bolivien einige exzellente, saubere und komplexe Produkte auf den Markt, was nicht immer der Fall war. Vielmehr ernteten und entpulpten die Bauern in der Vergangenheit ihre Kirschen und transportierten sie anschließend zu Aufbereitungsanlagen. Das brachte zwei Probleme mit sich: Erstens konnte es sein, dass die Bohnen unterwegs gefroren, und zweitens enthielt die Masse noch genug Feuchtigkeit, um einen Gärprozess in Gang zu setzen. Das brachte oft einen Güteverlust mit sich und bescherte dem Kaffee unerwünschte Geschmacksnuancen. Immer häufiger bereiten qualitätsbewusste Erzeuger ihre Ernte inzwischen selbst auf. Die Vereinigten Staaten unterstützten den Bau kleiner Waschstationen im Land im Zuge ihres Drogenbekämpfungsprogramms. Trotz der Bemühungen um Hebung der Qualität hat Bolivien allerdings noch nicht die

Reputation von Nachbarn wie Kolumbien oder Brasilien. Immerhin brachten Wettbewerbe wie der Cup of Excellence die besten Erzeugnisse des Landes in die Schlagzeilen. Man sollte sie aufspüren, solange es sie noch gibt. Denn obwohl Spezialitätenkaffee heute mehr Gewinn abwirft als früher, verabschieden sich derzeit selbst qualitätsbewusste Bauern vom Kaffeeanbau.

RÜCKVERFOLGBARKEIT

Bolivianischer Kaffee lässt sich normalerweise bis zu einzelnen Farmen oder Genossenschaften zurückverfolgen.

GESCHMACKSPROFIL

Die besten bolivianischen Kaffees sind im Allgemeinen sehr süß und sehr sauber, aber selten sonderlich fruchtig im Geschmack.

Wegen der Landreformen ist die Zahl der Großgrundbesitzer seit 1991 gesunken. Die 23 000 Familien, die Kaffee anbauen, haben zwischen 1,2 und 8 Hektar Land. Für den Export zuständig sind etwa 30 private Unternehmen.

ANBAUGEBIETE

Bevölkerung: 10 461 000
Produktion 2013:
100 000 Säcke à 60 Kilogramm

Die Anbaugebiete in Bolivien waren nie exakt ausgewiesen. Deshalb sind auch die Etikettierungen und Herkunftsangaben der verschiedenen Röstereien nicht einheitlich.

YUNGAS

Rund 95 Prozent des bolivianischen Kaffees erblicken in dieser Region das Licht der Welt. Früher hatten die Erzeugnisse in Europa einen guten Ruf, doch hat sich das leider inzwischen geändert. Die Yungas sind ein bewaldeter Streifen entlang der Ostflanke der Anden und erstrecken sich von Peru über Bolivien bis Argentinien. Hier findet man einige der höchstgelegenen Kaffeeplantagen der Welt. Das Gebiet kann auf die längste Anbautradition im Land zurückblicken. Schon 1935 bezeichnet ein gewisser William Ukers in seinem Buch *All About Coffee* die Erzeugnisse von hier als »Yunga«.

Die Yungas liegen westlich von La Paz. Deshalb müssen viele Kaffeekäufer über die berühmte Yungas-Straße – die »Todesstraße« – fahren, um zu den Erzeugern zu gelangen. Dieser einspurige Weg wurde über weite Strecken in Bergflanken gehauen und hat keinerlei Begrenzungen, die verhindern, dass Fahrzeuge bis zu 600 Meter tief in die Schluchten stürzen.

Weil das Gebiet so groß ist, grenzen viele Röster die Herkunft ihrer Produkte etwas ein und nennen Subzonen wie Caranavi, Inquisivi oder Coroico.

Höhe: 800–2300 Meter
Ernte: Juli–November

SANTA CRUZ

Dem östlichsten Departamento Boliviens fehlt es allgemein an Höhe, um hochklassigen Kaffee hervorzubringen. Etliche Erzeuger sind im Bereich der Provinz Ichilo aktiv, doch hat Kaffee hier einen wesentlich geringeren Stellenwert als Reis oder Holz. Für die nationale Wirtschaft von allergrößter Bedeutung ist Santa Cruz allerdings wegen der Erdgasvorkommen.

Höhe: 410 Meter
Ernte: Juli–November

BENI

Ein großes, dünn besiedeltes Departamento im Nordosten des Landes. Eigentlich gehört es zu den Yungas, doch entsteht etwas Kaffee auch in dem außerhalb dieser Region liegenden Teil des Departamento. Beni ist vor allem Viehzüchterland, wenngleich viele Feldfrüchte angebaut werden, angefangen von Reis über Kakao bis hin zu Tropenfrüchten.

Höhe: 155 Meter
Ernte: Juli–November

Bolivien ist ein ideales Terrain für den Kaffeeanbau, doch sind Produktion und Ausfuhr wegen der Topografie des Landes schwierig. Die alte Straße von La Paz nach Coroico gilt als gefährlichste der Welt.

BRASILIEN

Brasilien ist seit über 150 Jahren der größte Kaffeeerzeuger der Welt. Derzeit geht etwa ein Drittel der weltweiten Produktion auf sein Konto – in der Vergangenheit indes belief sich der Marktanteil zeitweise auf 80 Prozent! In das Land gelangte Kaffee im Jahr 1727 von Französisch-Guayana aus, als Brasilien noch unter portugiesischer Herrschaft stand.

Die ersten Kaffeebäume pflanzte Francisco de Melo Palheta auf dem Gebiet des heutigen Bundesstaates Pará im Norden des Landes. Palheta, so will es die Legende, hatte sich auf eine diplomatische Mission nach Französisch-Guayana begeben, verführte dort die Frau des Gouverneurs und kehrte mit Kaffeesamen, die in einem Strauß Blumen von ihr versteckt waren, zurück. Der Kaffee, den er nach seiner Rückkehr pflanzte, war vermutlich nur für den Hausgebrauch gedacht. Er blieb zunächst ein relativ unbedeutendes Agrarprodukt, bis er sich allmählich von Garten zu Garten und von Farm zu Farm nach Süden ausbreitete.

DER BEGINN DER GEWERBLICHEN NUTZUNG

Keimzelle der gewerblichen Nutzung von Kaffee war ein Landstrich am Fluss Paraíba unweit von Rio de Janeiro. Eine Heimat fand Kaffee hier nicht, weil das Land für den Anbau ideal gewesen wäre, sondern weil es nicht weit von Rio entfernt lag, was die Ausfuhr erleichterte. Im Gegensatz zu den kleineren Kaffeefarmen, die in Mittelamerika entstanden, waren die ersten brasilianischen Güter große Sklavenplantagen. Diese industrielle Erzeugung ist in den übrigen Anbauländern bis heute unüblich und ein typisches Merkmal der brasilianischen Kaffeewirtschaft. Dabei waren die Plantagenbesitzer nicht zimperlich, sondern weiteten ihren Besitz aggressiv aus: Die Großen setzten sich bei Streitigkeiten über unzureichend definierte Grundstücksgrenzen gegen die Kleinen durch, und ein einziger Sklave war für vier- bis siebentausend Bäume verantwortlich. Als die Böden nach der intensiven Bewirtschaftung ausgelaugt waren, zog man einfach weiter auf noch unverbrauchtes Terrain.

Von 1820 bis 1830 boomte die Kaffeeproduktion. Die erzeugte Menge überstieg erstmals die Binnennachfrage, sodass man den globalen Markt ins Visier nahm. Die unermesslich reichen und mächtigen »Kaffeebarone« kontrollierten den Markt. Mit ihren Forderungen nahmen sie großen Einfluss auf die Regierungspolitik.

1830 erzeugte Brasilien 30 Prozent des weltweiten Kaffees. 1840 waren es bereits 40 Prozent, doch führte der massive Anstieg der Produktion zu einem Preisverfall. Bis Mitte des 19. Jahrhunderts war die brasilianische Kaffeeindustrie außerdem von Sklavenarbeit abhängig. Mehr als 1,5 Millionen Sklaven wurden ins Land gebracht, um auf den Plantagen zu arbeiten.

Als Großbritannien dem brasilianischen Sklavenhandel mit Afrika 1850 ein Ende bereitete, wandten sich die Kaffeebarone an Wanderarbeiter und an den internationalen Sklavenhandel. Groß war die Angst, dass die Abschaffung der Sklaverei 1888 die Kaffeeindustrie ins Trudeln bringen würde, doch entgegen allen Befürchtungen konnte die Ernte im ersten Jahr danach und auch in den Folgejahren erfolgreich eingefahren werden.

ZWEITER BOOM

Eine zweite Hausse erlebte die Kaffeebranche zwischen 1880 und 1930, als die Kaffeebarone in São Paulo und die Milcherzeuger in Minas Gerais die Landespolitik so maßgeblich prägten, dass man diese Epoche der brasilianischen Geschichte sogar Ära des *café com leite,* »Kaffee mit Milch«, nannte. Zur gleichen Zeit begann Brasilien mit der »Valorisierung« der Ernte, einer protektionistischen Maßnahme mit dem Ziel, die Kaffeepreise zu stabilisieren. Der Staat kaufte Kaffee von den Erzeugern zu überhöhten Preisen auf, wenn der Markt brachlag, und hielt ihn zurück, bis sich die Bedingungen wieder gebessert hatten. Das sorgte für stabile Preise und verhinderte eine Überversorgung infolge zu geringer Preise.

Um 1920 gingen 80 Prozent der weltweiten Produktion auf das Konto Brasiliens. Enorme Investitionen in die Infrastruktur wurden über die Kaffeebranche finanziert. Der ungehemmte Ausstoß führte schließlich zu einem so massiven Überschuss, dass die Weltwirtschaftskrise von 1929 das Land besonders hart traf. Im verzweifelten Bemühen, die Kaffeepreise wieder zu heben, ließ die Regierung 78 Millionen Säcke Kaffee verbrennen.

Während des Zweiten Weltkriegs wuchs in den Vereinigten Staaten die Sorge, die sinkenden Kaffeepreise könnten Südamerikas Staaten in die Fänge der Nationalsozialisten oder Kommunisten treiben. Deshalb wurde zur Stabilisierung ein internationaler Vertrag geschlossen, der auf einem Quotensystem basierte. Das hob die Preise, bis sie sich Mitte der 1950er-Jahre stabilisierten. Der Vertrag gilt als Vorläufer des umfassenderen, 1962 unterzeichneten International Coffee Agreement (ICA), dem sich bis heute 42 Erzeugerländer angeschlossen haben. Unter Berücksichtigung eines Indikatorpreises wurden die Quoten von einer International Coffee Organization (ICO) festgelegt. Fielen die Preise, wurden die Quoten reduziert, stiegen sie, erhöhte man sie.

Das Abkommen hatte bis 1989 Bestand, als Brasilien eine Reduzierung seiner Quote ablehnte und das ICA verließ. Der daraufhin unregulierte Markt führte zu einem drastischen Preissturz und mündete in die Kaffeekrise, die schließlich die Fair-Trade-Bewegung hervorbrachte.

EIN AUF UND AB

Da Brasilien eine so dominierende Kraft auf dem Kaffeemarkt war, hatte alles, was die Produktion im Land beeinflusste, auch direkte Auswirkungen auf die globale

ROBUSTA-PRODUKTION

Brasilien dominiert nicht nur die Arabica-Produktion, sondern gehört auch zu den wichtigsten Robusta-Erzeugern der Welt. Die Sorte wird in Anbaugebieten wie Rondonia angebaut, allerdings meist unter der Bezeichnung Conillon.

Preisentwicklung. Ein Faktor war das Auf und Ab der Erträge in zweijährigem Zyklus. Mit den Jahren hatte sich herausgestellt, dass die Erträge in Brasilien in einem Jahr hoch und dafür im nächsten niedrig waren. Man hat in den letzten Jahren viel unternommen, um diese Schwankungen abzumildern, und konnte tatsächlich erreichen, dass die Ausschläge mit jedem Jahr geringer wurden. Der Grund für die ungleichmäßige Ernte hat mit dem natürlichen Zyklus der Kaffeebäume zu tun, doch kann man durch einen leichten Schnitt erreichen, dass er sich etwas nivelliert. Bis vor Kurzem schnitt man radikal zurück, sodass im darauffolgenden Jahr wenig Kirschen zu erwarten waren.

Früher verursachten außerdem unvorhergesehene Zwischenfälle Ertragsschwankungen. 1975 vernichtete Frost fast 75 Prozent der gesamten Ernte, woraufhin sich die Weltmarktpreise nahezu verdoppelten. 2000 und 2001 waren zwei schlechte Jahre in Folge zu beklagen, 2002 jedoch konnte eine rekordverdächtige Ernte eingefahren werden. Sie fiel zusammen mit einer mehrjährigen Niedrigpreisphase infolge eines Überangebots auf dem Weltmarkt.

MODERNE KAFFEEPRODUKTION

Brasilien ist zweifellos der fortschrittlichste und am stärksten industrialisierte Kaffeeerzeuger der Welt. Weil der Schwerpunkt auf der Erzielung hoher Erträge liegt, stand das Land nicht im Ruf, sonderlich gute Qualität zu liefern. Die meisten großen Farmen arbeiten mit relativ primitiven Erntetechniken wie dem Strip Picking, bei dem man die Kirschen in einem Durchgang Ast für Ast vom Baum streift. Auf großen Plantagen mit ebenen Anbauflächen kommen Erntemaschinen zum Einsatz, die die Kirschen vom Baum schütteln. Bei keiner der beiden Methoden wird zwischen reifem und un- bzw. überreifem Material unterschieden, weshalb das Erntegut einen hohen Anteil ungeeigneter Kirschen enthält.

GESCHMACKSPROFIL

Besserer brasilianischer Kaffee hat eher wenig Säure und viel Körper. Er ist süß und lässt oftmals Schokoladen- und Nussnoten erkennen.

Lange Zeit bereitete Brasilien außerdem einen großen Teil seines Kaffees durch Trocknung der Kirschen in der Sonne auf Terrassen (siehe Seite 32). Die Einführung der Pulped-Natural-Aufbereitung Anfang der 1990er-Jahre tat der Qualität gut. Jahrelang aber kämpften die Spezialitätenerzeuger gegen den schlechten Ruf ihres Landes, Kaffees mit wenig Säure und viel Körper hervorzubringen, die sich vor allem für Espresso-Mischungen eignen.

Obwohl der meiste brasilianische Kaffee in Höhen heranreift, die zu niedrig für Topqualität sind, kann man interessante, exzellente Vertreter finden. Ferner entstehen einige sehr saubere und süße Editionen ohne viel Säure, was viele Menschen mit Recht als angenehm empfinden.

INLANDSVERBRAUCH

Brasilien versucht mit immer mehr Erfolg, den einheimischen Konsum anzukurbeln. Kindern schon in der Schule Kaffee zu geben, dürfte zwar bei vielen Stirnrunzeln verursachen, doch immerhin hat das Land beim Verbrauch inzwischen mit den Vereinigten Staaten gleichgezogen. Weil kein Rohkaffee nach Brasilien importiert werden darf, kommt ein beträchtlicher Teil innerhalb der Landesgrenzen in die Tasse. Allerdings ist dessen Qualität geringer als die der Exportware.

In den großen Städten entstehen allenthalben Cafés, obwohl sich die Preise dort mit denen besserer Kaffeebars in den USA und Europa vergleichen lassen – und somit ein weiteres Symbol für die immer größere Kluft zwischen Arm und Reich in Brasilien sind.

RÜCKVERFOLGBARKEIT

Hochwertiger Kaffee lässt sich meist bis zur Herkunftsfarm *(fazenda)* zurückverfolgen, während die Erzeugnisse minderer Qualität als Massenware veräußert werden und sich ihre Spur verliert. Als »Santos« etikettierte Produkte wurden lediglich vom gleichnamigen Hafen aus verschifft und geben keinen Hinweis auf ihren Ursprung. Die Faustregel, wonach ein Zusammenhang zwischen Qualität und Rückverfolgbarkeit besteht, gilt in Brasilien nicht, denn es gibt Farmen im Land, die mehr Kaffee erzeugen als ganz Bolivien.

Ein Arbeiter öffnet die Schleuse eines Waschtanks und lässt die sauberen Bohnen auf einen Anhänger rutschen.

ANBAUGEBIETE

Bevölkerung: 201 033 000
Produktion 2013:
47 544 000 Säcke à 60 Kilogramm

In Brasilien werden viele verschiedene Kaffeesorten angebaut. Manche sind sogar im Land selbst entwickelt worden bzw. hier auf natürliche Weise entstanden, etwa Mundo Novo, Yellow Bourbon, Caturra oder Catuai.

BAHIA

Der große Bundesstaat im Osten gehört zu den nördlichsten Anbaugebieten des Landes. In den letzten Jahren ist hier immer mehr Interessantes aufgetaucht. Viele wurden auf die Region aufmerksam, nachdem beim Cup-of-Excellence-Wettbewerb 2009 fünf der zehn ersten Plätze von Kaffees aus Bahia erobert worden waren.

CHAPADA DIAMANTINA

Dieser wunderschöne, für seinen Nationalpark bekannte Landstrich wurde nach seiner Geologie benannt: »Chapada« heißen die steilen Klippen in der Region, »Diamantina« die im 19. Jahrhundert entdeckten Diamanten aus der Gegend. Eine beachtliche Zahl von Farmen erzeugt Kaffee nach der von Rudolf Steiner entwickelten biodynamischen Methode.

Höhe: 1000–1200 Meter
Ernte: Juni–September

Unten: Mithilfe eines Siebes trennt ein brasilianischer Farmer die Kaffeekirschen von Verunreinigungen, die vom Wind weggetragen werden.

CERRADO DA BAHIA/WEST-BAHIA

Das Anbaugebiet bietet sich für die industrialisierte, bewässerungsgestützte Kaffeeproduktion in großem Maßstab an. Um 1980 war es Teil eines staatlichen Projekts zur Förderung der Landwirtschaft über preiswerte Kredite und Anreize für etwa 600 Bauern, die hierher umsiedelten. 2006 wurden 1,5 Millionen Hektar Land bewirtschaftet, doch wächst Kaffee nur auf einem relativ kleinen Teil. Dank eines stabilen, warmen, sonnenreichen Klimas lassen sich recht hohe Erträge erzielen, weshalb es nicht ganz einfach ist, in diesem Teil Brasiliens wirklich erstaunliche Erzeugnisse aufzutreiben.

Höhe: 700–1000 Meter
Ernte: Mai–September

PLANALTO DA BAHIA

In diesem Anbaugebiet liegt der Schwerpunkt eher auf kleinbäuerlicher Produktion. Man nutzt die kühleren Temperaturen sowie die größeren Höhenlagen für die Erzeugung höherwertiger Kaffees.

Höhe: 700–1300 Meter
Ernte: Mai–September

MINAS GERAIS

Der Bundesstaat Minas Gerais gehört zum Südosten des Landes. Hier findet man einige der höchsten Berge Brasiliens – und entsprechend günstige Höhenlagen für den Anbau von Kaffee.

CERRADO

Cerrado bedeutet übersetzt »tropische Savanne« und wird zwar oft für die gesamte Savanne verwendet, die sich durch viele brasilianische Bundesstaaten zieht, in der Kaffeewelt allerdings bezieht sich der Begriff meist auf die Region im Westen von Minais Gerais. Sie mischt noch nicht lange im Kaffeegeschehen mit, was erklärt, warum große, mechanisierte Plantagen dominieren. Über 90 Prozent der Erzeugerbetriebe sind größer als zehn Hektar.

Höhe: 850–1250 Meter
Ernte: Mai–September

SUL DE MINAS

Hier wurde früher ein Großteil des brasilianischen Kaffees angebaut. Viele kleine Farmen erzeugen seit Generationen Kaffee. Vielleicht gibt es deshalb hier so viele Genossenschaften. Trotz der kleinformatigen Landwirtschaft aber wird vielerorts industriell mit hohem Maschineneinsatz gearbeitet.

Einige Zonen in diesem Gebiet haben in jüngster Zeit die Aufmerksamkeit auf sich gezogen, etwa Carmo de Minas um das Dorf Carmo, wo eine beachtliche Zahl von Anbaubetrieben die vorteilhaften Boden- und Klimabedingungen nutzt, um Premiumerzeugnisse anzubauen.

Höhe: 700–1350 Meter
Ernte: Mai–September

CHAPADA DE MINAS

Das relativ kleine Gebiet erstreckt sich weiter nördlich etwas abseits der übrigen eng beieinanderliegenden Anbaubereiche im Süden. Kaffee begann man hier erst Ende der 1970er-Jahre zu pflanzen. Einige Erzeuger machten sich die relativ flache Topografie zunutze und mechanisierten die Produktion.

Höhe: 800–1100 Meter
Ernte: Mai–September

MATAS DE MINAS

Die Region, in der man schon früh auf Kaffee setzte, kam mit den Kaffee- und Milchbaronen zwischen 1850 und 1930 zu Reichtum. In den letzten Jahren fand zwar eine Diversifizierung statt, doch werden nach wie vor 80 Prozent der landwirtschaftlichen Einnahmen durch den Kaffeeanbau erzielt.

Wegen des hügeligen Lands mit seinen steilen Bergflanken können die Kirschen nur von Hand geerntet werden. Es gibt zwar viele Kleinbauern – fast 50 Prozent der Höfe haben weniger als zehn Hektar Anbaufläche –, doch lässt das keinerlei Rückschlüsse auf die Qualität zu. Dennoch ist ein Aufwärtstrend zu erkennen, und viele Farmen erzeugen inzwischen hervorragenden Kaffee.

Höhe: 550–1200 Meter
Ernte: Mai–September

SÃO PAULO

Zum Bundesstaat São Paulo gehört eines der bekannteren Kaffeeanbaugebiete Brasiliens: Mogiana. Benannt wurde es nach der Mogiana Railroad Company, die 1883 hier die »Kaffeeeisenbahn« errichten ließ. Sie erleichterte den Transport, was zu einem erheblichen Anstieg der Kaffeeproduktion führte.

Höhe: 800–1200 Meter
Ernte: Mai–September

MATO GROSSO UND MATO GROSSO DO SUL

Hier reift nur ein Bruchteil der brasilianischen Jahresproduktion heran. Das ausgedehnte, flache Hochland eignet sich besser für die riesigen Rinderherden und den Sojabohnenanbau.

Höhe: durchschnittlich 600 Meter
Ernte: Mai–September

ESPIRITO SANTO

Obwohl Espirito Santo verglichen mit anderen Anbaugebieten relativ klein ist, steuert es zur Jahresproduktion den zweitgrößten Anteil aller Anbaugebiete Brasiliens bei. Die Hauptstadt Vittoria ist ein wichtiger Exporthafen für Kaffee. Allerdings besteht die Produktion zu 80 Prozent aus Conillon alias Robusta. Im Süden sind die Bauern eher Arabica zugewandt, sodass man hier noch am ehesten interessante Erzeugnisse auftreiben kann.

Höhe: 900–1200 Meter
Ernte: Mai–September

PARANÁ

Manche bezeichnen diesen Bundesstaat als südlichstes Kaffeeanbaugebiet der Welt. In Brasiliens Landwirtschaft hat er einen hohen Stellenwert. Obwohl er nur 2,5 Prozent der gesamten Landfläche ausmacht, entstehen hier fast 25 Prozent aller Agrarprodukte. Kaffee war früher das wichtigste landwirtschaftliche Erzeugnis, nach den Frostschäden von 1975 aber erweiterten viele Bauern ihr Repertoire. Einst wurden jährlich 22 Millionen Säcke geerntet, heute sind es gerade noch zwei Millionen. Die ersten Siedler ließen sich in der Nähe der Küste nieder, doch Kaffee war der Grund, warum viele landeinwärts zogen. Zwar ist wegen der geringen Höhen wirklich hochwertiger Kaffee nicht möglich, doch verlangsamen die relativ kühlen Temperaturen die Fruchtreife, was sich positiv auf die Qualität auswirkt.

Höhe: bis 950 Meter
Ernte: Mai–September

KOLUMBIEN

Kaffee wurde vermutlich 1723 von den Jesuiten ins Land gebracht, doch sind die historischen Quellen nicht eindeutig. Allmählich breitete sich die Frucht auf die verschiedenen Regionen aus, aber eine umfangreichere Produktion wurde erst Ende des 19. Jahrhunderts erreicht. Immerhin hatte Kaffee 1912 bereits einen Anteil von 50 Prozent am Gesamtexport.

Kolumbien erkannte schon früh die Vorteile guten Marketings. Der vermutlich größte Coup war die Erfindung von Juan Valdez und seinem Maultier im Jahr 1958. Die Werbefiguren, die den kolumbianischen Kaffee verkörpern sollten, erschienen auf Kaffeetüten und in Werbekampagnen. Inzwischen haben drei Schauspieler im Lauf der Jahrzehnte ihr Konterfei zur Verfügung gestellt. Juan Valdez bekam einen hohen Wiedererkennungswert, vor allem in den USA. Mit ihm wurden frühe Reklameaktivitäten mit Slogans wie »Kaffee aus den Bergen« oder »100 % kolumbianischer Kaffee« fortgeführt. Dadurch erarbeitete sich Kolumbien in aller Welt ein Image als Kaffeeland Nummer eins.

Für das Marketing heute ist wie schon damals die Federación Nacional de Cafeteros (FNC) zuständig. Die 1927 gegründete Organisation hat in der Kaffeewelt eine Sonderstellung. Zwar gibt es in vielen Ländern Zusammenschlüsse für den Export und die Verkaufsförderung des einheimischen Kaffees, aber nur wenige sind so groß und komplex wie die FNC. Sie entstand ursprünglich als gemeinnütziger Verein zur Vertretung der Interessen von Kaffeebauern und wird von einer Sondersteuer auf alle Kaffeeexporte finanziell getragen. Da Kolumbien zu den größten Kaffeeerzeugern weltweit gehört, verfügt die FNC über enorme Mittel und wuchs mit der Zeit zu einem veritablen bürokratischen Monster heran, was allerdings angesichts der inzwischen 500 000 Mitglieder, die juristisch alle Besitzer der FNC sind, vielleicht unumgänglich ist. Vordergründig kümmert sich die FNC um Aufgaben wie Marketing, Produktion und Finanzen, doch im Hintergrund gestaltet sie auch die Sozial- und Verkehrsinfrastruktur, indem sie beispielsweise Landstraßen, Schulen und Krankenhäuser baut. Darüber hinaus engagiert sie sich in weiteren Sektoren, um die regionale Entwicklung und den Wohlstand im Land zu fördern.

Kolumbien gehört zu den größten Kaffeeerzeugern der Welt. Der Export wird von einer nationalen Organisation kontrolliert. Dank klar ausgewiesener Anbaugebiete ist die Bandbreite der Produkte groß.

FNC UND QUALITÄT

Seit einigen Jahren gibt es Spannungen zwischen der FNC und qualitätsbewussteren Mitgliedern, denn die Politik des Verbands war nicht immer qualitätsfördernd. Die FNC unterhält eine Forschungsabteilung namens Cenicafé, die sich mit der Entwicklung von Sorten befasst. Viele werfen ihr vor, dass die Förderung von Sorten wie Castillo dem Ertrag Vorrang vor Qualität einräumte. Beide Seiten haben gute Argumente, und angesichts des Klimawandels, der immer mehr die Stabilität der kolumbianischen Produktion beeinträchtigt, wird es schwierig, Sorten ablehnend gegenüberzustehen, mit denen die Bauern sich ihren Lebensunterhalt sichern. Selbst wenn dabei einige Topqualitäten auf der Strecke bleiben.

RÜCKVERFOLGBARKEIT

Die FNC führte die Bezeichnungen »Supremo« und »Excelso« ein, die sich allerdings ausschließlich auf die Bohnengröße beziehen und nichts mit Qualität zu tun haben. Leider verschleiert diese Klassifizierung die Herkunft von Kaffee, denn dergestalt etikettierte Posten stammen von unzähligen Farmen und werden gemischt, bevor durch mechanisches Sieben die Größe bestimmt wird. Dabei entstehen zwangsläufig Massenprodukte, deren Bezeichnungen bei der Suche nach Qualität nicht hilfreich sind. Der Spezialitätensektor versucht eine gewisse Rückverfolgbarkeit zu bewahren. Wer also Hochklassiges sucht, sollte nach Posten einer bestimmten geografischen Herkunft statt nach einer vorgegebenen Bohnengröße suchen.

GESCHMACKSPROFIL

Kolumbianischer Kaffee zeichnet sich durch eine große Bandbreite an Geschmacksprofilen aus. Das Spektrum reicht von schweren, schokoladigen bis hin zu marmeladigen, süßen, fruchtigen Vertretern.

Risaralda ist ein gebirgiges Departamento im westlichen Zentralkolumbien. In diesem gut eingeführten Anbaugebiet reifen einige der bekanntesten Kaffees des Landes heran.

ANBAUGEBIETE

Bevölkerung: 47 073 000
Produktion 2013:
10 900 000 Säcke à 60 Kilogramm

Die kolumbianische Kaffeelandschaft setzt sich aus klar abgegrenzten Anbaugebieten zusammen, die eine beeindruckende Bandbreite an Kaffees auf den Markt bringen. Ganz gleich, ob man rundere und schwerere oder lebendigere und fruchtigere Erzeugnisse oder ein dazwischen angesiedeltes Produkt sucht, in Kolumbien findet man mit Sicherheit etwas nach seinem Geschmack. Die Anbaugebiete orientieren sich allerdings eher nach geografischen als nach politischen Gegebenheiten, sodass man durchaus Ähnlichkeiten zwischen Erzeugnissen aus einem Bereich erkennen kann. Wer den Kaffee eines Herkunftsgebiets mag, wird vermutlich auch die anderen Produkte von dort schätzen.

Die Kaffeebauem in Kolumbien liefern zwei Ernten im Jahr, eine Haupternte und eine *mitaca* genannte Zweiternte.

CAUCA

Die bekanntesten Kaffees aus diesem Departamento werden um Inza und die Hauptstadt Popayán angebaut. Die Meseta de Popayán ist ein Hochplateau mit günstigen Bedingungen für die Kaffeekultur: Sie liegt ausreichend hoch, ist nicht weit vom Äquator entfernt und wird von einem nahen Gebirge vor der Feuchtigkeit des Pazifiks und dem Passat aus dem Süden geschützt. Daraus resultiert ein ganzjährig stabiles Klima. Hinzu kommen vulkanische Böden. Früher gab es alljährlich von Oktober bis Dezember eine zuverlässig eintretende Regenzeit.

Höhe: 1700–2100 Meter
Ernte: März–Juni (Haupternte)
November–Dezember *(mitaca)*
Sorten: 21 % Typica, 64 % Caturra,
15 % Castillo

VALLE DEL CAUCA

Das Cauca-Tal, das sich zwischen zwei großen Gebirgsketten der Anden hindurchzieht, gehört zu den fruchtbarsten Regionen des Landes, war allerdings auch eines der Zentren des bewaffneten Konflikts. Die meisten Farmen sind ziemlich klein. Die rund 75 800 Hektar Anbaufläche verteilen sich auf 26 000 Farmen und 23 000 Familien.

Höhe: 1450–2000 Meter
Ernte: September–Dezember
(Haupternte)
März–Juni *(mitaca)*
Sorten: 16 % Typica, 62 % Caturra,
22 % Castillo

TOLIMA

Tolima gehört zu den letzten Hochburgen der berüchtigten FARC, einer Guerillatruppe, die hier bis vor Kurzem das Sagen hatte. Tolima litt in den letzten Jahren schwer unter den Kämpfen, was einen Besuch erschwerte. Qualitätskaffee stammt von Kleinbauern, die sich in Genossenschaften zusammengeschlossen haben und winzige Anbauflächen bewirtschaften.

Höhe: 1200–1900 Meter
Ernte: März–Juni (Haupternte)
Oktober–Dezember *(mitaca)*
Sorten: 9 % Typica, 74 % Caturra,
17 % Castillo

HUILA

Das Departamento Huila eignet sich dank hervorragender Böden und optimaler geografischer Bedingungen gut für den Anbau von Kaffee, weshalb einige der komplexesten, fruchtigsten Erzeugnisse des Landes hier ihren Ursprung nehmen. Über 70 000 Kaffeebauern mit zusammen mehr als 16 000 Hektar Grund sind in Huila aktiv.

Höhe: 1250–2000 Meter
Ernte: September–Dezember
(Haupternte)
April–Mai *(mitaca)*
Sorten: 11 % Typica, 75 % Caturra,
14 % Castillo

QUINDIO

Quindio ist ein kleines Anbaugebiet unmittelbar westlich von Bogotá. Kaffee spielt in der hiesigen Wirtschaft eine eminent wichtige Rolle, denn die Arbeitslosigkeit ist hoch. Viele Farmer sind allerdings in letzter Zeit wegen der mit der Kaffeeproduktion verbundenen Risiken, der Folgen des Klimawandels und des vermehrten Auftretens von Kaffeekrankheiten auf den Anbau von Zitrusfrüchten und Macadamianüssen umgestiegen.

In Quindio befindet sich der Parque Nacional del Café, ein Themenpark, in dem sich alles um Kaffee und dessen Erzeugung dreht. Ende Juni jeden Jahres richtet die Gemeinde Calarcá das nationale Kaffeefest aus, das seit 1960 stattfindet und in dessen Verlauf unter anderem ein nationaler Schönheitswettbewerb stattfindet.

Höhe: 1400–2000 Meter
Ernte: September–Dezember
(Haupternte)
April–Mai *(mitaca)*
Sorten: 14 % Typica, 54 % Caturra,
32 % Castillo

RISARALDA

Das Departamento ist ein weiteres gut eingeführtes Anbaugebiet. Ein beträchtlicher Prozentsatz der Kaffeebauern gehört einer Genossenschaft an, weshalb einige ethisch orientierte Zertifizierungsorganisationen auf Risaralda aufmerksam wurden. Kaffee spielt im sozialen und wirtschaftlichen Leben eine wichtige Rolle; entsprechend viele Bewohner verdienen sich ihren Lebensunterhalt damit. In den 1920er-Jahren war eine große Zuwanderung zu verzeichnen – viele kamen, um Kaffee anzubauen –, doch zur Jahrtausendwende wanderte ein Teil der Bevölkerung wieder in andere Regionen und Länder ab. Die Hauptstadt dient auch für die Anbaugebiete Caldas und Quindio als Verkehrsdrehkreuz. Risaraldas Fernstraßennetz hat als Autopista del Café, »Kaffeeautobahn«, Bekanntheit erlangt.

Höhe: 1300–1650 Meter
Ernte: September–Dezember (Haupternte)
April–Mai *(mitaca)*
Sorten: 6 % Typica, 59 % Caturra, 35 % Castillo

NARIÑO

In Nariño findet man einige der höchsten Kaffeehaine Kolumbiens – und zugleich einige der erstaunlichsten, komplexesten Kaffees. Der Anbau in so großen Höhen ist nicht einfach; mancherorts muss man damit rechnen, dass die Pflanzen an der Kaffeewelke eingehen. Gleichwohl liegt Nariño so nah am Äquator, dass sich das Klima gut für die Kaffeekultur eignet. Fast alle der 40 000 Erzeuger sind Kleinbauern mit weniger als zwei Hektar Land. Viele haben Gruppierungen und Organisationen gebildet, die sich gegenseitig unterstützen und mit der FNC zusammenarbeiten. Die durchschnittliche Anbaufläche pro Erzeuger liegt bei nicht einmal einem Hektar; nur 37 Betriebe bewirtschaften mehr als fünf Hektar Land.

Höhe: 1500–2300 Meter
Ernte: April–Juni
Sorten: 54 % Typica, 29 % Caturra, 17 % Castillo

CALDAS

Caldas ist neben Quindio und Riseralda Bestandteil der kolumbianischen Kaffeeachse, auch als Kaffeedreieck bekannt. Hier reift ein großer Teil des kolumbianischen Kaffees heran. Früher galt Caldas als Herkunftsgebiet einiger der besten kolumbianischen Erzeugnisse, inzwischen aber haben ihm andere Anbaubereiche den Rang abgelaufen.

Das Departamento ist auch Sitz von Cenicafé, dem nationalen Kaffeeforschungszentrum der FNC. Es gilt als weltweit führende Einrichtung ihrer Art auf dem Gebiet der Kaffeeproduktion. Hier wurde unter anderem eine Reihe nur in Kolumbien verwendeter Sorten wie die krankheitsresistente Colombia und die Castillo gezüchtet.

Höhe: 1300–1800 Meter
Ernte: September–Dezember (Haupternte)
April–Mai *(mitaca)*
Sorten: 8 % Typica, 57 % Caturra, 35 % Castillo

ANTIOQUIA

Antioquia gilt als Geburtsstätte des kolumbianischen Kaffees und der FNC. Das Departamento gehört zu den wichtigsten Anbaugebieten des Landes und bewirtschaftet 128 000 Hektar Kaffee, mehr als jede andere Region. Große Güter findet man ebenso wie Genossenschaften und Kleinbauern.

Höhe: 1300–2200 Meter
Ernte: September–Dezember (Haupternte)
April–Mai *(mitaca)*
Sorten: 6 % Typica, 59 % Caturra, 35 % Castillo

CUNDINAMARCA

Im Zentrum des Departamento liegt Bogotá, mit 2625 Metern über dem Meeresspiegel eine der höchstgelegenen Hauptstädte der Welt und schon in einer Höhenzone, in der Kaffee nicht mehr wächst. Cundinamarca war Kolumbiens zweite Region, die Kaffee für den Export anbaute, wobei der Spitzenwert der Produktion kurz vor dem Zweiten Weltkrieg erreicht wurde. Damals gingen etwa zehn Prozent des nationalen Ausstoßes auf das Konto des Anbaugebiets, doch hat sich der Anteil seither stetig verringert. Früher gab es hier einige Großplantagen mit zum Teil über einer Million Bäume.

Höhe: 1400–1800 Meter
Ernte: März–Juni (Haupternte)
Oktober–Dezember *(mitaca)*
Sorten: 35 % Typica, 34 % Caturra, 31 % Castillo

SANTANDER

Santander gehörte zu den ersten kolumbianischen Anbaugebieten, die mit ihren Erzeugnissen in den Export gingen. Es liegt niedriger als andere, was man den Kaffees auch oft anmerkt: Sie neigen eher zu einem runden, süßen Charakter als zu einem saftigen, komplexen Wesen. Auf die Biodiversität der Region legt man viel Wert; ein Großteil der Erzeugnisse hat die Zertifizierung der Rainforest Alliance.

Höhe: 1200–1700 Meter
Ernte: September–Dezember
Sorten: 15 % Typica, 32 % Caturra, 53 % Castillo

NORTE DE SANTANDER

Das Departamento im Norden Kolumbiens an der Grenze zu Venezuela widmete sich schon sehr früh der Kultur von Kaffeebäumen und war möglicherweise sogar das erste Anbaugebiet des Landes.

Höhe: 1300–1800 Meter
Ernte: September–Dezember
Sorten: 33 % Typica, 34 % Caturra, 33 % Castillo

SIERRA NEVADA

Ein weiteres Anbaugebiet in niedrigerer Höhe, weshalb auch hier der Kaffee eher rund und schwer als elegant und lebhaft ausfällt. Kultiviert werden die Bäume an den Bergflanken der Anden, die mit Hangneigungen von 50 bis 80 Grad für die Bauern ausgesprochen schwierig zu bearbeiten sind. Der in vielen spanischsprachigen Ländern vorkommende Name bedeutet »schneebedecktes Gebirge«.

Höhe: 900–1600 Meter
Ernte: September–Dezember
Sorten: 6 % Typica, 58 % Caturra, 36 % Castillo

COSTA RICA

Kaffee ist in Costa Rica seit dem frühen 19. Jahrhundert heimisch. Als das Land im September 1821 von Spanien in die Unabhängigkeit entlassen wurde, verteilte der Staat kostenlos Kaffeesamen, um die Produktion anzukurbeln. Historischen Aufzeichnungen zufolge gab es damals etwa 17 000 Kaffeebäume im Land.

Die Regierung setzte ihr Förderprogramm für Kaffee im Jahr 1825 fort, indem sie die Bauern von einigen Steuern befreite. 1831 verfügte sie sogar, dass jeder, der fünf Jahre lang Kaffee auf Brachland kultivierte, Besitzer dieses Landes wurde. 1820 wurde zwar bereits eine geringe Menge Kaffee nach Panama ausgeführt, doch so richtig nahm man die Exporttätigkeit erst 1832 auf. Abnehmer war letztendlich England, aber der Handel lief über Chile, wo man die Posten umpackte und in »Café Chileno de Valparaíso« umbenannte. Direkt nach England verschickt wurde Kaffee ab 1843, kurz nachdem die Briten sich zunehmend im Land engagierten. Das führte schließlich zur Gründung einer anglo-costa-ricanischen Bank im Jahr 1863, welche die nötigen Gelder zum Ausbau der Kaffeeindustrie zur Verfügung stellte.

Die Plantage San Isidro de Alajuela ist typisch für die gut organisierte costa-ricanische Produktion. Zu den vielen Vorzügen des Exportmarkts gehören die im 19. Jahrhundert eingeführten Nassmühlen.

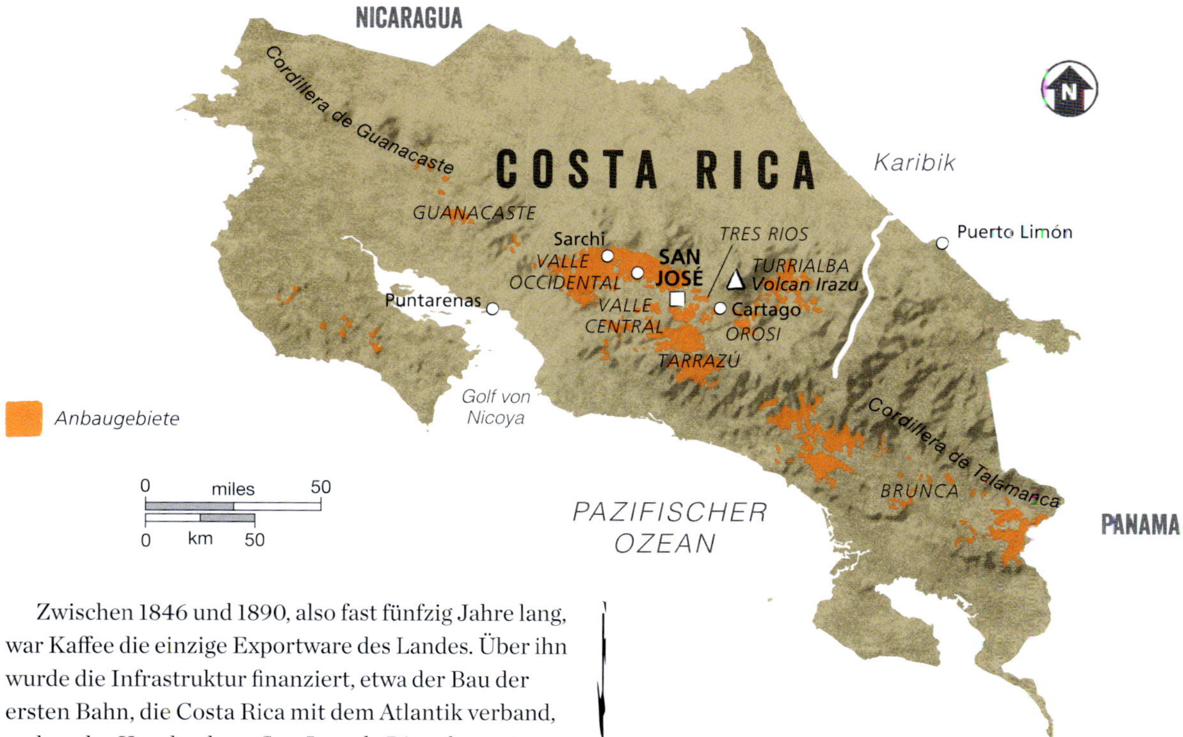

Zwischen 1846 und 1890, also fast fünfzig Jahre lang, war Kaffee die einzige Exportware des Landes. Über ihn wurde die Infrastruktur finanziert, etwa der Bau der ersten Bahn, die Costa Rica mit dem Atlantik verband, zudem das Krankenhaus San Juan de Dios, das erste Postamt und die erste staatliche Druckerei. Auch die Kultur profitierte: Nicht nur das Nationaltheater, auch die ersten Bibliotheken und die Universität Santo Tomás sind der Kaffeewirtschaft zu verdanken. Die Infrastruktur brachte dem Land obendrein einen Vorteil, wenn es darum ging, bessere Preise auf dem internationalen Markt zu erzielen. 1830 wurde die Nassaufbereitung eingeführt und 1905 gab es schon 200 Waschstationen im Land. Gewaschene Kaffees galten als hochwertiger und brachten entsprechend mehr ein.

Das Wachstum im Kaffeesektor setzte sich fort, bis es an seine geografischen Grenzen stieß. Die Bevölkerung breitete sich von San José über das Land aus und die Bauern waren auf der Suche nach neuen landwirtschaftlichen Flächen für den Anbau von Agrarprodukten. Nicht jedes Fleckchen Erde aber eignete sich für die Kultur von Kaffeebäumen, was bis in unsere heutige Zeit einem weiteren Wachstum entgegensteht.

Zweifellos hatte costa-ricanischer Kaffee lange Zeit einen guten Ruf und ließ sich auch entsprechend teuer an den Mann bringen, wenngleich er eher sauber und angenehm als interessant und ungewöhnlich war. Gegen Ende des 20. Jahrhunderts ging der Trend weg von traditionellen Sorten hin zu ertragreicheren Varietäten. Wirtschaftlich ist dagegen nichts einzuwenden, doch viele Akteure des Spezialitätensektors beklagten einen Qualitätsverlust und noch uninteressantere Erzeugnisse. Das hat sich in letzter Zeit geändert, sodass die besseren Ausfertigungen aus Costa Rica wieder in den Mittelpunkt des Interesses gerückt sind.

DIE ROLLE DES STAATES

Schon von Anfang an wurde der Kaffeeanbau staatlich gefördert, etwa indem man denen Land schenkte, die es mit Kaffeebäumen bepflanzten. 1933 richtete die Regierung das aufgeblasen betitelte »Institut für die Verteidigung von Kaffee« ein. Es sollte eine Ausbeutung kleiner Kaffeebauern durch Zwischenhändler verhindern, die die Kirschen billig kauften, verarbeiteten und mit hohen Profiten weiterveräußerten. Dazu wurde eine Obergrenze für die erzielbare Gewinnspanne festgelegt.

1948 richtete man die Oficina del Café als staatliche Kaffeebehörde ein, obwohl einige Verantwortlichkeiten auf das Landwirtschaftsministerium übergingen. Aus der Organisation ging schließlich das noch heute bestehende Instituto del Café de Costa Rica (ICAFE) hervor. Es hat weitreichende Aufgaben, betreibt Versuchsfarmen und fördert die Qualität des costa-ricanischen Kaffees. Finanziert wird es durch eine 1,5-prozentige Steuer auf alle Kaffeeexporte.

Oben: Der Tourismus bekommt in Costa Rica einen immer höheren Stellenwert. Inzwischen kann man Rundreisen zu Kaffeefarmen buchen, von denen manche auf Bioanbau umgestiegen sind.

Rechts: Erntehelfer in Carrizal de Alajuela warten auf das Wiegen ihrer frisch gepflückten Kaffeekirschen. Die dortige Plantage hat sich auf den Anbau und Verkauf hochwertiger Exportware spezialisiert.

DIE KLEINSTMÜHLEN-REVOLUTION

Kaffee aus Costa Rica hatte lange einen guten Ruf und erzielte deshalb hohe Preise. Als sich jedoch der Spezialitätenmarkt entwickelte, erwies sich die mangelnde Rückverfolgbarkeit als beträchtliches Manko. Normalerweise trugen Erzeugnisse, die um die Jahrtausendwende das Land verließen, Markennamen der großen Mühlen bzw. *beneficios*. Diese Bezeichnungen verschleierten ihre Herkunft ebenso wie ihr Terroir und ihre Vorzüge. Die Verarbeitungskette ließ eine Zuordnung einzelner Posten auch gar nicht zu. Zwischen 2005 und 2010 allerdings stieg die Zahl der Kleinstmühlen sehr stark an. Die Bauern investierten in winzige Aufbereitungsanlagen für den Hausgebrauch und verarbeiteten die Ernte zum größten Teil selbst. Damit bekamen sie eine stärkere Kontrolle über ihren Kaffee. Die Vielfalt der Stile und Kaffeeerzeugnisse aus sämtlichen Anbaugebieten in Costa Rica vervielfachte sich. Früher waren einzigartige, außergewöhnliche Kaffees in großen Posten aufgegangen, die auch die Erzeugnisse von Nachbarfarmen enthalten hatten. Damit war nun Schluss.

Costa Rica hat sich zu einem höchst interessanten Anbauland entwickelt. Es ist heute einfacher denn je, mehrere Erzeugnisse aus einem Bereich nebeneinander zu verkosten und dabei zu ergründen, wie sich geografische Gegebenheiten auf den Geschmack auswirken.

KAFFEE UND TOURISMUS

Costa Rica ist der entwickeltste, sicherste mittelamerikanische Staat – und damit ein außerordentlich beliebtes Reiseziel für Touristen und vor allem Besucher aus Nordamerika. Der Fremdenverkehr hat Kaffee als wichtigste Devisenquelle nicht nur verdrängt, sondern auch ergänzt. Ökotourismus ist in Costa Rica überaus beliebt und es ist durchaus möglich, auf Kaffeerundreisen Farmen einen Besuch abzustatten. Angeboten werden solche Touren in der Regel von größeren Plantagen, die sich nicht unbedingt um höchste Qualität bemühen, dennoch ist es interessant, die Kaffeeproduktion einmal aus nächster Nähe zu erleben.

RÜCKVERFOLGBARKEIT

90 Prozent der Kaffeebauern besitzen kleine bis mittlere Farmen. Daher ist es nicht allzu schwierig, Kaffee aufzutreiben, der sich auf einzelne Erzeuger oder eine Genossenschaft zurückverfolgen lässt.

GESCHMACKSPROFIL

Kaffee aus Costa Rica ist meist sehr sauber und süß, hat aber oft auch wenig Körper. Mit dem Aufkommen der Kleinstmühlen in den letzten Jahren hat sich die Bandbreite der Geschmacksnuancen und Stile erhöht.

ANBAUGEBIETE

Bevölkerung: 4 586 000
Produktion 2012:
1 396 000 Säcke à 60 Kilogramm

Costa Rica vermarktet seinen Kaffee bisher erfolgreich unter dem Namen der jeweiligen Anbaugebiete. Da das Geschmacksspektrum innerhalb der einzelnen Zonen aber groß ist, lohnt es sich, jede genauer zu erkunden.

VALLE CENTRAL

Die am dichtesten bevölkerte Region. In ihr liegt auch die Hauptstadt San José. Das Zentraltal blickt auf die längste Anbautradition in Costa Rica zurück und wird für gewöhnlich in die Subregionen San José, Heredia und Alajuela unterteilt. Die drei wichtigsten Vulkane im Valle Central heißen Irazu, Barva und Poas. Sie prägen auch die Topografie und den Boden.

Höhe: 900–1600 Meter
Ernte: November–März

VALLE OCCIDENTAL

Die ersten Kaffeebauern ließen sich im 19. Jahrhundert im Westtal nieder. Die Region setzt sich aus den sechs Subzonen San Ramón, Palmares, Naranjo, Grecia, Sarchi und Atenas zusammen. Die Stadt Sarchi war Namensgeberin für eine Kaffeesorte namens Villa Sarchi (siehe Seite 25). Um Naranjo findet man die höchsten Höhenlagen – und einige großartige Erzeugnisse.

Höhe: 700–1600 Meter
Ernte: Oktober–Februar

Oben: Körbe voll frisch geernteter Kaffeekirschen auf der Doka-Kaffeeplantage. Je höher der Anteil reifer, großer Früchte ist, desto besser werden die Erntehelfer bezahlt.

TARRAZÚ

Tarrazú steht seit Langem für Qualität. Die Kaffees aus der Region qualifizierten sich fast für das Premiumsegment, obwohl sie nichts weiter als ein Verschnitt verschiedener Farmen waren, die man in der Mühle zu einem großen Posten zusammengeworfen hatte. Tarrazú erarbeitete sich über die Jahre einen so guten Ruf, dass sogar Erzeugnisse von außerhalb unter dem Namen des Anbaugebiets vermarktet wurden, um ihren Wert zu steigern. In der Region befinden sich auch die höchstgelegenen Kaffeefarmen des Landes. Wie viele andere Anbaugebiete profitiert Tarrazú von dem sehr trockenen Klima während der Erntezeit.

Höhe: 1200–1900 Meter
Ernte: November–März

TRES RIOS

Die kleine Region östlich von San José profitiert vom Vulkan Irazu. Bis vor Kurzem galt sie als relativ abgelegen, inzwischen aber besteht die größte Herausforderung nicht mehr darin, Zugang zur Infrastruktur oder Stromversorgung zu bekommen, sondern dem Landfraß Einhalt zu gebieten. Immer mehr Grund wird in Bauland verwandelt, sodass in Tres Rios jedes Jahr weniger Kaffee heranreift.

Höhe: 1200–1650 Meter
Ernte: November–März

OROSI

Ein weiteres kleines Anbaugebiet östlich von San José. Der Kaffeeanbau hat hier eine mehr als hundertjährige Tradition. Die Region besteht im Wesentlichen aus einem langen Tal, das auch die drei Subzonen Orosi, Cachí und Paraíso einschließt.

Höhe: 1000–1400 Meter
Ernte: August–Februar

BRUNCA

Brunca teilt sich auf die zwei Kantone Pérez Zeledón sowie Coto Brus an der Grenze zu Panama auf. In Coto Brus hat Kaffee einen höheren wirtschaftlichen Stellenwert. Italienische Siedler ließen sich nach dem Zweiten Weltkrieg hier nieder und begannen mit Einheimischen zusammen Kaffeefarmen zu gründen.

Siedler aus dem Valle Central stiegen Ende des 19. Jahrhunderts in Pérez Zeledón in die Kaffeeproduktion ein. Ein beträchtlicher Teil der hier erzeugten Kaffees ist den Sorten Caturra und Catuai zuzurechnen.

Höhe: 600–1700 Meter
Ernte: August–Februar

TURRIALBA

Wegen der Witterung und insbesondere der Regenfälle wird hier früher geerntet als in den meisten anderen Anbaugebieten des Landes. Da Trocken- und Regenzeit nicht so klar abgegrenzt sind wie andernorts, blühen die Kaffeebäume nicht selten mehrere Male im Jahr. Das Wetter ist für die Erzeuger nicht ganz unproblematisch, und so sind Erzeugnisse sehr hoher Qualität rar.

Höhe: 500–1400 Meter
Ernte: Juli–März

GUANACASTE

Die Region im Westen ist groß, die Anbaufläche in ihr aber relativ klein. Mehr Bedeutung haben Viehzucht und Reisanbau. Trotzdem verzeichnet man einen nicht geringen Ausstoß. Das Gros des Kaffees reift in niedrigeren Lagen heran, weshalb wirklich aufregende Qualität selten ist.

Höhe: 600–1300 Meter
Ernte: Juli–Februar

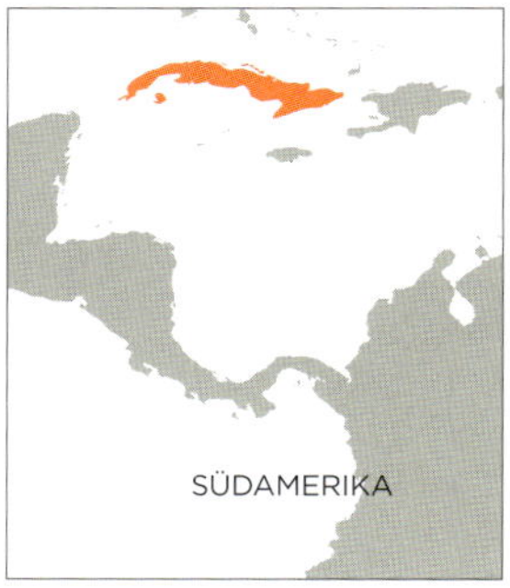

KUBA

Seinen Weg nach Kuba fand der Kaffee 1748 über die Insel Hispaniola. Von einer Kaffeeindustrie war zunächst wenig zu sehen, bis sich französische Siedler hier niederließen, die vor der Revolution in Haiti geflüchtet waren. Schon 1827 gab es 2000 Plantagen auf der Insel. Bald avancierte Kaffee zu einem Hauptexportartikel und brachte mehr Geld ein als Zucker.

Castros Revolution von 1953 bis 1961 führte zur Verstaatlichung der Kaffeefarmen, woraufhin die Produktion fast von heute auf morgen zurückging. Wer sich freiwillig für die Arbeit auf den Gütern gemeldet hatte, verfügte über keinerlei Erfahrung, während diejenigen, die davor das Land bewirtschaftet hatten, es wegen der Revolution fluchtartig verlassen hatten. So darbte der Kaffeesektor, doch die Regierung tat wenig, um ihn zu beleben. Dennoch erreichte die Produktion in den 1970er-Jahren mit etwa 30 000 Tonnen ein Allzeithoch. Als aber viele mittelamerikanische Länder ihre Exporte ankurbelten und erfolgreich in die internationalen Märkte drängten, ging es mit der kubanischen Kaffeewirtschaft bergab.

Nach den Zusammenbruch der Sowjetunion wurde Kuba zunehmend isoliert. Mit dem Handelsembargo der Vereinigten Staaten brach dem Inselstaat ein potenzieller Hauptmarkt weg. Japan blieb ein wichtiger Abnehmer und auch Europa war ein ergiebiger Markt. Die besten Posten – rund ein Fünftel der Gesamtproduktion – werden in der Regel ausgeführt, der Rest fließt in den Inlandsmarkt. Allerdings reicht die Eigenproduktion nicht, um die heimische Nachfrage zu decken, weshalb 2013 für fast 40 Millionen US-Dollar Kaffee importiert wurde. Die eingeführte Ware ist nicht unbedingt von hoher Qualität und daher auch relativ billig. Wegen der hohen Marktpreise hat man außerdem begonnen, den Kaffee mit gerösteten Erbsen zu strecken – eine schon früher verbreitete Praxis.

Derzeit liegt die kubanische Jahresproduktion bei 6000–7000 Tonnen. Die Ausrüstung ist größtenteils veraltet, viele Erzeuger arbeiten noch mit Maultieren. Die Straßen werden kaum ausgebessert und sind in einem schlechten Zustand, da sie abwechselnd von Regen und Trockenheit in Mitleidenschaft gezogen werden. Kaffeekirschen trocknen üblicherweise in der Sonne, doch das Gros der Exportware bereitet man nass auf. Kubas Klima und Topografie eignen sich gut für die Kultur von Kaffeebäumen, wer jedoch Hochwertiges produzieren will, muss viele Hürden überwinden.

RÜCKVERFOLGBARKEIT

Kubanischer Kaffee lässt sich normalerweise nicht bis zu einer Farm zurückverfolgen. Oft kommt man nicht weiter als bis zu einem Anbaugebiet oder einer Subzone.

»CUBAN COFFEE«

Eine Reihe kubanischer Kaffeezubereitungen hat sich über die Welt verbreitet. Dazu gehören Cortadito, Café con Leche und Café Cubano. Letzterer ist ein schon beim Brühen durch Zuckern der gemahlenen Bohnen gesüßter Kaffee.

Vor allem in den Vereinigten Staaten wird oft mit »Cuban Coffee« geworben. Echter kubanischer Kaffee ist in den USA zwar wegen des Handelsembargos illegal, doch meint man damit oft Café Cubano. Häufig kommen dafür brasilianische Erzeugnisse zum Einsatz, deren Geschmack dem ihrer kubanischen Pendants nahekommt, doch ist diese Praxis eine fragwürdige Falschetikettierung und schafft nur Verwirrung unter Verbrauchern.

GESCHMACKSPROFIL

Kubanische Erzeugnisse haben ein typisches Inselkaffeeprofil: relativ wenig Säure und viel Körper.

ANBAUGEBIETE

Bevölkerung: 11 167 000
Produktion 2013:
150 000 Säcke à 60 Kilogramm

Kuba ist die größte Insel in der Karibik. Sie besteht zu einem guten Teil aus relativ tief gelegenen Ebenen, doch findet man auch gebirgige Regionen, die sich für den Kaffeeanbau eignen.

SIERRA MAESTRA

Das Gebirge zieht sich die Südküste entlang und war vom 16. Jahrhundert bis in die 1950er-Jahre immer wieder Schauplatz von Guerillakriegen. Hier entsteht der meiste kubanische Kaffee.

Höhe: 1000–1200 Meter
Ernte: Juli–Dezember
Sorten: Meist Typica, etwas Bourbon, Caturra, Catuai und Catimor

SIERRA DEL ESCAMBRAY

An den Hängen dieser Gebirgskette in der Mitte der Insel reift lediglich ein kleiner Teil der kubanischen Kaffeeproduktion heran.

Höhe: 350–900 Meter
Ernte: Juli–Dezember
Sorten: überwiegend Typica, etwas Bourbon, Caturra, Catuai und Catimor

SIERRA DEL ROSARIO

Kaffeefarmen gibt es hier schon seit 1790, heute aber leistet die Zone einen nur noch geringen Beitrag zur Gesamtproduktion. Dafür hat man in den Bergen das erste Biosphärenreservat der Insel eingerichtet.

Höhe: 300–550 Meter
Ernte: Juli–Dezember
Sorten: meist Typica, etwas Bourbon, Caturra, Catuai und Catimor

Oben: Klima und Topografie bieten sich für den Kaffeeanbau an, doch krankt der Sektor an schlechter Infrastruktur und Ausrüstung.

DOMINIKANISCHE REPUBLIK

Kaffee gelangte 1735 in den spanischen Teil der Insel Hispaniola, die heutige Dominikanische Republik. Die ersten Pflanzen wuchsen wohl auf einem Hügel in Bahoruco Panzo bei Neyba. Ende des 18. Jahrhunderts war Kaffee das zweitwichtigste Agrarprodukt nach Zucker. Beide hingen allerdings bis zur Revolution von 1791 vom massiven Sklaveneinsatz ab.

So richtig in Schwung kam die Erzeugung erst zwischen 1822 und 1844. Vor allem die Region um Valdesia in den Bergen im Süden, die mehrere Anbaugebiete umfasst, etablierte sich bis 1880 als wichtigstes Anbaugebiet. Bis 1956 war der Export aus einigen Zonen, allen voran Bani, Ocoa und Valdesia, bereits in vollem Gange. In den 1960er-Jahren organisierten sich die Bauern dort allmählich etwas besser, sodass 1967 die erste Mühle mit 155 Mitgliedern eröffnete.

Wie in anderen Erzeugerländern führten die unberechenbaren Preisschwankungen Ende des 20. Jahrhunderts dazu, dass man sich von der Abhängigkeit von Kaffee als Exportgut etwas löste. Viele Bauern begannen ihr Risiko zu streuen und auf den Anbau von Bohnen oder Avocados zu setzen. Oft bewahrten sie sich allerdings einen kleinen Bestand an Kaffeebäumen für den Fall einer Erholung der Preise.

Obwohl Valdesia nicht zu den wichtigsten staatlich ausgewiesenen Anbaugebieten gehört, bemühte es sich 2010 um einen Schutz der Bezeichnung »Café de Valdesia« als offizielle Herkunftsangabe.

EXPORTE UND HEIMISCHER VERBRAUCH

Interessanterweise ist die Menge an produziertem Kaffee seit Ende der 1970er-Jahre mehr oder weniger gleich geblieben, während die Exporte drastisch zurückgingen.

GESCHMACKSPROFIL

Der Kaffee hat ein typisches Inselprofil. Bessere Posten sind oft recht mild, relativ sauber und mit wenig bis leidlich viel Säure ausgestattet.

Derzeit werden nur noch 20 Prozent der Ernte ins Ausland verkauft, da der Inlandsverbrauch mit drei Kilogramm pro Kopf und Jahr relativ hoch ist. 2007 verließ etwa die Hälfte der Ausfuhren über Puerto Rico das Land, das als Tor in die Vereinigten Staaten gilt. Der Rest ging nach Europa und Japan.

Seit 2001 steigt die biologisch erzeugte und zertifizierte Menge an Exportkaffee, was dem Sektor Devisen und zusätzliche Einnahmen brachte. Biokaffee, muss man hinzufügen, ist zwar durchaus eine gute Sache, aber kein Garant für bessere Tassenqualität.

Der hohe Inlandsverbrauch in der Dominikanischen Republik habe zu einem allgemeinen Rückgang der Qualität geführt, heißt es manchmal. Als Begründung wird die Tatsache angeführt, dass der Kaffee im Inland nicht mehr mit anderen Ausfuhrmärkten konkurrieren müsse. Nichtsdestotrotz kann man nach wie vor hervorragende Erzeugnisse im Land finden.

RÜCKVERFOLGBARKEIT

Man kann zwar bis zu einer Farm zurückverfolgbare Kaffees finden, beim Großteil der ausgeführten Produkte kommt man aber nicht über eine regionale Zuordnung hinaus. Als Grading dient die Bohnengröße. Premiumkaffees mit Bezeichnungen wie »Supremo« lassen übrigens keine Rückschlüsse auf die Tassenqualität zu.

ANBAUGEBIETE

Bevölkerung: 9 445 000
Produktion 2013:
450 000 Säcke à 60 Kilogramm

Das Klima in der Dominikanischen Republik unterscheidet sich etwas von dem anderer Erzeugerländer. Es gibt keine klar abgegrenzten Jahreszeiten, weder bei der Temperatur noch bei den Niederschlägen. Die Kaffeeproduktion läuft also oft das ganze Jahr, wobei die Haupternte meist zwischen November und Mai stattfindet.

Kaffee aus der Bergregion Barahona ist besonders hochwertig.

BARAHONA

In diesem Anbaugebiet im Südwesten der Insel wird Kaffee in der gebirgigen Provinz Bahoruco erzeugt. Die Gegend hat sich einen Ruf als Quelle hochwertiger Erzeugnisse erarbeitet. Der Hauptwirtschaftsfaktor ist die Landwirtschaft, Kaffee das wichtigste Agrarprodukt.

Höhe: 600–1300 Meter
Ernte: Oktober–Februar
Sorten: 80 % Typica, 20 % Caturra

CIBAO

Neben Reis und Kakao ist Kaffee hier das Erzeugnis Nummer eins. Cibao liegt im Norden von Hispaniola und bedeutet übersetzt »Ort mit vielen Felsen«. Dieser Name bezieht sich vor allem auf ein Tal zwischen der zentralen und nördlichen Bergkette.

Höhe: 400–800 Meter
Ernte: September–Dezember
Sorten: 90 % Typica, 10 % Caturra

CIBAO ALTURA

Unter dieser Bezeichnung werden die höhergelegenen Zonen in Cibao zusammengefasst.

Höhe: 600–1500 Meter
Ernte: Oktober–Mai
Sorten: 30 % Typica, 70 % Caturra

CORDILLERA CENTRAL

Das höchste Gebirge der Dominikanischen Republik wird auch als »dominikanische Alpen« bezeichnet. Seine geologischen Bedingungen unterscheiden sich von denen in der Umgebung. Deshalb ist der hier heranreifende Kaffee auch der einzige auf der ganzen Insel, der nicht auf Kalk-, sondern auf Granitböden wächst.

Höhe: 600–1500 Meter
Ernte: November–Mai
Sorten: 30 % Typica, 65 % Caturra, 5 % Catuai

NEYBA

Neyba, auch Neiba geschrieben, ist nach der Hauptstadt von Bahoruco benannt und erstreckt sich im Südwesten der Insel. Die relativ flache Gegend wird überwiegend für den Anbau von Trauben, Bananen und Zuckerrohr genutzt, doch wächst weiter oben in der Sierra del Neyba auch etwas Kaffee.

Höhe: 700–1400 Meter
Ernte: November–Februar
Sorten: 50 % Typica, 50 % Caturra

VALDESIA

Das wohl bekannteste Anbaugebiet des Landes bekam eine Herkunftsbezeichnung verliehen, um die Exporte zu schützen. Da es klar ausgewiesen und gesetzlich geschützt ist, hat es sich einen guten Ruf erarbeitet und kann dementsprechend etwas höhere Preise verlangen.

Höhe: 500–1100 Meter
Ernte: Oktober–Februar
Sorten: 40 % Typica, 60 % Caturra

Plantagen wie das Dom Jiminez Estate bei San José erkennen zunehmend die Vorzüge nachhaltigen Wirtschaftens und bieten ihren Beschäftigten sowohl Unterkünfte als auch Sozialleistungen.

ECUADOR

Relativ spät fand Kaffee den Weg nach Ecuador. Um 1860 wurden in der Provinz Manabí die ersten Bäume gepflanzt. Nach und nach breiteten sie sich im ganzen Land aus und schon 1905 nahm man vom Hafen Manta aus das Exportgeschäft nach Europa auf. Ecuador gehört zu den wenigen Ländern, die sowohl Arabica als auch Robusta anbauen.

Nachdem eine Krankheit in den 1920er-Jahren die meisten Kakaopflanzen dahingerafft hatte, stiegen viele Bauern auf Kaffee um. Nach 1935 erhöhte sich das Exportaufkommen: Aus anfänglich 220 000 Säcken wurden bis 1985 etwa 1,8 Millionen. Die Kaffeekrise der 1990er-Jahre führte zu einem unvermeidlichen Rückgang des Ausstoßes, doch 2011 hatte man wieder die Millionengrenze erreicht. Bis in die 1970er-Jahre hinein blieb Kaffee das meistexportierte Agrarprodukt des Landes, dann machten Öl, Shrimps und Bananen das Rennen.

Die Ecuadorianer konsumieren mehr löslichen Kaffee als frisch gemahlenen. Interessanterweise sind die Kosten für die Erzeugung in Ecuador so hoch, dass Hersteller von löslichem Kaffee Rohmaterial aus Vietnam importieren, statt es in Ecuador zu kaufen.

Das Land steht nicht gerade im Ruf, Spitzenkaffee hervorzubringen. Das liegt zum Teil daran, dass Robusta einen Anteil von 40 Prozent hat. Aber selbst wenn man diese Sorte ausklammert, ist der ausgeführte Kaffee noch nicht berauschend. Um die Kosten gering zu halten, lässt man einen Großteil der Ernte entweder am Baum oder auf Terrassen trocknen, was einer trockenen Aufbereitung entspricht und vor Ort *café en bola* genannt wird – rund 83 Prozent der Exportware ist dieses Schicksal beschieden. Kolumbien gehört zu den Hauptimportländern, denn die dortigen Hersteller von löslichem Kaffee, der in der Regel aus trocken aufbereiteten Posten besteht, zahlen bessere Preise als die ecuadorianischen, weil kolumbianische Ware wegen ihres guten Rufs teuer ist.

Dennoch halten manche den ecuadorianischen Kaffee für ein ungeschliffenes Juwel mit hohem Potenzial. Die Geografie und das Klima eignen sich auf jeden Fall für den Anbau von erstklassigen Bohnen. Man darf deshalb gespannt sein, ob Investitionen des Spezialitätensektors Früchte tragen und bald große Kaffeeentdeckungen aus Ecuador gefeiert werden können.

RÜCKVERFOLGBARKEIT

Nur selten lässt sich ein Kaffee bis zu einem Erzeuger zurückverfolgen. Meist bekommt man gemischte Posten von einer Genossenschaft oder einem Exporteur. Ausgezeichnet können sie trotzdem sein.

GESCHMACKSPROFIL

Kaffee aus Ecuador beginnt sein Qualitätspotenzial allmählich auszuschöpfen. Inzwischen lassen sich mehr süßere und komplexere Vertreter denn je auftreiben. Eine angenehme Säure macht sie noch interessanter.

ANBAUGEBIETE

Bevölkerung: 15 224 000
Produktion 2013:
676 000 Säcke à 60 Kilogramm

Ecuadorianischer Kaffee bekommt im Spezialitätensektor einen immer höheren Stellenwert. Von den niedrig gelegenen Anbaugebieten ist zwar keine Spitzenklasse zu erwarten, doch die Höhenlagen haben enormes Potenzial.

MANABI

Hier entstehen fast 40 Prozent des ecuadorianischen Arabica-Ausstoßes. Weil aber fast alle Kaffees unterhalb von 700 Meter angebaut werden, fehlt es einfach an der nötigen Höhe, die für exzellente Ware nötig wäre.

Höhe: 500–700 Meter
Ernte: April–Oktober
Sorten: Typica, Caturra, Robusta

Links und unten: Kaffee aus Ecuador ist nicht für seine besonders hohe Qualität bekannt, denn ein Großteil der Ernte wird trocken aufbereitet. Bei den Einheimischen heißt diese Methode *café en bola*.

LOJA

Die gebirgige Provinz im Süden zeichnet für rund 20 Prozent der ecuadorianischen Arabica-Produktion verantwortlich. Aus geografischer Sicht hat sie das größte Potenzial. Deswegen richtet der Spezialitätenmarkt auf sie auch das größte Augenmerk. Allerdings kann es sein, dass das Wetter nicht mitspielt – so geschehen 2010, als ungünstige Witterung hohe Ernteschäden durch den Kaffeebohrer (siehe Seite 16) nach sich zog.

Höhe: bis 2100 Meter
Ernte: Juni–September
Sorten: Caturra, Bourbon, Typica

EL ORO

Die Küstenprovinz im Südwesten umfasst einen Teil der Andenkette. Hier entstehen weniger als zehn Prozent des nationalen Kaffeevolumens. Zentrum des Anbaus ist die Stadt Zaruma, die nicht mit dem gleichnamigen Kanton verwechselt werden darf.

Höhe: 1200 Meter
Ernte: Mai–August
Sorten: Typica, Caturra, Bourbon

ZAMORA CHINCHIPE

Die Provinz östlich von Loja hätte die Höhenlagen für Spitzenerzeugnisse, steuert aber nur vier Prozent zur ecuadorianischen Arabica-Produktion bei. Relativ verbreitet ist der Bioanbau.

Höhe: 1900 Meter
Ernte: Mai–August
Sorten: Typica, Caturra, Bourbon

GALAPAGOS

Ein bisschen Kaffee reift sogar auf den Galapagos-Inseln heran. Seine Verfechter behaupten, das Klima dort simuliere eine wesentlich größere Höhe, als in Wirklichkeit vorhanden sei, sodass Hochwertiges in relativ niedrigen Lagen entstehe. Kaffee von dem Eiland kann ausgesprochen teuer sein – die Tassenqualität allerdings rechtfertigt nur selten den Preis.

Höhe: 350 Meter
Ernte: Juni–September und Dezember–Februar
Sorten: Bourbon

EL SALVADOR

Um 1850 nahm die gewerbliche Produktion von Kaffee in El Salvador ihren Anfang. Bald stiegen viele Bauern auf die neue Frucht um und bekamen sogar Steuernachlässe gewährt. So etablierte sich die Kaffeeproduktion als wichtiger Wirtschaftsfaktor. 1880 war das Land der viertgrößte Erzeuger der Welt – mit einem doppelt so hohen Ausstoß wie heute.

Der Aufschwung des Kaffeesektors hatte zum Teil auch damit zu tun, dass das Land sich von der Indigoproduktion lösen wollte, die bis dato die Landwirtschaft dominiert, aber durch die Erfindung eines synthetischen Ersatzstoffs im 19. Jahrhundert an Bedeutung verloren hatte. Der Anbau der Indigopflanze war vorher von einer relativ kleinen Landbesitzerelite kontrolliert worden. Weil die Kaffeekultur andere Böden erforderte, machten sie ihren ganzen Einfluss geltend, um die Armen von ihrem Grund zu vertreiben und ihn für Kaffeepflanzungen zu nutzen. Entschädigung für die indigenen Vorbesitzer gab es nicht – sie bekamen lediglich Gelegenheit, sich als Saisonarbeiter auf den neuen Plantagen zu verdingen.

Anfang des 20. Jahrhunderts entwickelte sich El Salvador zu einem der fortschrittlichsten mittelamerikanischen Länder. Es baute geteerte Fernstraßen, investierte in Häfen und Eisenbahnen und errichtete prachtvolle öffentliche Bauten. Der Kaffeehandel trug zur Finanzierung der Infrastruktur und Eingliederung indigener Gemeinschaften bei, war aber für die Großgrundbesitzer auch ein Mittel, ihren politischen und wirtschaftlichen Einfluss im Land zu bewahren.

Ihre Macht sicherte die Kaffeearistokratie ab 1930 mit Unterstützung der Militärregierung. Es folgte eine Zeit relativer politischer Stabilität. Das Wachstum der Kaffeeindustrie in den darauffolgenden Jahrzehnten trug zum Ausbau des Baumwollanbaus und der Leicht-

Dank des ungewöhnlich hohen Anteils alter Sorten und der sehr nährstoffreichen Böden stehen die Chancen auf den Exportmärkten für die süßen Kaffees von El Salvador sehr gut.

industrie bei. Bis zum Bürgerkrieg in den 1980ern war El Salvador für die Qualität und Effizienz der Kaffeeproduktion bekannt und unterhielt langfristige Beziehungen zu Importländern. Der Krieg machte all das zunichte: Der Ausstoß ging zurück und die Auslandsmärkte besorgten sich ihren Kaffee künftig von anderen Erzeugern.

ALTE SORTEN

Trotz des Rückgangs aber brachte der Bürgerkrieg auch einen unerwarteten Vorteil für die heimische Kaffeebranche mit sich. In ganz Mittelamerika ersetzten die Anbauländer ihre alten Sorten durch neu entwickelte Hochleistungszüchtungen. Deren Tassenqualität reichte nicht an die der alten Varietäten heran, aber Quantität schlug Qualität. El Salvador hingegen blieb von diesem Trend völlig unberührt. So hütet das Land noch heute einen hohen Anteil von Bourbon-Bäumen, die insgesamt 68 Prozent der Ernte liefern. Nimmt man noch die durchlässigen, mineralienreichen Vulkanböden dazu, so wird deutlich, dass das Land das Potenzial hat, außerordentlich süßen Kaffee zu produzieren.

PACAS

1949 entdeckte Don Alberto Pacas auf einer seiner Farmen eine Mutation der Bourbon. Sie wurde nach ihm benannt und später mit Maragogype gekreuzt, einer Varietät mit sehr großen Bohnen. Das Ergebnis nannte man Pacamara. Pacas und Pacamara werden in El Salvador und den Nachbarländern nach wie vor angebaut. Weitere Informationen über sie sind auf den Seiten 22 bis 25 zu finden.

In einem Meer reifer Kirschen wendet dieser Arbeiter in El Paste bei Santa Ana die Ernte. Das Anbaugebiet Apaneca-Ilamatepec hat den größten Anteil an der Kaffeeproduktion in El Salvador.

In letzter Zeit hat sich El Salvador sehr bemüht, den Ruf von einst wiederzuerlangen und an die alten Beziehungen zu den Verbraucherländern anzuknüpfen. Es gibt noch einige Großgüter, aber auch viele Kleinfarmen. Auf jeden Fall lohnt es sich, die Kaffeelandschaft zu erkunden, denn viele aufregend süße und komplexe Geheimnisse warten auf ihre Entdeckung.

RÜCKVERFOLGBARKEIT

Wegen der guten Infrastruktur ist eine Rückverfolgbarkeit bei Premiumprodukten bis auf Farmniveau gut. Viele Kaffeebauern können sogar sortenreine und speziell aufbereitete Kleinposten erzeugen.

GESCHMACKSPROFIL

Bourbon-Kaffee aus El Salvador ist für seine Süße und Ausgewogenheit berühmt. Für Letztere sorgt eine angenehm weiche Säure.

ANBAUGEBIETE

Bevölkerung: 6 134 000
Produktion 2013:
844 000 Säcke à 60 Kilogramm

Die meisten Röstereien nennen bei der Beschreibung der Kaffees nicht die Namen der Anbaugebiete. Es gibt zwar klar ausgewiesene Zonen, doch nach Ansicht mancher ist El Salvador so klein, dass es als ein einziges Anbaugebiet klassifiziert werden kann.

APANECA-ILAMATAPEC

In diesem gebirgigen Bereich entsteht hervorragende Qualität, wie die vielen preisgekrönten Kaffees eindrücklich belegen. Allerdings ist die Gefahr vulkanischer Aktivität stets präsent. Im Jahr 2005, also vor nicht allzu langer Zeit, brach der Santa Ana aus, was die Produktion jahrelang massiv beeinträchtigte. Apaneca-Ilamatepec ist das größte Anbaugebiet des Landes – und war vermutlich auch das erste.

Höhe: 500–2300 Meter
Ernte: Oktober–März
Sorten: 64 % Bourbon, 26 % Pacas, 10 % andere Sorten

ALOTEPEC-METAPAN

Die Gebirgskette gehört zu den nasseren Landstrichen El Salvadors: Die Niederschlagsmengen liegen hier ein Drittel über dem Landesdurchschnitt. Das Anbaugebiet grenzt an Guatemala und Honduras, sein Kaffee aber hat trotz der Nähe zu diesen Nachbarn ein eigenständiges Profil.

Höhe: 1000–2000 Meter
Ernte: Oktober–März
Sorten: 30 % Bourbon, 50 % Pacas, 15 % Pacamara, 5 % andere Sorten

EL BÁLSAMO-QUEZALTEPEC

Von einigen Kaffeefarmen hoch oben an den Flanken des Vulkans Quetzaltepec hat man einen Blick auf die Hauptstadt San Salvador. In dem Gebirge war einst die prähispanische Cuzcatlan-Kultur zu Hause. Sie verehrte den gefiederten Schlangengott Quetzalcoatl, der heute noch ein verbreitetes Symbol ist. Seinen Namen hat der Gebirgszug vom Perubalsam, der hier gewonnen wird und für Parfüms, Kosmetikprodukte sowie in der Medizin verwendet wird.

Höhe: 500–1950 Meter
Ernte: Oktober–März
Sorten: 52 % Bourbon, 22 % Pacas, 26 % andere und gemischte Posten

Die aktiven Vulkane können die Produktion zwar gefährden, doch ist ihnen auch der ausgezeichnete Boden zu verdanken. Seinetwegen entstehen im Anbaugebiet Apaneca-Ilamatepec mit schöner Beständigkeit Kaffees, die auf Wettbewerben Preise abräumen.

KLASSIFIZIERUNG NACH HÖHENLAGE

El Salvador klassifiziert seinen Kaffee manchmal noch immer nach der Höhe, in der er gewachsen ist. Aufschluss über die Qualität oder Rückverfolgbarkeit gibt dieses System allerdings nicht.

Strictly High Grown (SHG): aus Lagen oberhalb von 1200 Meter

High Grown (HG): aus Lagen über 900 Meter

Central Standard: aus Lagen über 600 Meter

CHICHONTEPEC-VULKAN

Das Anbaugebiet in der Landesmitte kam erst spät zum Kaffee. 1880 wurden hier gerade einmal 50 Säcke abgefüllt. Dabei ist der vulkanische Boden extrem fruchtbar. Inzwischen haben sich viele Kaffeebauern hier niedergelassen. Noch immer verbreitet ist die einstige Praxis, abwechselnd Reihen aus Kaffee- und Orangenbäumen zu pflanzen. Manche finden, dass die Südfrüchte dem Kaffee eine Orangenblütennote mitgeben, andere wiederum halten den weichen Zitruszug für eine Eigenheit der Bourbon-Sorte.

Höhe: 500–1000 Meter

Ernte: Oktober–Februar

Sorten: 71 % Bourbon, 8 % Pacas, 21% gemischte und andere Sorten

TEPECA-CHINAMECA

Ein weiteres Anbaugebiet in den Bergen, an der produzierten Menge gemessen das drittgrößte im Land. Hier wird Kaffee mit Maistortillas namens Tustacas getrunken. Sie werden mit Salz zubereitet, mit Zucker bestreut oder mit etwas Panela, getrockneter Rohrzuckermelasse, gebraten.

Höhe: 500–2150 Meter

Ernte: Oktober–März

Sorten: 70 % Bourbon, 22 % Pacas, 8 % gemischte und andere Sorten

CACAHUATIQUE

Generalkapitän Gerardo Barrios erkannte als erster salvadorianischer Präsident das wirtschaftliche Potenzial von Kaffee. Es heißt, er sei auch einer der Ersten gewesen, die im Land Kaffeebäume kultiviert hätten. Sie seien auf seinem Anwesen in diesem Anbaugebiet unweit von Villa de Cacahuatique, dem heutigen Ciudad Barrios, gewachsen. Das Cacahuatique-Gebirge ist für seine Tonvorkommen bekannt, die zur Herstellung von Töpfen, Schüsseln und Dekorobjekten genutzt werden. Die Bauern hier müssen oft große Löcher in die Tonerde graben und sie mit nährstoffreicherer Erde füllen, in die sie dann ihre Bäume pflanzen.

Höhe: 500–1650 Meter

Ernte: Oktober–März

Sorten: 65 % Bourbon, 20 % Pacas, 15 % gemischte und andere Sorten

Die zu Pulver gemahlenen Reste der Kaffeeschalen werden auf dem Gut La Majada in El Salvador als Dünger genutzt. Sie enthalten von Pflanzen verwertbare Mineralien und Spurenelemente.

GUATEMALA

Gemeinhin wird angenommen, Kaffee sei um 1750 von den Jesuiten ins Land gebracht worden. Es gibt jedoch Hinweise darauf, dass er schon 1747 in der Gegend angebaut und getrunken wurde. Wie in El Salvador erlangte er jedoch erst ab 1856 einen gewissen Stellenwert, als synthetische Färbemittel auf den Markt kamen und die Nachfrage nach Indigo sank.

Die Regierung hatte zuvor schon begonnen, vorsorglich Ersatz für die Indigoproduktion zu finden. 1845 richtete sie einen Ausschuss für Kaffeeanbau und -förderung ein, der Schulungsmaterialien für die Erzeuger erstellte und sich um die Festsetzung von Preisen und Qualitätsstufen kümmerte. 1868 ließ der Staat rund eine Million Kaffeesamen verteilen, um den Anbau anzukurbeln.

Als Justo Rufino Barrios 1871 an die Macht gelangte, machte er Kaffee zu einer tragenden Säule der Wirtschaft. Leider führten seine Reformen dazu, dass die indigene Bevölkerung Guatemalas noch stärker um ihr Land gebracht wurde als zuvor, denn der Staat verkaufte 400 000 Hektar Land, das er als seinen Besitz beanspruchte. So entstanden riesige Kaffeeplantagen, und tatsächlich hatte Kaffee bis 1880 einen 90-prozentigen Anteil an der gesamten Exportmenge des Landes erobert.

Nach der Weltwirtschaftskrise um 1930 war Jorge Ubico an die Macht gelangt. Er leitete eine Senkung der Kaffeepreise ein, um die Exporte zu erhöhen, und investierte in die Infrastruktur, gestand aber gleichzeitig der United Fruit Company (UFC) mehr Einfluss zu, was der amerikanische Konzern zur Erlangung einer extremen Machtposition nutzte. Ubico trat schließlich nach einem Generalstreik und Protesten gegen ihn zurück.

Es folgte eine Zeit demokratischer Freiheiten. Präsident Arbenz schlug 1953 eine Landreform vor, um den größten Teil des Landes im Besitz der UFC durch Enteignung zurückzugewinnen und für landwirtschaftliche Zwecke neu zu verteilen. Sowohl die großen Plantagen-

Auf der Finca Vista Hermosa in Agua Dulce werden Kaffeekirschen gewaschen.

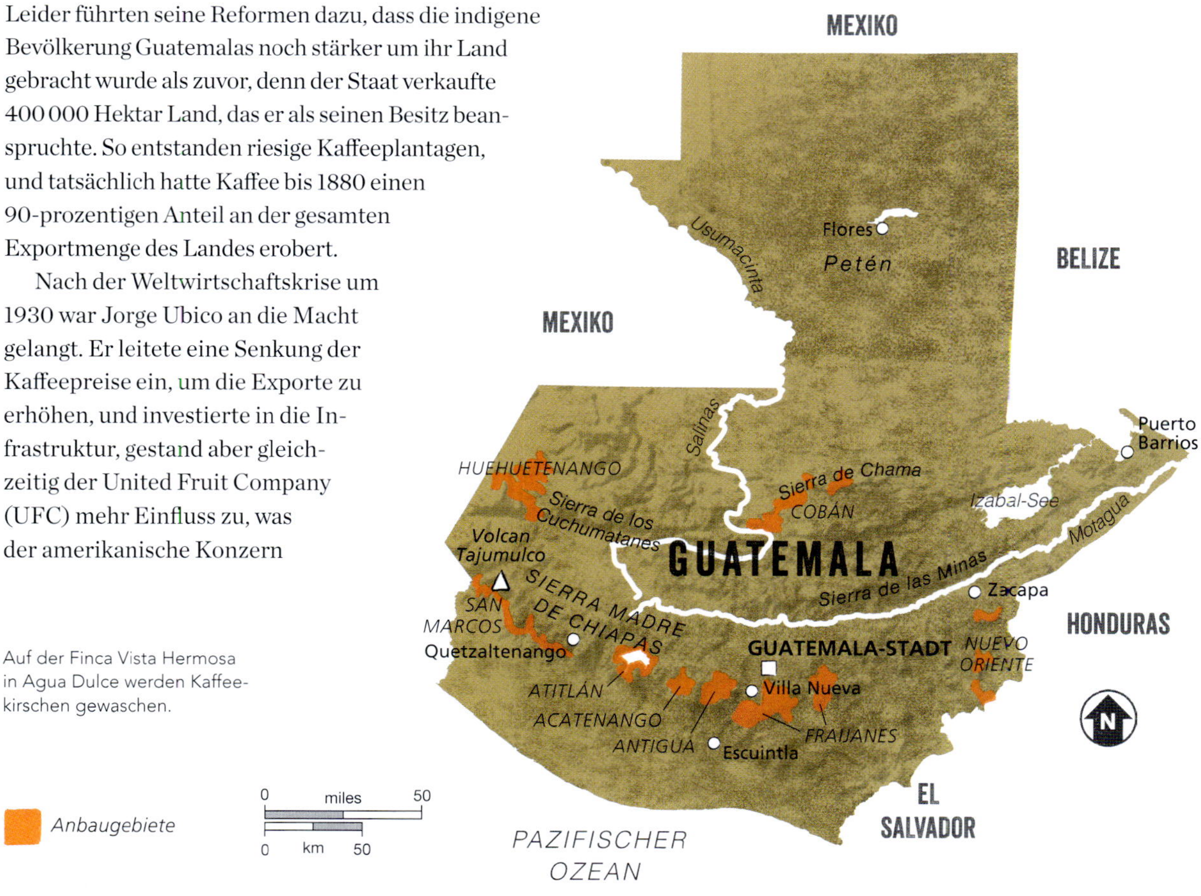

besitzer als auch die UFC widersetzten sich mit Unterstützung des US-Außenministeriums den Reformen. 1954 wurde die Arbenz-Regierung unter Mitwirkung der CIA gestürzt, womit auch die Landreformen vom Tisch waren. Das setzte einen Bürgerkrieg in Gang, der von 1960 bis 1996 dauerte. Viele seiner Ursachen – Armut, Landverteilung, Hunger und Rassismus gegenüber der indigenen Bevölkerung – sind bis heute nicht behoben.

Zur Jahrtausendwende erreichte die guatemaltekische Produktion ihren Höhepunkt, doch nach der Kaffeekrise 2001 stiegen viele Erzeuger auf Macadamia und Avocados um. Ein weiteres Problem war der Kaffeerost, der einen beträchtlichen Teil der Ernte vernichtete.

GESCHMACKSPROFIL

Die geschmackliche Bandbreite des guatemaltekischen Kaffees reicht von leichteren, sehr süßen, fruchtigen und komplexen Erzeugnissen bis hin zu schwereren, reicheren, schokoladigeren Vertretern.

RÜCKVERFOLGBARKEIT

Kaffee aus Guatemala sollte bis zu einzelnen Farmen oder einer Genossenschaft bzw. Erzeugergruppe zurückverfolgbar sein. Mehrere Anbaugebiete sind zwar inzwischen geschützte Denominationen, doch hat die Rückverfolgbarkeit im Land Tradition. Die Güter erzeugen Spitzenkaffee, da viele eigene Nassmühlen besitzen.

ANBAUGEBIETE

Bevölkerung: 15 438 000
Produktion 2013:
3 143 000 Säcke à 60 Kilogramm

Guatemala hat mit größerem Erfolg als die meisten anderen Länder Anbaugebiete ausgewiesen und seine Kaffees als Produkte mit entsprechend eigenem Charakter vermarktet. Es lassen sich meiner Ansicht nach zwar tatsächlich Besonderheiten erkennen, die in einigen Gebieten häufiger vorkommen als in anderen, doch kann man sich darauf nicht verlassen.

SAN MARCOS

San Marcos ist das wärmste und niederschlagsreichste Anbaugebiet. An den Bergflanken zum Pazifik hin regnet es früher als in anderen Gegenden, sodass hier auch die Blüte früher einsetzt. Der Regen erschwert mitunter das Trocknen der Kirschen. Deshalb setzen manche Farmen auf einen Mix aus natürlicher und mechanischer Trocknung. Die Wirtschaft des Departamento stützt sich vorwiegend auf die Landwirtschaft; neben Kaffee wird noch Getreide sowie Obst, Fleisch und Wolle erzeugt.

Höhe: 1300–1800 Meter
Ernte: Dezember–März
Sorten: Bourbon, Caturra, Catuai

ACATENANGO

Die Kaffeeproduktion in diesem Anbaugebiet konzentriert sich um das nach einem Vulkan benannte Acatenango-Tal. Früher verkauften viele Bauern ihren Kaffee an Zwischenhändler, die ihn nach Antigua brachten und dort verarbeiteten. Antigua genießt einen besseren Ruf für Kaffee und kann deshalb höhere Preise erzielen. Inzwischen ist die Praxis nicht mehr so verbreitet, denn Kaffees aus Acatenango können nun selbst ausgezeichnet sein und erlangen immer mehr Anerkennung. Daher rechnet es sich heute mehr, eine Rückverfolgbarkeit vor Ort zu gewährleisten.

Höhe: 1300–2000 Meter
Ernte: Dezember–März
Sorten: Bourbon, Caturra, Catuai

ATITLÁN

Die Kaffeefarmen in diesem Anbaugebiet befinden sich in der Nähe des Atitlánsees in ungefähr 1500 Meter Höhe. Das Gewässer inspiriert wegen seiner Schönheit seit vielen Jahren Schriftsteller und lockt Touristen an. Um die Mittagszeit ist hier mit kräftigen Winden zu rechnen, die *xocomil*, »Winde, die die Sünde forttragen«, genannt werden. Mit einer Reihe privater Naturreservate versucht man die Biodiversität in der Region zu erhalten und eine Abholzung der Wälder zu verhindern. Der Kaffeesektor ist durch steigende Arbeitskosten und die Abwerbung von Arbeitskräften zunehmend unter Druck geraten. Ein zusätzliches Problem ist der Landfraß durch Siedlungen. Manche Farmer sind der Ansicht, dass der Verkauf von Grund profitabler ist als der Anbau von Kaffee.

Höhe: 1500–1700 Meter
Ernte: Dezember–März
Sorten: Bourbon, Typica, Caturra, Catuai

COBÁN

Das Anbaugebiet ist nach der Stadt Cobán benannt. Sie erlebte dank deutscher Kaffeeproduzenten, die hier bis zum Ende des Zweiten Weltkriegs großen Einfluss hatten, zeitweise eine Blüte. Wegen des dichten Regenwalds herrscht ein nasses Klima vor, was die Trocknung der Bohnen nicht gerade einfach macht. Weil das Gebiet zudem etwas weit ab vom Schuss liegt, sind Transporte problematisch und die damit verbundenen Kosten dementsprechend hoch. Trotzdem entstehen hier erstaunliche Erzeugnisse.

GRADING

Wie andere mittelamerikanische Länder klassifiziert auch Guatemala seine Kaffees nach der Höhenlage, in der sie gereift sind.

Prime: 750–900 Meter Höhe

Extra Prime: 900–1050 Meter Höhe

Semi Hard Bean: 1050–1220 Meter Höhe

Hard Bean (HB): 1220–1300 Meter Höhe

Strictly Hard Bean (SHB): Lagen oberhalb von 1300 Meter Höhe

Höhe: 1300–1500 Meter
Ernte: Dezember–März
Sorten: Bourbon, Maragogype, Catuai, Caturra, Pache

NUEVO ORIENTE

Nuevo Oriente liegt, wie der Name – zu Deutsch »neuer Osten« – andeutet, im Osten des Landes an der Grenze zu Honduras. Das Klima ist etwas trockener und der Kaffee wird größtenteils von Kleinbauern erzeugt. In den Anbau stieg man Anfang der 1950er-Jahre ein, also vergleichsweise spät.

Höhe: 1300–1700 Meter
Ernte: Dezember–März
Sorten: Bourbon, Catuai, Caturra, Pache

HUEHUETENANGO

Eines der bekannteren Anbaugebiete Guatemalas – und zweifellos jenes mit dem wohlklingendsten Namen. Er kommt aus dem Nahuatl und bedeutet »Ort der Ahnen«. Hier ragen die höchsten nicht vulkanischen Berge Mittelamerikas auf; ihre Flanken eignen sich gut für den Anbau von Kaffee. Dieses Anbaugebiet hängt wohl am stärksten vom Exportgeschäft ab. Manche Posten sind von atemberaubend guter Qualität.

Höhe: 1500–2000 Meter
Ernte: Januar–April
Sorten: Bourbon, Catuai, Caturra

FRAIJANES

Das Kaffeehochland erstreckt sich um die Hauptstadt Guatemalas. Immer wieder kommt es zu Vulkanausbrüchen, was für die Böden nicht schlecht ist, andererseits aber das Leben der Einheimischen gefährdet und die Infrastruktur zerstört. Leider sinkt die Anbaufläche für Kaffee, denn Guatemala-Stadt wächst und die Landnutzung verändert sich.

Höhe: 1400–1800 Meter
Ernte: Dezember–Februar
Sorten: Bourbon, Caturra, Catuai, Pache

ANTIGUA

Antigua ist das wohl bekannteste Anbaugebiet Guatemalas und eines der renommiertesten der Welt. Benannt wurde es nach der Stadt Antigua, die für ihre spanische Architektur Berühmtheit erlangte und von der UNESCO sogar als Weltkulturerbe anerkannt wurde. 2000 erhob man Antigua in den Rang einer offiziellen Denomination; seither dürfen seine Erzeugnisse als »Genuine Antigua Coffee« etikettiert werden. Mit der Maßnahme reagierte man auf die Vielzahl der Fälschungen, die zu einer gewissen Entwertung der Erzeugnisse von Antigua geführt hatten. Die Verleihung einer geschützten Herkunftsbezeichnung verhindert seither zwar, dass Kaffee anderer Anbaugebiete als Antigua ausgezeichnet wird, nicht aber, dass Kirschen aus anderen Anbaugebieten nach Antigua geschafft und hier verarbeitet werden. Trotzdem bekommt man klar rückverfolgbare Erzeugnisse, von denen manche zum Teil überteuert sind, andere hingegen von hervorragender Qualität. Letztere aufzuspüren lohnt sich.

Höhe: 1500–1700 Meter
Ernte: Januar–März
Sorten: Bourbon, Caturra, Catuai

Oben: Zahlreiche Farmer in Guatemala betreiben eigene Aufbereitungsanlagen mit Nassmühlen, was die Rückverfolgbarkeit der Kaffeebohnen erleichtert.

Veränderte Landnutzung und schwankende Temperaturen beeinflussen zwar Menge und Verarbeitung von Kaffee in Guatemala, doch meistens wird er noch immer in der Sonne getrocknet und traditionell aufbereitet.

USA: HAWAII

Hawaii ist das einzige Kaffeeanbaugebiet einer westlichen Industrienation. Damit herrschen für hawaiianische Erzeugnisse ganz andere Wirtschafts- und Marketingbedingungen. Oft knüpfen die Farmer sogar erfolgreich direkte Kontakte mit den Verbrauchern. Viele Profis im Sektor finden allerdings, die Qualität des Kaffees rechtfertige seinen Preis nicht.

Die ersten Kaffeebäume wurden auf Hawaii 1817 gepflanzt, zunächst allerdings ohne Erfolg. 1825 befand sich der Gouverneur von Oahu, Häuptling Boki, auf der Rückreise von Europa. Bei einem Zwischenaufenthalt in Brasilien nahm er einige Kaffeepflanzen mit. Sie wurzelten erfolgreich ein und bald war die Kaffeeproduktion auf allen Inseln verbreitet. Die Sorte Bourbon fand vermutlich 1828 ihren Weg auf die Große Insel, während auf Kauai die erste gewerbliche Plantage 1836 ihren Betrieb aufnahm. 1842 begann die Regierung den Kaffeeanbau mit einem simplen Trick zu fördern: Fortan konnten Grundsteuern in Form von Kaffee bezahlt werden. Die Pflanzungen im Hanalei-Tal auf Kauai fielen jedoch 1858 dem Kaffeebohrer zum Opfer. Das einzige Anbaugebiet, das die Kaffeeproduktion mit den ersten Pflanzungen ununterbrochen fortführte, ist Kona auf der Großen Insel.

Ende des 19. Jahrhunderts kamen Einwanderer aus China und später Japan nach Hawaii, wo sie auf den Plantagen arbeiteten. In den 1920er-Jahren verdingten sich viele Filipinos als Erntearbeiter, um im Frühjahr auf die Zuckerrohrplantagen zu wechseln. Einen bedeutenden Beitrag zur Inselwirtschaft leistete Kaffee jedoch erst ab den 1980er-Jahren, als der Zuckerrohranbau unrentabel wurde. Das führte dazu, dass das Interesse für das schwarze Getränk in den USA wieder aufflammte.

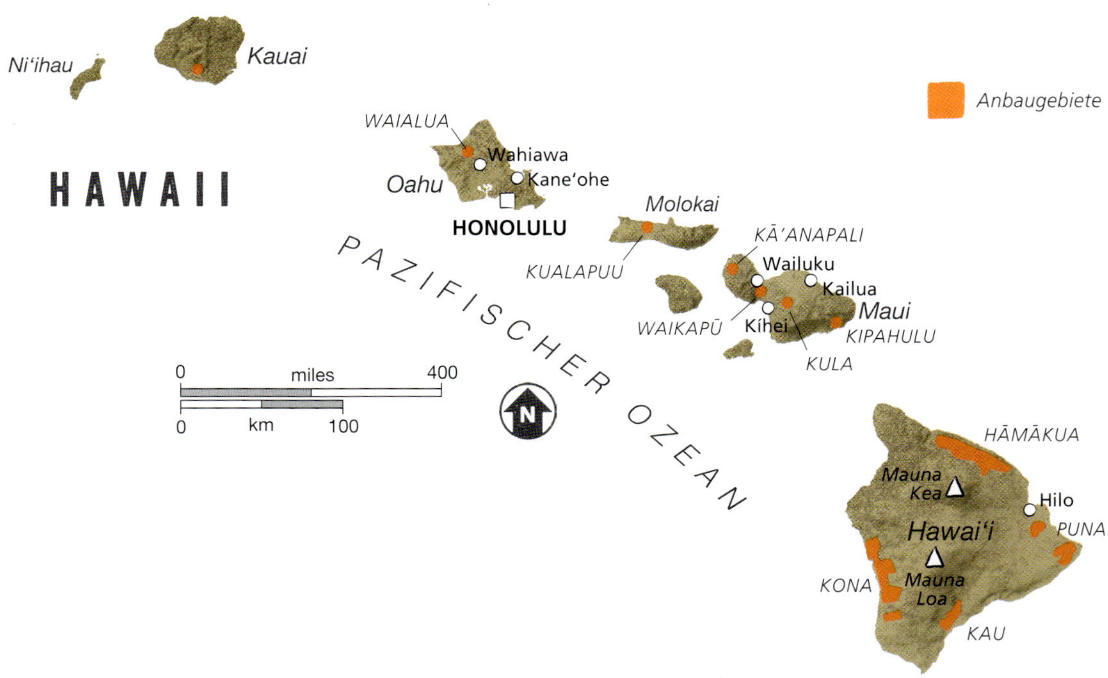

Auf dem Waialua Estate der Dole Food Company werden Bohnen in der Sonne zum Trocknen ausgebreitet. Waialua ist die größte Kaffeefarm auf der Insel Oahu und baut Typica an.

KONA

Das bekannteste Anbaugebiet auf Hawaii – und eines der berühmtesten der Welt – ist Kona auf der Großen Insel. Die lange Anbautradition half den Ruf der Region zu festigen, obwohl ihr Erfolg auch zu einem Anstieg der Zahl von Fälschungen führte. Inzwischen ist gesetzlich vorgeschrieben, dass auf jeder Kona-Mischung angegeben sein muss, wie hoch der Anteil des Kona-Kaffees ist. Die Verwendung des Gütesiegels »100 % Kona« wird streng überwacht. Eine kalifornische Farm namens Konai Kai hatte vor geraumer Zeit gegen die Verwendung eines eingetragenen Warenzeichens und Markenschutzes für den Namen geklagt, doch 1996 wurde die Geschäftsführung für schuldig befunden, in die »Kona-Kaffee«-Säcke Bohnen aus Costa Rica gefüllt zu haben.

In jüngerer Zeit bereitet der Kaffeewirtschaft auf der Insel der Kaffeebohrer (siehe Seite 16) Kopfzerbrechen. Man startete zwar erfolgreich Bekämpfungsmaßnahmen, befürchtete aber, durch Ertragseinbußen würde der bereits hohe Preis für Kona-Kaffee noch mehr steigen.

KONA-GRADING

Kona hat sein eigenes Grading-System, das vor allem auf der Bohnengröße basiert. Unterschieden werden Type 1 und Type 2. Type 1 ist die Standardgröße mit zwei Bohnen pro Kirsche. Bei Type-2-Kaffees handelt es sich ausschließlich um Peaberrys (siehe Seite 21).

Innerhalb Type 1: Kona Extra Fancy sind die größten Bohnen; in absteigender Größe folgen Kona Fancy, Kona Number 1, Kona Select und Kona Prime.

Innerhalb Type 2: Es werden nur noch zwei Grades unterschieden: Kona Number 1 Peaberry und die etwas kleinere Größe Kona Peaberry Prime.

Es gibt Vorschriften über die Höchstzahl von Defekten in den meisten Grades, sie sind aber recht weit gefasst und kein verlässlicher Qualitätsindikator.

RÜCKVERFOLGBARKEIT

In einem entwickelten Land wie den USA wird erwartungsgemäß eine hohe Rückverfolgbarkeit gefordert. Ein Kaffee lässt sich in der Regel bis zur Ursprungsfarm zurückverfolgen. In vielen Fällen rösten die Betriebe ihren Kaffee sogar selbst, um ihn direkt an Verbraucher und Touristen zu verkaufen. Etliche exportieren ihn aber auch; Hauptabnehmer ist das amerikanische Festland.

GESCHMACKSPROFIL

Hawaiianischer Kaffee hat meist wenig Säure und etwas mehr Körper. Er ist zugänglich, aber selten komplex und fruchtig.

ANBAUGEBIETE

Bevölkerung: 1 404 000
Produktion 2012:
43 181 Säcke à 60 Kilogramm

Der Ruf von Hawaii als Kaffeeerzeuger gründet sich auf ein einziges Anbaugebiet: Kona. Allerdings lohnt sich auch eine Erkundung der übrigen Eilande, wenn man den typischen Inselkaffee mit relativ geringer Säure, etwas mehr Körper und verhaltener Frucht mag.

KAUAI

Das Anbaugebiet wird von einem einzigen Unternehmen mit 1250 Hektar Fläche dominiert. Die Kauai Coffee Company setzte ab den späten 1980er-Jahren auf Kaffee, um die Abhängigkeit vom Zuckerrohranbau zu verringern. Wegen der Größe des Betriebs ist alles stark mechanisiert.

Höhe: 30–180 Meter
Ernte: Oktober–Dezember
Sorten: Yellow Catuai, Red Catuai, Typica, Blue Mountain, Mundo Novo

OAHU

Das Waialua Estate hat auf der Insel eine beherrschende Stellung. Es bewirtschaftet etwa 60 Hektar. Die Farm nahm in den frühen 1990er-Jahren die Produktion auf, ist voll mechanisiert und baut auch etwas Kakao an.

Höhe: 180–210 Meter
Ernte: September–Februar
Sorten: Typica

MAUI

Die Insel Maui hat eine einzige große Kaffeefarm: Ka'anapali. Sie besteht aus mehreren Parzellen mit Häusern und Kaffeehainen, die unterschiedlichen Besitzern gehören. Die Produktion ist trotzdem zentralisiert. Das große Gut wurde von 1860 bis 1988 als Zuckerrohrplantage genutzt.

Höhe: 100–550 Meter
Ernte: September–Januar
Sorten: Red Catuai, Yellow Caturra, Typica, Mokka

KULA (MAUI)

Das kleine Anbaugebiet macht sich den Vulkan Haleakala zunutze, um ausreichende Höhenlagen für den Kaffeeanbau zu erreichen. Produziert wird hier erst seit Kurzem.

Höhe: 450–1050 Meter
Ernte: September–Januar
Sorten: Typica, Red Catuai

WAIKAPU (MAUI)

Dies ist das jüngste Anbaugebiet auf Hawaii. Eine einzige Farm gibt es hier: Sie gehört Coffees of Hawaii, einem Unternehmen mit Sitz auf der Nachbarinsel Molokai.

Höhe: 500–750 Meter
Ernte: September–Januar
Sorten: Typica, Catuai

KIPAHULU (MAUI)

Eine sehr niedrig gelegene Zone an der Südostküste von Maui. Die Güter arbeiten oft biologisch und kultivieren mehrere Agrarprodukte.

Höhe: 90–180 Meter
Ernte: September–Januar
Sorten: Typica, Catuai

KUALAPUU (MOLOKAI)

Auch in dieser Anbauregion dominiert ein einziges Kaffeeunternehmen: Coffees of Hawaii. Die große Farm ist mechanisiert, was in einem Umfeld mit extrem hohen Arbeitskosten häufig unumgänglich ist.

Höhe: 250 Meter
Ernte: September–Januar
Sorten: Red Catuai

KONA (GROSSE INSEL)

Im Gegensatz zu anderen Anbaugebieten auf Hawaii bietet sich hier eine etwas vielfältigere Kaffeelandschaft aus mehr als 630 Erzeugern. Die meisten Betriebe werden von einzelnen Familien geführt und haben in der Regel höchstens zwei Hektar Fläche. Die Hektarerträge sind die vielleicht höchsten der Welt. Wegen der geringen Größe der Güter ist Handlese hier keine Seltenheit.

Höhe: 150–900 Meter
Ernte: August–Januar
Sorten: Typica

KAU (GROSSE INSEL)

In die Kaffeeproduktion stieg Kau erst ein, als 1996 die hiesige Zuckermühle schloss. Bis 2010 mussten die Farmer und Genossenschaften ihren Kaffee in den benachbarten Anbaugebieten Puna oder Kona aufbereiten lassen. Inzwischen hat man eine Mühle errichtet.

Höhe: 500–650 Meter
Ernte: August–Januar
Sorten: Typica

PUNA (GROSSE INSEL)

Ende des 19. Jahrhunderts wuchs Kaffee auf etwa 2400 Hektar Land, als aber der Zuckerrohranbau an Bedeutung gewann, stellte man die Produktion ein. 1984 indes schloss die Zuckerfabrik, weshalb einige Farmer wieder mit der Erzeugung von Kaffee begonnen haben. Die meisten Farmen bewirtschaften nur um die 1,2 Hektar.

Höhe: 300–750 Meter
Ernte: August–Januar
Sorten: Red Catuai, Typica

HAMAKUA (GROSSE INSEL)

1852 kam der Kaffee nach Hamakua. Anfangs gab es acht Plantagen, doch wie andernorts auf Hawaii ging es mit der Kaffeeproduktion abwärts, da Zucker das Agrarprodukt Nummer eins wurde. Seit Mitte der 1990er-Jahre allerdings haben einige Farmen wieder begonnen, sich dem Anbau des braunen Goldes zu widmen.

Höhe: 100–600 Meter
Ernte: August–Januar
Sorten: Typica

Kalalau Valley auf der Insel Kauai ist typisch für die hawaiianische Plantagenlandschaft.

HONDURAS

Gerade weil Honduras inzwischen das größte Erzeugerland Mittelamerikas ist, überrascht es, wie wenig über den Beginn des Anbaus bekannt ist. Die frühesten Aufzeichnungen datieren von 1804 und enthalten einen Diskurs über die Qualität des produzierten Kaffees. Pflanzen müssen also bereits vor 1799 eingeführt worden sein, denn sie tragen erst nach einigen Jahren.

Erst nach 2001 ging es mit der Kaffeeproduktion in Honduras steil aufwärts. Während das Wachstum des Kaffeesektors und der Ausbau der dazugehörigen Infrastruktur in weiten Teilen Mittelamerikas in das 19. Jahrhundert fielen, gab es beim Spätzünder Honduras keinerlei Infrastruktur. Daher war es nicht einfach, ein ordentliches Qualitätsniveau zu erreichen. Außerdem verschwand ein Großteil der anfänglich produzierten Kaffees im Massenmarkt. Erst seit Kurzem kommt aus Honduras Spitzenware.

Die Böden in Honduras eignen sich gut für den Anbau von Kaffee. Ein Trocknen der Kirschen ist jedoch schwierig, denn es regnet viel.

Die Kaffeeorganisation des Landes, das Instituto Hondureño del Café (IHCAFE), wurde 1970 gegründet und bemüht sich um Qualitätsverbesserungen. Sie hat in jedem der sechs ausgewiesenen Anbaugebiete ein Verkostungslabor eingerichtet, um den örtlichen Produzenten unter die Arme zu greifen.

Bis 2011 erzeugte Honduras knapp sechs Millionen Säcke jährlich – mehr als Costa Rica und Guatemala zusammengenommen. Im ganzen Land sind 110 000 Familien in der Kaffeeerzeugung aktiv. Derzeit bereitet das Auftreten des Kaffeerosts (siehe Seite 16) Probleme. Nach schweren Ernteschäden in der Saison 2012/2013 wurde der nationale Notstand ausgerufen.

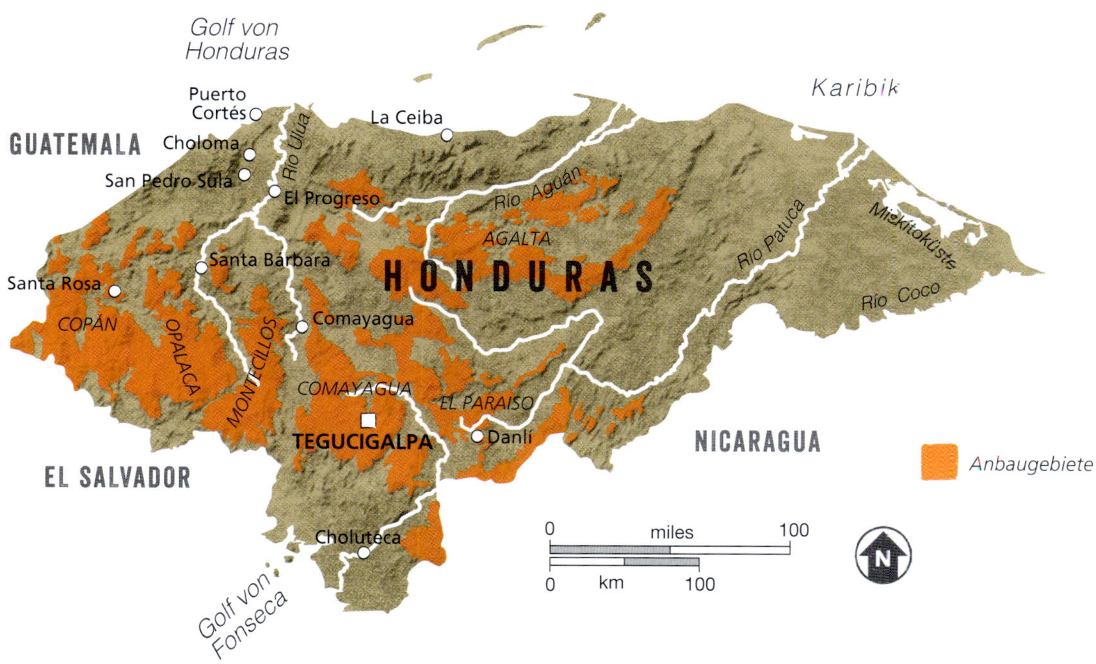

KLASSIFIZIERUNG

Honduras verwendet ein ähnliches System wie El Salvador und Guatemala, das Kaffee nach der Anbauhöhe kategorisiert. Oberhalb von 1200 Metern darf sich ein Kaffee Strictly High Grown (SHG) nennen, oberhalb von 1000 Metern noch High Grown (HG). Es gibt zwar einen Zusammenhang zwischen Höhe und Qualität, doch wirbt man sehr oft gerade bei wenig rückverfolgbaren Posten damit. Auch besser Rückverfolgbares aber wird damit ausgezeichnet.

GESCHMACKSPROFIL

Das Geschmacksspektrum von hondurianischem Kaffee ist breit. Die besten Versionen beeindrucken oft mit komplexer Frucht und lebendiger, saftiger Säure.

KLIMAPROBLEME

Honduras eignet sich zwar gut für den Anbau von hochklassigem Kaffee, allerdings spielt das Wetter oft nicht mit. Die hohen Niederschlagsmengen erschweren das Trocknen der Ernte. Manche Erzeuger arbeiten daher mit einem Mix aus Sonnen- und mechanischer Trocknung. Das hat dem Land den Ruf eingebracht, zwar gutes Material zu produzieren, das aber auch rasch nachlässt. Man arbeitet hart an einer Lösung dieses Problems. Ein Großteil der Ware lagert vor dem Versand in brütend heißen Lagerhäusern bei Puerto Cortez, was dem Kaffee zusätzlich schadet. Allerdings gibt es immer Ausnahmen, und die besten Vertreter halten sich meist besser.

RÜCKVERFOLGBARKEIT

Der Herkunftsnachweis ist mitunter außerordentlich gut. Mancher Posten lässt sich bis auf Guts-, Genossenschafts- oder Erzeugergruppenebene zurückverfolgen.

ANBAUGEBIETE

Bevölkerung: 8 250 000
Produktion 2013:
4 200 000 Säcke à 60 Kilogramm

Viele Röster nennen Santa Barbara in Honduras als Herkunftsort ihrer Erzeugnisse, obwohl die IHCAFE diesen Bereich gar nicht als Anbaugebiet ausweist. Allerdings reichen mehrere Zonen in das Departamento hinein. Sicher könnten manche mit Recht eine eigene Beschreibung fordern, doch schien es angemessener, bei den offiziellen Vorgaben zu bleiben und sich an die unten aufgelisteten Anbaugebiete zu halten. Trotzdem kommen aus Santa Barbara einige ausgezeichnete Pacas-Posten. Sie bestechen durch eine charakteristisch intensiv-fruchtige Note und sind es definitiv wert, dass man es einmal mit ihnen probiert.

COPÁN

Copán ist ein Departamento im Westen von Honduras. Man hat es nach der Stadt Copán benannt, die durch ihre Mayaruinen Berühmtheit erlangt hat. Die Region grenzt an Guatemala. Anbaugebiete wie Copán rufen mir immer wieder die Bedeutung einer exakten Herkunftsangabe anstelle eines simplen Hinweises auf das Ursprungsland in Erinnerung. Politische Grenzen sind oft willkürlich gezogen, und Verbraucher erwarten bei Kaffee aus Honduras (leider) etwas ganz anderes als bei seinem Pendant aus Guatemala. Zu Copán gehört der nördliche Teil des inoffiziellen Anbaugebiets Santa Barbara.

Höhe: 1000–1500 Meter
Ernte: November–März
Sorten: Bourbon, Caturra, Catuai

MONTECILLOS

Dieses Anbaugebiet umfasst mehrere Zonen, die bedeutendsten sind Marcala, das inzwischen mit einer geschützten Herkunftsbezeichnung geadelt wurde, und La Paz. Marcala ist eine Gemeinde im Departamento La Paz. Röstereien verwenden im Bemühen um größere Exaktheit eher diese Zonennamen, statt ihren Kaffee generell als Montecillos auszuweisen.

Höhe: 1200–1600 Meter
Ernte: Dezember–April
Sorten: Bourbon, Caturra, Catuai, Pacas

Viele Kaffeebauern in Honduras kultivieren Bourbon, Caturra, Typica und Catuai. In den letzten Jahren hat der Kaffeerost in allen Anbaugebieten schwerste Schäden verursacht.

AGALTA

Im Norden von Honduras findet man dieses Gebiet. Ein Großteil davon ist geschütztes Waldgebiet, weshalb der Ökotourismus in der Wirtschaft vor Ort eine wichtige Rolle spielt.

Höhe: 1000–1400 Meter
Ernte: Dezember–März
Sorten: Bourbon, Caturra, Typica

OPALACA

Opalaca umfasst den südlichen Teil des Santa-Barbara-Gebiets, außerdem Intibucá und Lempira. Namensgebend war eine Gebirgskette, die sich durch die Region zieht.

Höhe: 1100–1500 m
Ernte: November–Februar
Sorten: Bourbon, Catuai, Typica

COMAYAGUA

Dicht von tropischem Regenwald bedeckt ist dieses Anbaugebiet in der westlichen Mitte von Honduras. Die hier gelegene Stadt Comayagua war einst Hauptstadt von Honduras.

Höhe: 1100–1500 Meter
Ernte: Dezember–März
Sorten: Bourbon, Caturra, Typica

EL PARAISO

Eines der ältesten und größten Anbaugebiete von Honduras. Es erstreckt sich im Osten an der Grenze zu Nicaragua. In letzter Zeit litten die Erzeuger stark unter dem Kaffeerost.

Höhe: 1000–1400 Meter
Ernte: Dezember–März
Sorten: Catuai, Caturra

JAMAIKA

Die Stunde null des jamaikanischen Kaffees fällt ins Jahr 1728, als Gouverneur Sir Nicholas Lawes von seinem Amtskollegen in Martinique einen Kaffeebaum bekam. Er hatte schon mit mehreren Feldfrüchten experimentiert und pflanzte das Gehölz in der Gegend von Saint Andrew. Anfangs war die Produktion überschaubar: 1752 exportierte Jamaika ganze 27 Tonnen.

So richtig Fahrt nahm der Kaffeeanbau in der zweiten Hälfte des 18. Jahrhunderts auf. Von Saint Andrew aus breitete er sich über die Blue Mountains aus. Im Jahr 1800 gab es bereits 686 Plantagen, und bis 1814 kletterte die Jahresproduktion auf etwa 15 000 Tonnen – manchen Schätzungen zufolge könnte sie sogar noch wesentlich höher gewesen sein.

Nach dieser Aufschwungphase ging es allmählich wieder abwärts. Hauptgrund war der Mangel an Arbeitskräften, wenngleich auch andere Faktoren eine Rolle spielten. 1807 war der Sklavenhandel verboten worden, aber die endgültige Abschaffung der Sklaverei kam erst mit dem Jahr 1838. Es gab zwar Bestrebungen, ehemalige Sklaven als Arbeiter anzuheuern, doch litt der Kaffeeanbau schwer unter der Konkurrenz anderer Wirtschaftszweige. Hinzu kamen die schlechte Bodenpflege und das Ende der günstigen Handelsbedingungen, die Großbritannien seinen Kolonien bis dato gewährt hatte. So ging es rasant abwärts mit dem Sektor: 1850 waren gerade einmal 180 Plantagen übrig geblieben; die Produktion war auf 1500 Tonnen zurückgegangen.

Ende des 19. Jahrhunderts erzeugte Jamaika rund 4500 Tonnen Kaffee. Zum ersten Mal begann man sich ernsthaft mit einer Erhöhung der Qualität zu befassen. 1891 wurde ein Gesetz verabschiedet, das darauf abzielte, die Qualifikation der Kaffeebauern zu verbessern; gleichzeitig wurde in die Infrastruktur investiert, um die Verarbeitung und das Grading zu zentralisieren. Dem Programm war nur wenig Erfolg beschieden, doch entstand 1944 immerhin ein Central Coffee Clearing House, in dem alle Kaffees vor der Ausfuhr geprüft wurden. 1950 schließlich richtete man eine Kaffeebehörde ein.

Fortan verbesserte sich der Ruf der Kaffees von den Blue Mountains langsam, aber sicher, bis man sie zu den besten der Welt zählte. Allerdings waren damals nur wenige gut aufbereitete Versionen erhältlich. Heute kann jamaikanischer Kaffee nicht mehr mit den Besten aus Mittel- und Südamerika oder Ostafrika mithalten. Er gibt sich zwar sauber, süß und sehr mild, doch fehlen ihm die Komplexität und Charakteristiken, die man von Spezialitäten erwartet. Trotzdem verstand man sich in Jamaika lange vor anderen Erzeugernationen auf die beständige Produktion und geschickte Vermarktung von sauberen, süßen Kaffees, womit sich das Land eine Zeit lang einen klaren Vorteil verschaffte.

Jamaikanischer Kaffee ist seit dem frühen 20. Jahrhundert für seinen sauberen, süßen, milden Geschmack bekannt.

GESCHMACKSPROFIL

Saubere, süße, aber selten komplexe oder saftige und fruchtige Kaffees sind typisch für Jamaica.

ANBAUGEBIETE

Bevölkerung: 2711000
Produktion 2013:
18000 Säcke à 60 Kilogramm

Auf Jamaika gibt es nur ein einziges Anbaugebiet von Rang – das aber ist eines der berühmtesten der Welt.

BLUE MOUNTAIN

Der Gegenstand einer der erfolgreichsten Marketingkampagnen der Kaffeegeschichte ist klar ausgewiesen und gut geschützt: Nur Kaffee, der zwischen 900 und 1500 Meter Höhe in den Gemeinden Saint Andrew, Saint Thomas, Portland und Saint Mary entsteht, darf sich »Jamaica Blue Mountain« nennen. Kaffee, der aus einer Höhe von 450 bis 900 Meter stammt, darf das Gütesiegel »Jamaica High Mountain« tragen. Alles darunter wird als »Jamaica Supreme« oder »Jamaica Low Mountain« etikettiert.

Blue-Mountain-Kaffee zurückzuverfolgen ist nicht ganz einfach, denn die meisten Erzeugnisse werden unter dem Namen der Mühle verkauft, in der man sie aufbereitet hat. Die Posten großer Güter werden gelegentlich separat verarbeitet, aber normalerweise wirft man das Erntegut der unzähligen Kleinbauern einfach zusammen.

Lange Zeit ging ein Großteil der Blue-Mountain-Kaffees nach Japan. Verschifft wurden sie in kleinen Holzfässern statt Jutesäcken. Weil sie sehr hohe Preise erzielen, wird viel getrickst: Bei einem nicht geringen Teil der als Blue-Mountain-Kaffee etikettierten Ware handelt es sich um Fälschungen.

Höhe: 900–1500 Meter
Ernte: Juni–Jul
Sorten: Jamaica Blue Mountain (eine Typica-Ableitung), Typica

Die Herkunft von Blue-Mountain-Kaffee wird streng kontrolliert. Sein Grading-System orientiert sich an der Höhenlage. Als einziger Kaffee der Welt wird er in Holzfässern verschickt.

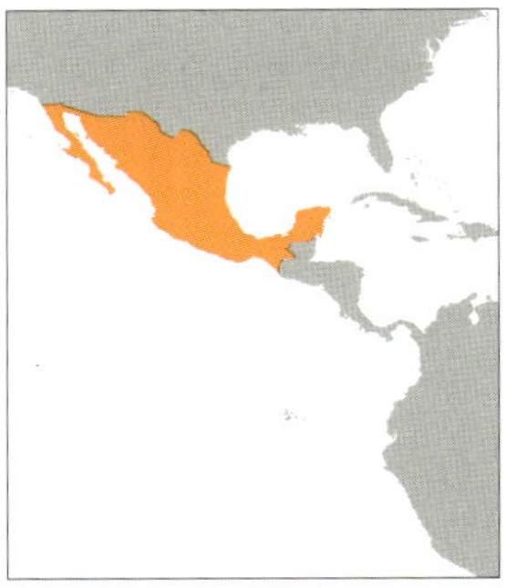

MEXIKO

Die ersten Kaffeepflanzen gelangten wohl um 1785 nach Mexiko – vermutlich aus Kuba oder dem Gebiet der heutigen Dominikanischen Republik. In Berichten aus dem Jahr 1790 ist von Plantagen in der Gegend von Veracruz die Rede. Weil Mexiko mit Bodenschätzen viel Geld verdiente, war der Anreiz, Kaffee zu fördern, lange Zeit gering.

Grenzstreitigkeiten mit dem benachbarten Guatemala waren der Grund für die erste groß angelegte Erfassung und Verteilung von Grundbesitz in Mexiko. Die Landreform ermöglichte einer kleinen Zahl reicher Europäer, umfangreiche Ländereien zu erstehen, und gab ihnen die nötige Sicherheit, um mit den für Kaffeeplantagen unerlässlichen Infrastrukturinvestitionen zu beginnen. Oft wurde die indigene Bevölkerung gezwungen, sich in die Berge zurückzuziehen, und später immer wieder auf die Plantagen zurückgelockt, um dort zu arbeiten. Erst nach der 1920 beendeten Revolution ging der Kaffeeanbau auf kleine Höfe über. 1914 war Land an Plantagenarbeiter und die indigene Bevölkerung zurückgegeben worden. Viele, die man zur Arbeit auf den Feldern gezwungen hatte, konnten in ihre Gemeinschaften zurückkehren – das erworbene Wissen über den Anbau von Kaffee nahmen sie mit. Die Umverteilung des Landes führte zur Zerschlagung etlicher Haciendas, was gleichzeitig den Anfang der kleinbäuerlichen Landwirtschaft markierte.

1973 richtete der Staat das Instituto Mexicano del Café (INMECAFE) ein. Es hatte den Auftrag, Erzeuger technisch und finanziell zu unterstützen und die vereinbarten Produktionsvorgaben aus dem International Coffee Agreement einzuhalten. Das brachte eine rasche Ausweitung der Produktion und der mit Kaffeebäumen bepflanzten Fläche mit sich. In manchen ländlichen Gegenden erhöhte sich der Anbau um fast das Neunfache.

Viele mexikanische Kaffeebauern gründeten seit den späten 1980er-Jahren erfolgreich Kollektiven für den Ankauf und Betrieb von Kaffeeplantagen. Fair Trade und Bioanbau nehmen stetig zu.

In den 1980er-Jahren indes änderte die mexikanische Regierung ihre Haltung gegenüber Kaffee. Das war zum Teil auf die hohe Staatsverschuldung sowie auf den Preisrückgang beim Öl zurückzuführen, der eine Rückzahlung der Kredite erschwerte. So stellte der Staat die Förderung der Kaffeeindustrie nach und nach ein. 1989 brach INMECAFE völlig zusammen und der Staat verkaufte seine Verarbeitungsanlagen. Die Folgen für den Kaffeesektor waren verheerend. Die Kredite versiegten und viele Farmer versuchten verzweifelt, Abnehmer für ihre Ware zu finden. Damit traten gierige Kaffeebroker, Kojoten genannt, auf den Plan: Sie kauften Kaffee zu sehr niedrigen Preisen von Farmern ein und verkauften ihn mit satten Gewinnen weiter.

Der Untergang von INMECAFE und die 1989 durch die Auflösung des International Coffee Agreement verursachte Kaffeekrise hatte auch spürbare Auswirkungen auf die Qualität. Da die Einnahmen zurückgingen, stellte eine große Zahl von Erzeugern das Düngen der Pflanzungen ein, investierte nicht mehr in den Schutz vor Schädlingen und steckte weniger Zeit und Geld in die Unkrautbekämpfung sowie die Verwaltung. Manche ernteten ihren Kaffee auch einfach nicht mehr.

Interessanterweise aber reagierten manche Bauern auch mit der Bildung von Genossenschaften, die viele zuvor vom INMECAFE wahrgenommene Aufgaben wie den gemeinsamen Einkauf, den Betrieb der Mühlen, die technische Unterstützung der Bauern, die politische Lobbyarbeit und sogar Hilfen beim Knüpfen direkter Beziehungen zu den Käufern nun selbst übernahmen.

Mexikos Erzeuger scheinen sehr auf Zertifizierungen zu setzen, wie die Vielzahl von Fair-Trade- und Bioprodukten beweist. Das Land verkauft einen großen Teil seiner Kaffees in die USA, weshalb man nur selten ausgezeichnete Vertreter in anderen Teilen der Welt findet.

RÜCKVERFOLGBARKEIT

Die meisten Posten werden von Kleinbauern und nicht von großen Gütern erzeugt. Eine Rückverfolgbarkeit sollte bis zu einer Erzeugergruppe, Genossenschaft oder gelegentlich bis zu einer Farm möglich sein.

GESCHMACKSPROFIL

Die Bandbreite der mexikanischen Kaffees ist groß. Sie reicht von leichteren, zarten Vertretern bis hin zu süßeren Editionen mit Karamell-, Toffee- oder Schokoladennoten in der Tasse.

ANBAUGEBIETE

Bevölkerung: 118 395 000
Produktion 2013:
3 900 000 Säcke à 60 Kilogramm

Kaffee wird auch außerhalb der wichtigsten Anbaugebiete (siehe unten) kultiviert. Bietet ein zuverlässiger Röster oder Einzelhändler solche Ware an, sollte man sie probieren. Allerdings ist die Produktion in diesen Nebenzonen sehr gering.

CHIAPAS

Das Anbaugebiet grenzt an Guatemala an. Die Sierra Madre sorgt für die nötigen Höhenlagen und die für den Kaffeeanbau so gut geeigneten Vulkanböden.

Höhe: 1000–1750 Meter
Ernte: November–März
Sorten: Bourbon, Typica, Caturra, Maragogype

OAXACA

Die meisten Farmer hier besitzen keine zwei Hektar Land. Es gibt mehrere Genossenschaften und einige wenige Großgüter, von denen manche allerdings zunehmend auf touristische Angebote setzen.

Höhe: 900–1700 Meter
Ernte: Dezember–März
Sorten: Bourbon, Typica, Caturra, Maragogype

VERACRUZ

Der große Bundesstaat im Osten am Golf von Mexiko gehört zu den kleinsten Kaffeeproduzenten des Landes. Um Coatepec findet man einige sehr hoch gelegene Plantagen mit Kaffee guter Qualität.

Höhe: 800–1700 Meter
Ernte: Dezember–März
Sorten: Bourbon, Typica, Caturra, Maragogype

Ein Farmer wendet die Bohnen, die auf der Terrasse einer kleinen Genossenschaft bei Tapachula zum Trocknen ausgebreitet sind.

NICARAGUA

Es waren katholische Missionare, die 1790 Kaffee nach Nicaragua brachten. Anfangs wurde er lediglich als eine Art Kuriosität angebaut. Erst als um 1840 die weltweite Nachfrage nach Kaffee stieg, gewann er im Land an wirtschaftlicher Bedeutung. Die frühesten gewerblichen Pflanzungen wurden um Managua angelegt.

Die hundert Jahre zwischen 1840 und 1940 bezeichnet man in Nicaragua oft als »Kaffeeboomjahre«. In dieser Zeit prägte Kaffee die Wirtschaft des Landes entscheidend. Je höher sein Stellenwert wurde, desto mehr Ressourcen und Arbeitskräfte nahm der Sektor in Anspruch. 1870 war Kaffee zum wichtigsten Agrarprodukt für den Export geworden. Die Regierung versuchte, ausländischen Unternehmen Investitionen und Landkäufe zu erleichtern. Außerdem förderte man mit der Verabschiedung der Subventionsgesetze 1879 und 1889 die Gründung großer Farmen: Ab dem 5000. Kaffeebaum wurde die Pflanzung jedes weiteren Baums mit fünf US-Cent gefördert.

Ende des 19. Jahrhunderts erinnerte Nicaragua an eine Bananenrepublik. Die Gewinne aus der Kaffeeerzeugung flossen entweder außer Landes oder in die Taschen einer kleinen Kaste von Großgrundbesitzern.

Die ersten Genossenschaften bildeten sich Anfang des 20. Jahrhunderts. Während der Somoza-Diktatur zwischen 1936 und 1979 wurden Genossenschaften von Zeit zu Zeit sogar gefördert. Nach dem Umsturz durch die Sandinisten und der Einführung eines kommunistischen Regimes 1979 brachen jedoch schwierige Zeiten für den Kaffeesektor an. Die von den USA und der CIA unterstützten Contras nahmen in ihrem Kampf die Kaffeewirtschaft ins Visier und griffen Fahrzeuge mit Farmarbeitern an oder verübten Sabotageakte an Mühlen.

Trotz dieser Rückschläge blieb Kaffee das Exportgut Nummer eins. Der Einbruch der Preise zwischen 1999 und 2003 allerdings war ein neuerlicher herber Schlag. Drei der sechs größten Banken Nicaraguas überlebten wegen ihres Engagements in der Kaffeewirtschaft die Krise nicht. Verschlimmert wurden die Folgen des Preissturzes durch die Verwüstungen, die Hurrikan Mitch im Jahr 1998 und die anschließende Dürre anrichteten.

Inzwischen sieht die Zukunft für nicaraguanischen Kaffee wieder rosiger aus, denn immer mehr Farmer bemühen sich um Qualität. War die Rückverfolgbarkeit früher gering, weil vieles unter dem Namen einer Mühle oder eines Anbaugebiets verkauft wurde, ist die Herkunft vieler Posten inzwischen sehr gut nachvollziehbar.

RÜCKVERFOLGBARKEIT

Es sollte heute durchaus möglich sein, Kaffee aufzutreiben, der sich bis zu einem einzigen Gut oder einer Genossenschaft zurückverfolgen lässt.

GESCHMACKSPROFIL

Nicaraguanischer Kaffee ist meist relativ komplex. Er verwöhnt neben vielerlei Geschmacksnuancen mit angenehmen Fruchtnoten und sauberer Säure.

ANBAUGEBIETE

Bevölkerung: 6071000
Produktion 2013:
1500000 Säcke à 60 Kilogramm

Einige der kleineren Anbaugebiete in Nicaragua, etwa Madriz, Managua, Boaca und Carazo, sind hier nicht aufgeführt. Trotzdem entsteht dort manch ausgezeichneter Kaffee.

JINOTEGA

Der Name des Anbaugebiets ist vom Nahuatl-Wort *xinotencatl* abgeleitet, doch ist man sich uneins über die Bedeutung. Es könnte »Stadt der alten Männer« oder, was wahrscheinlicher ist, »Nachbarn der Jiñocuabos« bedeuten. Die Wirtschaft der Gegend ist seit Langem stark abhängig von Kaffee und Jinotega bis heute die wichtigste Anbauzone Nicaraguas.

Höhe: 1100–1700 Meter
Ernte: Dezember–März
Sorten: Caturra, Bourbon

MATAGALPA

Das Anbaugebiet trägt denselben Namen wie sein Departamento und dessen Hauptstadt, in der es sogar ein Kaffeemuseum gibt. Der Kaffee wird von Gütern oder Genossenschaften erzeugt.

Höhe: 1000–1400 Meter
Ernte: Dezember–Februar
Sorten: Caturra, Bourbon

NUEVA SEGOVIA

In den letzten Jahren hat dieser Bereich im Norden durch einige der besten Kaffees des Landes von sich reden gemacht. Auch beim Cup-of-Excellence-Wettbewerb erwies er sich als überaus erfolgreich.

Höhe: 1100–1650 Meter
Ernte: Dezember–März
Sorten: Caturra, Bourbon

Gegenüber und links: Kaffee gehört zu den wichtigsten Exportgütern Nicaraguas. Der Sektor hat alle politischen Unruhen und Naturkatastrophen überlebt.

PANAMA

Vermutlich brachten die ersten europäischen Siedler im frühen 19. Jahrhundert Kaffeepflanzen mit. Panama hatte lange Zeit keinen sonderlich guten Ruf für seinen Kaffee; die Produktion belief sich auf gerade einmal ein Zehntel des Nachbarn Costa Rica. Inzwischen beginnen sich jedoch immer mehr Spezialitätenkäufer für das Land zu interessieren.

Typisch für die panamaische Landesnatur ist eine Reihe klar unterscheidbarer Klimazonen. Einige sehr talentierte und engagierte Erzeuger wissen sich die Vorzüge der Region zunutze zu machen und bringen hervorragenden Kaffee zuwege, der allerdings auch entsprechend hohe Preise erzielt.

Großen Einfluss hat auch noch ein anderer Faktor: der Wert von Grund und Boden. Zahlreiche Nordamerikaner lassen sich in diesem landschaftlich reizvollen Land mit stabilen politischen Verhältnissen und relativ geringen Lebenshaltungskosten nieder. Daher hat man viele Kaffeeplantagen inzwischen in Bauland umgewandelt. In Panama herrschen außerdem strengere Arbeitsgesetze als in den übrigen Ländern der Region, sodass die Erntehelfer besser bezahlt werden als andernorts. Die Kosten legen die Güter auf den Verbraucher um.

HACIENDA LA ESMERALDA

Wenn es um Kaffeepreise geht, darf eine bestimmte Farm in Panama nicht unerwähnt bleiben. Kein anderes Gut hatte einen größeren Einfluss auf die mittelamerikanische Kaffeeindustrie als die Hacienda La Esmeralda im Besitz der Familie Peterson.

Einen hohen Stellenwert hat in Panama die Sorte Geisha. Ihr blumiger, zitrusfruchtiger Geschmack und das hohe Qualitätsbewusstsein der einheimischen Bauern haben die Nachfrage steigen lassen.

Als die Preise für Massenware noch relativ niedrig waren, organisierte der panamaische Spezialitätenverband einen Wettbewerb unter dem Motto »Panamas Beste«. Die besten Kaffees mehrerer Farmen wurden bewertet und anschließend bei einer Online-Auktion zum Verkauf angeboten. Die Hacienda La Esmeralda hatte schon einige Jahre lang eine Sorte namens Geisha (siehe Seite 24) angebaut, mit dem Wettbewerb aber wurde ihr Kaffee einem größeren Publikum bekannt. Die Hacienda eroberte von 2004 bis 2007 vier Jahre lang in Folge und noch einmal 2009, 2010 sowie in einer Sonderkategorie 2013 den ersten Platz. Von Anfang an brach ihr Kaffee alle Rekorde und erzielte einen Preis von 21 Dollar pro angloamerikanisches Pfund (453 g), der bis 2013 auf 170 Dollar kletterte. Ein kleiner trocken aufbereiteter Posten wechselte 2013 sogar für 350,25 Dollar den Besitzer – und war damit der teuerste Gutskaffee der Welt.

Im Gegensatz zu anderen teuren Erzeugnissen wie dem abstoßenden Modekaffee Kopi Luwak oder einem Teil der Blue-Mountain-Kaffees aus Jamaika erzielte La Esmeralda den Preis tatsächlich wegen seiner hohen Qualität, wenngleich auch andere Faktoren wie hohe Nachfrage und cleveres Marketing zweifellos eine Rolle spielten. Der Rekordkaffee schmeckt recht ungewöhnlich: Er macht durch einen extrem blumigen, zitrusfruchtigen Zug auf sich aufmerksam, hat jedoch einen relativ leichten, teeartigen Körper – typisch Geisha eben.

Der Einfluss der Farm macht sich inzwischen in ganz Mittelamerika bemerkbar, wo immer mehr Geisha gepflanzt wird. Viele Erzeuger erhoffen sich von dieser Sorte höhere Preise, und tatsächlich lässt sich Geisha teurer verkaufen als andere Sorten.

RÜCKVERFOLGBARKEIT

Die Rückverfolgbarkeit in Panama ist erwartungsgemäß hoch. Die Kaffees lassen sich oft einzelnen Gütern zuweisen, die ihre Posten mitunter sogar nach der Aufbereitung oder Sorte getrennt verpacken und veräußern.

GESCHMACKSPROFIL

Die höherwertigen Erzeugnisse sind fruchtig und blumig, leicht im Körper, zart und zugleich komplex.

ANBAUGEBIETE

Bevölkerung: 3406000
Produktion 2013:
100000 Säcke à 60 Kilogramm

Die Anbaugebiete Panamas sind weniger geografisch geprägt als durch die Art und Weise des Kaffeeverkaufs. Als mehr angebaut wurde, fasste man die nachfolgenden Zonen womöglich als eine Einheit zusammen, denn sie sind klein und liegen nahe beieinander.

BOQUETE

Das bekannteste Anbaugebiet. Die bergige Landesnatur bietet verschiedenste Klimazonen. Die relativ kühle Witterung und häufiger Nebel verlangsamen den Reifeprozess. Nach Ansicht mancher Fachleute entsprechen diese Bedingungen einer größeren Höhe, was sich im Kaffee niederschlägt.

Höhe: 400–1900 Meter
Ernte: Dezember–März
Sorten: Typica, Caturra, Catuai, Bourbon, Geisha, San Ramon

VOLCAN-CANDELA

Hier entsteht ein Großteil der panamaischen Nahrungsmittel und zudem hervorragender Kaffee. Das Anbaugebiet ist nach dem Vulkan Baru und der Stadt Piedra Candela benannt und erstreckt sich an der Grenze zu Costa Rica.

Höhe: 1200–1600 Meter
Ernte: Dezember–März
Sorten: Typica, Caturra, Catuai, Bourbon, Geisha, San Ramon

RENACIMIENTO

Ein weiteres Anbaugebiet an der Grenze zu Costa Rica. Die Zone ist relativ klein und gehört nicht zu den Haupterzeugern panamaischer Spezialitäten.

Höhe: 1100–1500 Meter
Ernte: Dezember–März
Sorten: Typica, Caturra, Catuai, Bourbon, Geisha, San Ramon

Diese Plantage in Volcan ist nur eine von vielen, die herausragenden Kaffee erzeugen.

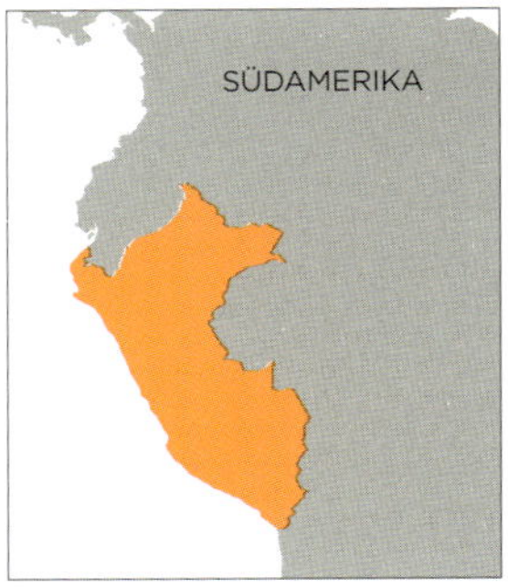

PERU

Kaffee kam zwischen 1740 und 1760 ins Land. Das damalige Vizekönigreich Peru erstreckte sich über ein größeres Gebiet als der Staat heute. Obwohl sich die klimatischen Verhältnisse für eine Erzeugung in großem Stil eignen, wurde die gesamte Produktion in den ersten hundert Jahren im Land selbst konsumiert. 1887 wurde Kaffee zum ersten Mal exportiert.

Als der peruanische Staat im 20. Jahrhundert eine Anleihe der britischen Regierung nicht mehr bedienen konnte, musste er ihr zwei Millionen Hektar Land in der Landesmitte überlassen. Ein Viertel wurde in Plantagen für den Anbau von Agrarprodukten und unter anderem auch Kaffee umgewandelt.

Auf den Farmen verdingten sich Wanderarbeiter aus dem Hochland; manche wurden irgendwann selbst Grundbesitzer, andere kauften Land von den Briten, als diese Peru wieder verließen.

In den 1970er-Jahren erließ Juan Velascos Regierung Gesetze, die der Kaffeeindustrie schweren Schaden zufügten. Das International Coffee Agreement hatte feste Verkaufsmengen und Preise garantiert, weshalb es wenig Anreize gegeben hatte, eine angemessene Infrastruktur zu errichten. Als der Staat seine Unterstützung einstellte, brach der Sektor zusammen. Unter der Herrschaft des Leuchtenden Pfads ging es mit der Qualität des Kaffees und Perus Position auf dem Markt weiter bergab: Die linke Guerillaorganisation zerstörte Felder und vertrieb Farmer von ihrem Land. Das hinterließ ein Vakuum in der peruanischen Kaffeewirtschaft, das erst in letzter Zeit von nichtstaatlichen Organisationen wie Fair Trade wieder gefüllt werden konnte. Inzwischen hat Fair Trade einen beträchtlichen Teil der peruanischen Erzeugnisse zertifiziert. Immer mehr Land wird mit Kaffeebäumen bepflanzt. Waren es 1980 noch 62 000 Hektar, gehört Peru heute mit 95 000 Hektar zu den bedeutendsten Kaffeeländern der Welt.

Die Infrastruktur allerdings verhindert bislang noch Höchstqualität. Wenige Mühlen befinden sich in der Nähe der Güter, sodass das Erntegut oft weiter transportiert werden muss, als ihm guttut. Einige Posten werden mit anderen vermischt und auf dem Weg zur Küste von Zwischenhändlern übernommen. Interessanterweise sind lediglich etwa ein Viertel der hunderttausend Kleinbauern Mitglied einer Genossenschaft, obwohl das Fair-Trade-Siegel nur an Kaffee vergeben wird, der von Kooperativen stammt. Einen hohen Stellenwert hat außerdem der Bioanbau, der aber nur selten mit höherer Qualität einhergeht – ja, Biokaffee aus Peru ist oft so preiswert, dass er die Preise anderer Farmen mit nach unten zieht, selbst wenn diese höhere Qualität bieten.

Vielleicht deshalb und auch wegen des verbreiteten Anbaus von Typica wird der Kaffeerost zunehmend zum Problem. Die Ernte 2013 war zwar gut, doch führte die Krankheit mancherorts zu schweren Ernteschäden.

RÜCKVERFOLGBARKEIT

Die besten Kaffees lassen sich zur Erzeugergemeinschaft oder sogar zu einem bestimmten Gut zurückverfolgen.

GESCHMACKSPROFIL

Peruanischer Kaffee ist meist sauber, jedoch etwas weich und flach. Er hat einen süßen, relativ schweren Körper und wenig Komplexität. Immer häufiger findet man aber charaktervolle, saftigere Erzeugnisse.

ANBAUGEBIETE

Bevölkerung: 30 475 000

Produktion 2013: 4 200 000 Säcke à 60 Kilogramm

Eine Produktion gibt es zwar auch außerhalb der hier aufgelisteten Anbaugebiete, aber die Mengen sind geringer und der Ruf dieser Kaffees erreicht nicht den von Erzeugnissen aus den wichtigen Bereichen. Nach Ansicht mancher Fachleute ist Peru aufgrund seiner geografischen Lage gut gerüstet für den Temperaturanstieg, den der Klimawandel mit sich bringt, da es reichlich hoch gelegene Flächen gibt, die sich in Zukunft für den Kaffeeanbau eignen könnten.

CAJAMARCA

Cajamarca ist eine nach der Hauptstadt benannte Provinz im Norden des Landes. Sie erstreckt sich über den Nordzipfel der Anden und kommt in den Genuss eines äquatorialen Klimas mit den entsprechenden, für den Kaffeeanbau geeigneten Böden. Die meisten Erzeuger sind Kleinbauern, aber oft gut organisiert und Mitglied einer Genossenschaft, die ihnen mit technischer Hilfe, Schulungen, Krediten, Investitionen in die Dörfer und anderen Formen der Unterstützung unter die Arme greift. Eine dieser Organisationen ist CENFROCAFE, der 1900 Familien angehören. Sie fördert das Rösten vor Ort, betreibt ein Café und ermöglicht den Farmern eine Ausweitung ihres Sortiments.

Höhe: 900–2050 Meter
Ernte: März–September
Sorten: Bourbon, Typica, Caturra, Pache, Mondo Novo, Catuai, Catimor

JUNIN

Das Anbaugebiet verantwortet 20 bis 25 Prozent des peruanischen Kaffees, die inmitten der Regenwälder angebaut werden. Die Gegend litt in den 1980er- und 1990er-Jahren schwer unter den Guerillakämpfen. In dieser Zeit wurden auch die Bäume stark vernachlässigt, was die Verbreitung von Krankheiten gefördert hat. Ende der 1990er-Jahre musste die Kaffeewirtschaft fast wieder bei Null beginnen.

Höhe: 1400–1900 Meter
Ernte: März–September
Sorten: Bourbon, Typica, Caturra, Pache, Mondo Novo, Catuai, Catimor

CUSCO

Cusco ist eine Provinz und Region im Süden des Landes, in denen Kaffee in gewisser Weise eine legale Alternative zum zweiten beliebten Agrarprodukt, Coca, ist. Die Erzeuger sind meist Kleinbauern und nicht so sehr größere Güter. Ein wichtiger Wirtschaftsfaktor ist der Fremdenverkehr. Viele Touristen kommen auf ihrem Weg zur berühmtesten Sehenswürdigkeit, Machu Picchu, durch die Stadt Cusco.

Höhe: 1200–1900 Meter
Ernte: März–September
Sorten: Bourbon, Typica, Caturra, Pache, Mondo Novo, Catuai, Catimor

SAN MARTIN

Die Region an der Ostflanke der Anden ist Heimat vieler 5–10 Hektar großer Güter. Früher war hier das Zentrum der Cocaproduktion, doch Genossenschaften setzen sich mittlerweile für eine Ausweitung der Anbaupalette auf Kakao, Honig oder eben Kaffee ein. In den letzten Jahren ist der Anteil der armen Bevölkerung von 70 auf 31 Prozent gesunken.

Höhe: 1100–2000 Meter
Ernte: März–September
Sorten: Bourbon, Typica, Caturra, Pache, Mondo Novo, Catuai, Catimor

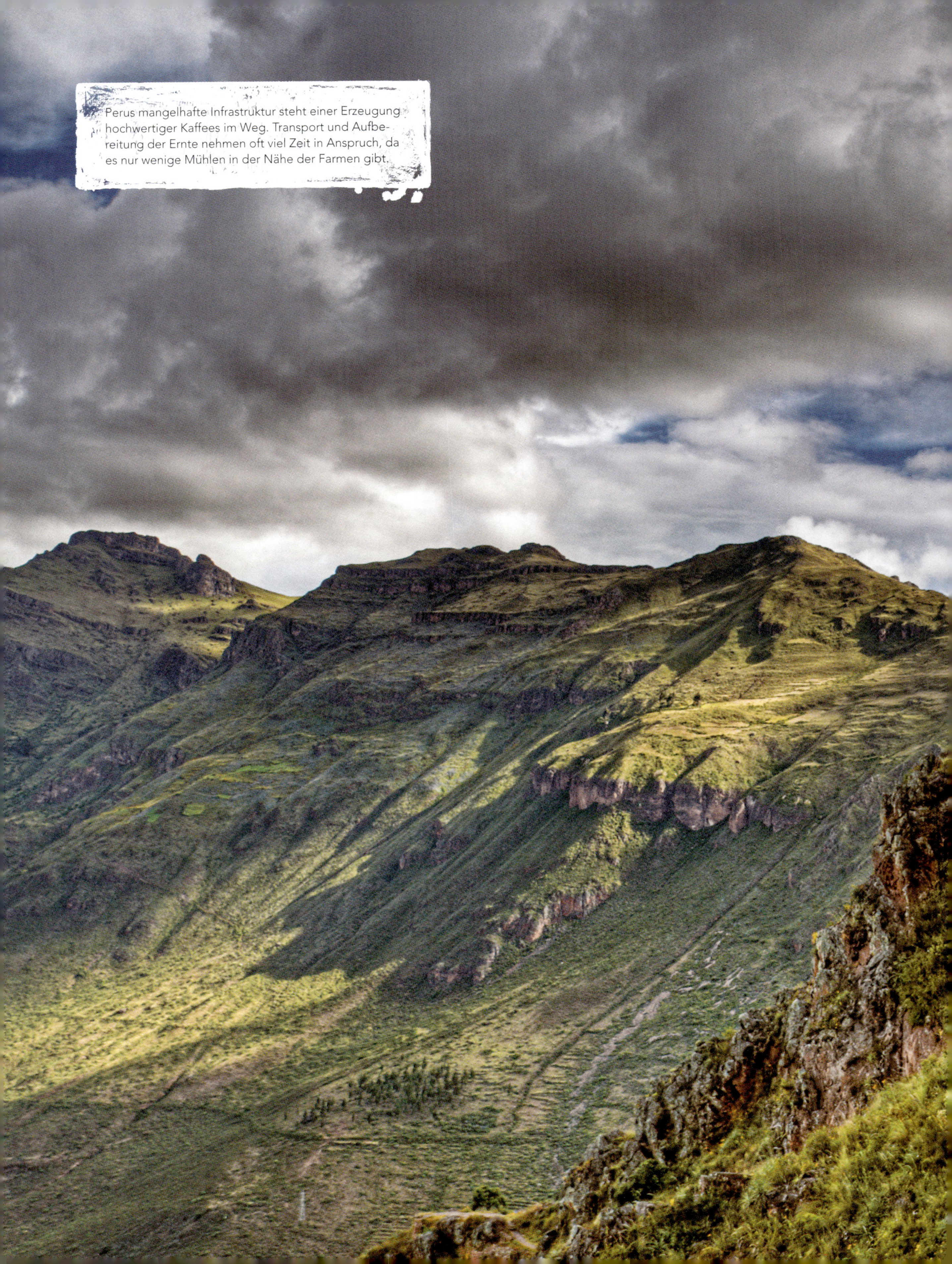

Perus mangelhafte Infrastruktur steht einer Erzeugung hochwertiger Kaffees im Weg. Transport und Aufbereitung der Ernte nehmen oft viel Zeit in Anspruch, da es nur wenige Mühlen in der Nähe der Farmen gibt.

VENEZUELA

Einem Jesuitenpater namens José Gumilla schreibt man das Verdienst zu, Kaffee um 1730 nach Venezuela gebracht zu haben. Das Land war zuvor wegen seiner Sklavenplantagen bekannt gewesen, auf denen Kakao und Tabak angebaut wurden. Ab 1793 kamen nun auch große Kaffeefarmen hinzu, wie historische Dokumente belegen.

Ungefähr ab 1800 bekam Kaffee immer größere wirtschaftliche Bedeutung. Während des Unabhängigkeitskriegs von 1811 bis 1823 ging der Anbau von Kakao zurück, die Kaffeeerzeugung aber stieg. Den ersten Kaffeeboom erlebte das Land von 1830 bis 1855, als es für ein Drittel der Weltproduktion verantwortlich zeichnete. Die Bedeutung von Kaffee als Wirtschaftsfaktor nahm weiter zu und erreichte 1919 mit einer Gesamtmenge von 1,37 Millionen exportierten Säcken den Höchstwert. Insgesamt wurden 75 Prozent der Gesamteinnahmen aus Exporten mit Kaffee und Kakao erwirtschaftet. Das Gros des Kaffees ging in die USA.

Anfang des 20. Jahrhunderts hatte Venezuela eine tragfähige Kaffeewirtschaft. Heute geht die Produktion jedoch zurück. Dazu beigetragen haben politischer Widerstand und schlechte Preise.

In den 1920er-Jahren wurde die Wirtschaft immer stärker von Erdöl abhängig, obwohl Kaffee eine gute Einnahmequelle blieb. Viel Geld wurde jedoch in den Ausbau der nationalen Infrastruktur gesteckt, bis in den 1930ern die Preise sanken, was sich negativ auf die Produktion und die Aufbereitungsanlagen auswirkte. In diese Zeit fiel auch die zunehmende Privatisierung der Kaffeewirtschaft, die den Bauern immer weniger Möglichkeiten ließ, öffentliches Land für den Anbau zu nutzen.

Seither ist die Wirtschaft des Landes sehr stark von der Ausfuhr von Erdöl und anderen Bodenschätzen abhängig geworden. Das produzierte und exportierte Kaffeevolumen blieb zunächst relativ hoch, sodass das Land fast gleichauf mit Kolumbien lag. Unter der Regierung von Hugo Chávez aber änderte sich das. 2003 begann die Regierung den Kaffeemarkt zu regulieren. Daraufhin musste das Land zunehmend Kaffee für den einheimischen Verbrauch importieren, vor allem aus Nicaragua und Brasilien. 1992 belief sich die Exportmasse auf 479 000 Säcke – 2009/2010 waren es gerade noch 19 000. Die vom Staat festgelegten Verkaufspreise lagen zum Schaden der Industrie weit unterhalb der Produktionskosten. Wie die Zukunft nach Chávez' Ableben aussieht, ist noch ungewiss.

RÜCKVERFOLGBARKEIT

Da so wenig Kaffee exportiert wird, lässt sich nur wenig venezolanischer Qualitätskaffee auftreiben. Manche Erzeugnisse sollten bis zu einzelnen Gütern zurückverfolgbar sein, doch meist wird ein Produkt mit dem Namen des Herkunftsgebiets etikettiert. Wegen der geringen Höhenlagen und Qualitätsanreize sollte man Kaffee aus Venezuela nur eine Chance geben, wenn er von einem für gute Ware bekannten, renommierten Röster stammt.

GESCHMACKSPROFIL

Die besseren Kaffees aus Venezuela fallen recht süß und etwas säurearm aus. Typisch für sie sind außerdem ein reiches Mundgefühl und eine gute Textur.

ANBAUGEBIETE

Bevölkerung: 28 946 000
Produktion 2013:
900 000 Säcke à 60 Kilogramm

Kaffees aus Venezuela sind derzeit recht selten auf dem Markt zu finden. Leider ist in nächster Zeit eine Änderung nicht zu erwarten.

WESTEN

Hier entsteht ein hoher Prozentsatz der gesamten Kaffeeproduktion. Exportkaffee mit dem Namen des Bundesstaats, etwa Táchira, Mérida oder Zulia, ist einfacher aufzutreiben als Kaffee, der nur die Region als Herkunftsangabe aufweist. Manche erkennen Ähnlichkeiten zwischen diesen Erzeugnissen und jenen aus dem Nachbarland Kolumbien.

Höhe: 1000–1200 Meter
Ernte: September–März
Sorten: Typica, Bourbon, Mundo Novo, Caturra

WESTLICHE MITTE

Das Anbaugebiet umfasst die Bundesstaaten Lara und Portuguesa, die zu den Kaffeezentren des Landes gehören, außerdem Falcón und Yaracuy. Hier, also in relativer Nähe zur kolumbianischen Grenze, verortet man den besten venezolanischen Kaffee. Die Abfüllungen sind in der Regel nach dem Ausfuhrhafen Maracaibos benannt.

Höhe: 1000–1200 Meter
Ernte: September–März
Sorten: Typica, Bourbon, Mundo Novo, Caturra

NÖRDLICHE MITTE

Ein geringer Prozentsatz des venezolanischen Kaffees erblickt hier in den Bundesstaaten Aragua, Carabobo, Dependencias Federales, Miranda, Cojedes und Guárico das Licht der Welt.

Höhe: 1000–1200 Meter
Ernte: September–März
Sorten: Typica, Bourbon, Mundo Novo, Caturra

OSTEN

Zu diesem Anbaugebiet zählen die Bundesstaaten Sucre, Monagas, Anzoátegui und Bolívar. Mitunter begegnet man hier auch einem Caracas genannten Kaffeetyp.

Höhe: 1000–1200 Meter
Ernte: September–März
Sorten: Typica, Bourbon, Mundo Novo, Caturra

GLOSSAR

Verweise auf andere Stichwörter in diesem Glossar sind mit einem Pfeil gekennzeichnet.

ARABICA Kurz für *Coffea arabica*, die am häufigsten angebaute Art der Gattung Kaffee. Sie erbringt nach genereller Auffassung einen besseren Kaffee als → Robusta, die zweite sehr verbreitete Art.

AROMASTOFF Ein chemischer Stoff in Kaffee, der zum Aroma beim Mahlen oder Aufbrühen beiträgt.

BLOOMING Das Befeuchten des Kaffees mit einer geringen Menge Wasser zu Beginn des Brühens, um den Extraktionsprozess in Gang zu bringen.

BRÜHVERHÄLTNIS Das Verhältnis zwischen der Menge des gemahlenen Kaffees und der Wassermenge, die zum Aufbrühen verwendet wird.

BRÜHZEIT Die Dauer, während der Wasser beim Brühen mit dem Kaffee in Kontakt ist.

CREMA Die Schicht braunen Schaums auf Espresso, die entsteht, wenn das Getränk unter hohem Druck aufgebrüht wird.

CUP-OF-EXCELLENCE-WETTBEWERB Ein Wettbewerb mit dem Ziel, Kaffee hoher Qualität aus einem bestimmten Land aufzuspüren und zu bewerten und danach die Siegerposten über ein internationales Online-Versteigerungssystem zu verkaufen.

CUPPING Das Brühen, Riechen und Schmecken des Kaffees durch professionelle Tester.

DEFEKT Ein Fehler der Kaffeebohnen, der sich in einem unangenehmen Geschmack niederschlägt.

DIALLING IN Das Einstellen einer Espresso-Mühle auf einen Mahlgrad, der eine optimale Extraktion ermöglicht und für einen guten Geschmack sorgt.

DUNKLE RÖSTUNG Eine längere Röstung von Kaffee, die dazu führt, dass die Bohnen sehr dunkelbraun werden und eine ölige Oberfläche bekommen.

FAIR-TRADE-BEWEGUNG Eine Gruppe von Organisationen, die sich um die Zertifizierung von Kaffeebauerngenossenschaften bemüht und ihnen eine garantierte Prämie bzw. einen Mindestpreis gewährt.

FULLY-WASHED *siehe* Nassaufbereitung.

GENOSSENSCHAFT Eine Erzeugergruppe/Kooperative aus Kleinbauern, welche zum gegenseitigen Vorteil zusammenarbeiten.

GILING BASAH Eine in Indonesien gebräuchliche Aufbereitung, bei der die Bohnen noch bei relativ hohem Feuchtigkeitsgehalt von der Pergamenthaut befreit und anschließend getrocknet werden. Die Methode gibt dem Kaffee eine sehr erdige Note mit. *Siehe auch* Pulped-Natural-Verfahren.

GRADING Die Bewertung bzw. Klassifizierung eines Rohkaffees. Sie kann nach mehreren Kriterien erfolgen. Am gängigsten ist das Grading nach der Größe der Bohnen, der Höhenlage, in der der Kaffee angebaut wird, und des Anteils an Fehlbohnen.

GRÜNER KAFFEE Die rohen, noch ungerösteten Bohnen.

HELLE RÖSTUNG Eine kürzere Röstung, bei der die Bohnen hell bleiben. Hell gerösteter Kaffee bewahrt seine Säure und seine fruchtigen Geschmacksnoten besser.

HONEY-PROCESSED-VERFAHREN Ein Aufbereitungsverfahren, das dem → Pulped-Natural-Verfahren ähnelt. Das Fruchtfleisch wird mechanisch entfernt, wobei die entfernte Menge variiert werden kann.

HULLING Das Entfernen der trockenen Hülle von Kaffeekirschen bei der → Trockenaufbereitung. Wird auch Schälen genannt.

IN REPOSO Die Zeit, in der Rohkaffee vor der Schälung, dem → Grading und dem Export mitsamt der Pergamenthaut gelagert wird, also »ruht«. Diese Lagerung stabilisiert den Feuchtigkeitsgehalt der Bohne.

INTERNATIONAL COFFEE AGREEMENT Ein 1962 von vielen Export- und manchen Importländern unterzeichnetes Quotensystem mit dem Ziel, große Nachfrage- und Angebotsschwankungen zu nivellieren und für Preisstabilität zu sorgen.

KAFFEEBOHRER Ein Schädling, der die Kaffeekirschen befällt und sich in die Frucht bohrt.

KAFFEEROST Ein orangefarbener bis brauner Pilz, der die Blätter von Kaffeebäumen befällt und das ganze Gehölz zum Absterben bringt.

KARTOFFELDEFEKT Ein in Teilen Ostafrikas verbreiteter Defekt. Er äußert sich darin, dass einzelne Bohnen beim Mahlen und Brühen des Kaffees stark nach Kartoffelschalen riechen.

KEGELMÜHLE Kaffeemühle mit einem Kegel, dessen Stellung so verändert werden kann, dass beim Mahlen der gewünschte Mahlgrad entsteht.

KIRSCHE Die Frucht des Kaffeebaums wird oft Kirsche genannt. Sie enthält zwei Samen, die Kaffeebohnen.

KLEINBAUER Ein Erzeuger, der nur wenig landwirtschaftliche Fläche für den Anbau von Kaffee besitzt.

LANGSAME RÖSTUNG Ein langsameres, schonenderes Rösten. Langsam geröstet wird vor allem von jenen Röstereien, die um möglichst guten Geschmack bemüht sind. Je nach Maschine und Verfahren dauert der Röstvorgang zehn bis zwanzig Minuten.

LATTE ART Das Muster, das beim Eingießen aufgeschäumter Milch in Espresso entsteht.

MAHLGRAD Die Größe der Partikel von gemahlenem Kaffee. Je feiner und kleiner der Mahlgrad, desto leichter gelingt eine Geschmacksextraktion beim Aufbrühen.

MASSENKAFFEE oder Industriekaffee. Der Allerweltskaffee, dessen Wert sich nicht nach seiner Qualität bemisst.

Seine → Rückverfolgbarkeit ist nur in seltenen Fällen möglich und auch nicht von Bedeutung.

MIKROSCHAUM Die winzigen Schaumbläschen, die bei korrektem Aufschäumen von Milch entstehen.

MONSOONING Ein an der indischen Malabar-Küste gebräuchliches Verfahren, bei dem die Kaffeebohnen drei bis vier Monate lang dem Monsunregen ausgesetzt werden. Dabei verlieren sie ihre Säure.

MUNDGEFÜHL Ein Verkostungsbegriff, der die Textur und den taktilen Eindruck beschreibt, den Kaffee beim Trinken im Mund hervorruft. Das Spektrum reicht von sehr leicht und teeartig bis reich und cremig.

NASSAUFBEREITUNG Ein Aufbereitungsverfahren, bei dem die Kaffeekirschen gepresst werden, sodass sich die Samen lösen, die dann einen Gärprozess durchlaufen. Dadurch wird das restliche Fruchtfleisch gelöst. Nach dem Abwaschen dieses Überrests werden die Bohnen langsam und schonend getrocknet. Nass aufbereiteter Kaffee wird mitunter als »fully washed« bezeichnet.

NASSMÜHLE *siehe* Waschstation.

PEABERRY Kaffeebohnen, die aus Kirschen mit nur einem Samen anstelle der üblichen zwei stammen. Sie sind größer als Bohnen aus zweisamigen Kirschen.

PERGAMENTHAUT Die Schutzhaut um den Kaffeesamen. Sie wird vor dem Export entfernt.

POSTEN Eine bestimmte Kaffeemenge, die einem Auswahlverfahren unterzogen wurde.

PULPED-NATURAL-VERFAHREN Eine Aufbereitungsmethode, bei der das Fruchtfleisch der Kaffeebohnen mechanisch entfernt wird, bevor diese auf Terrassen oder Hochbeeten zum Trocknen ausgebreitet werden.

ROBUSTA Eine der beiden wirtschaftlich wichtigsten Kaffeearten. Robusta gilt als minderwertiger als → Arabica, bereitet aber im Anbau in geringeren Höhenlagen weniger Probleme und ist auch nicht so anfällig für Schädlinge und Krankheiten.

RÜCKVERFOLGBARKEIT Die Transparenz der Versorgungskette bei der Kaffeeherstellung, anhand welcher sich nachvollziehen lässt, wer der Erzeuger eines Postens ist.

SCHEIBENMÜHLE Kaffeemühle mit zwei Metallscheiben, deren Stellung so verändert werden kann, dass sie Kaffee mit dem gewünschten Mahlgrad mahlen.

SCHNELLRÖSTUNG Eine in der Massenverarbeitung von Kaffee übliche Technik, bei der die Bohnen sehr schnell, also in weniger als fünf Minuten, geröstet werden, um löslichen Kaffee aus ihnen herzustellen.

SEMI-WASHED-VERFAHREN *siehe* Pulped-Natural-Verfahren.

SIEBGRÖSSE Die Kaffeebohnen werden bei der Sortierung nach der Größe in Siebe gegeben. Je nach dem Durchmesser der Löcher im Sieb fallen größere oder kleinere → Bohnen durch. Das Sieben ist Teil des → Gradings vor dem Export des Kaffees.

SILBERHÄUTCHEN Eine sehr dünne, papierartige Schicht auf der Kaffeebohne. Sie löst sich beim Rösten.

SPEZIALITÄTENMARKT Der Markt für Kaffee, bei dem Geschmack und Qualität im Mittelpunkt stehen. Spezialitäten stellen an alle Beteiligten eigene Anforderungen: an Erzeuger genauso wie an Exporteure bzw. Importeure, aber auch an Röstereien, Cafés und Verbraucher.

STÄRKE Mit der Kaffeestärke wird angegeben, wie viel gelösten Kaffee eine Tasse Kaffee enthält – meist sind es 1,3 bis 1,5 Prozent, der Rest ist Wasser. Bei Espresso kann die gelöste Menge jedoch acht bis zwölf Prozent betragen.

STRIP PICKING Eine Erntemethode, bei der die Erntearbeiter alle Kirschen auf einmal mit der Hand vom Ast abstreifen. Das geht zwar schnell, doch gelangen auch unreife Kirschen in das Erntegut, die später heraussortiert werden müssen.

TAMPERN Das Zusammendrücken des gemahlenen Kaffees beim Brühen von Espresso. Dadurch entsteht ein ebenes, flaches Bett, bevor der Kaffee unter sehr hohem Druck gebrüht wird. Das Tampern ermöglicht ein gleichmäßigeres Brühen.

TASSENQUALITÄT Die Kombination aus Aroma und Geschmack eines bestimmten Kaffees.

TERROIR Der Einfluss, den die geografischen und klimatischen Besonderheiten beim Anbau von Kaffee auf den Geschmack des fertigen Getränks haben.

TROCKENAUFBEREITUNG Ein Aufbereitungsverfahren, bei dem die Kirschen nach der Ernte so lange in der Sonne liegen, bis sie getrocknet sind. Wird im Kaffeehandel auch als »Natural Process« bezeichnet.

TROCKENMÜHLE Eine Anlage, die Kaffeebohnen schält, sortiert und so für den Export vorbereitet.

TYPICA Die älteste → Arabica-Sorte, die bei der gewerblichen Kaffeeproduktion zum Einsatz kommt.

ÜBEREXTRAKTION Das Extrahieren von mehr löslichen Stoffen während des Brühens als gewünscht. Überextraktion macht Kaffee bitter, rau und unangenehm.

UNTEREXTRAKTION Von Unterextraktion spricht man, wenn beim Brühen nicht alle gewünschten löslichen Stoffe im gemahlenen Kaffee extrahiert werden. Unterextrahierter Kaffee schmeckt sauer, oft auch adstringierend.

WASCHSTATION Eine Einrichtung, in der Kaffeekirschen aufbereitet und getrocknet werden.

WELTMARKTPREIS Der Preis für Massenkaffee, der an der Börse gehandelt wird. Er ist die Grundlage für den Preis im Kaffeehandel.

REGISTER

Fett gedruckte Seitenverweise beziehen sich auf Haupteinträge, *kursiv* gedruckte auf Abbildungen.

BILDNACHWEIS

Alamy Carol Lee 140–141; F. Jack Jackson 176; hemis/Franck Guiziou 92–93; Image Source 60–61; imageBROKER/Michael Runkel 166; Jan Butchofsky 168–169; Joshua Roper 196; mediacolor's 228–229; Phil Borges/Danita Delimont 206; Philip Scalia 214–215; Stefano Paterna 212–213; Vespasian 23; WorldFoto 132.

Blacksmith Coffee Roastery (www.BlacksmithCoffee.com) 24 links.

Corbis 2/Philippe Colombi/Ocean 237; Arne Hodalic 100; Bettmann 8–9; David Evans/National Geographic Society 185, 186; Eduardo Munoz/Reuters 204–205; Frederic Soltan/Sygma 102; Gideon Mendel 32–33 unten; Ian Cumming/Design Pics 230; Jack Kurtz/ZUMA Press 234–235; James Sparshatt/Design Pics 158–159; Jane Sweeney/JAI 18–19; Janet Jarman 236; Juan Carlos Ulate/Reuters 194, 197, 198–199; KHAM/Reuters 172–173; Kicka Witte/Design Pics 225; Michael Hanson/National Geographic Society 128–129; Mohamed Al-Sayaghi/Reuters 175; Monty Rakusen/cultura 46–47; NOOR KHAMIS/Reuters 136; Pablo Corral V 246; Reuters/Henry Romero 32–33 oben; Rick D'Elia 143; Stringer/Mexico/Reuters 232; Swim Ink 2, LLC 114; Yuriko Nakao/Reuters 223.

Enrico Maltoni 95, 96.

Getty Images Alex Dellow 58–59; B. Anthony Stewart/National Geographic 108; Bloomberg über Getty Images 26–27, 156–57; Brian Doben 240–241; Bruce Block 148; Dimas Ardian/Bloomberg über Getty Images 162–163; Frederic Coubet 130–131; Gamma-Keystone über Getty Images 42–43; Glow Images, Inc. 29 oben; Ian Sanderson 6; Jane Sweeney 20; John Coletti 29 unten; Jon Spaull 202–203; Juan Carlos/Bloomberg über Getty Images 209, 210–211; Kelley Miller 16 unten; Kurt Hutton 104–105; Livia Corona 189; Luis Acosta/AFP 190–191; Mac99 244–245; MCT über Getty Images 38–39; Melissa Tse 165; Michael Boyny 180–181; Michael Mahovlich 30, 216, 219; Mint Images RF 64, 66; National Geographic/Sam Abell 161; Philippe Bourseiller 134–135; Philippe Lissac/GODONG 127; Polly Thomas 231; Ryan Lane 51; SambaPhoto/Ricardo de Vicq 16 oben; SSPL über Getty Images 13; Stephen Shaver/Bloomberg über Getty Images 171; STR/AFP 201; WIN-Initiative 226.

Gilberto Baraona 25 rechts.

James Hoffmann 36.

Lineair Fotoarchief Ron Giling 123.

Mary Evans Picture Library INTERFOTO/Bildarchiv Hansmann 54.

Nature Picture Library Gary John Norman 150–151 Mitte.

Panos Sven Torfinn 144–145; Thierry Bresillon/Godong 124–125 oben.

Robert Harding Picture Library Arjen Van De Merwe/Still Pictures 138–139.

Shutterstock Alfredo Maiquez 239; Anawat Sudchanham 207; Athirati 28; ntdanai 17; Stasis Photo 16 Mitte; trappy76 14–15.

SuperStock imagebroker.net 147.

Sweet Maria's (www.sweetmarias.com) 220–221.

Thinkstock OllieChanter 70-71; Paul Marshman 150 links.

DANK

Rechercheur: Ben Szobody

Unterstützung bei der Recherche, Übersetzung und Motivierung: Alethea Rudd

Ich danke Ric Rhinehart und Peter Giuliano für ihre Großzügigkeit: Sie haben sich für mich endlos Zeit genommen und mir mit ihrem Wissen viel geholfen. Zu großem Dank bin ich auch dem ganzen Team der Rösterei Square Mile Coffee Roasters verpflichtet. Sie haben mir ständig neue Ideen gegeben und waren sehr zuvorkommend.

Ich widme dieses Buch meiner Mutter und Keith, weil sie so viel für mich getan haben.

WEITERFÜHRENDE INFOS

Viel Aktuelles über Kaffee erfahren Sie im Internet. Unter folgenden Bezugsadressen finden Sie Kaffee und Zubehör, zusätzliches Kaffeewissen und interessante Praxistipps:

The Barn – Coffee Roasters Berlin
http://barn.bigcartel.com/

Coffeecircle
www.coffeecircle.com

Elbgold Kaffee
www.elbgoldshop.com

Market Grounds
http://shop.market-grounds.com

Mutterland
www.mutterland.de/shop/